Java 语言程序设计

主　编　吴　琼　时　兵
副主编　于　超　王　岩

北京理工大学出版社
BEIJING INSTITUTE OF TECHNOLOGY PRESS

内容简介

本书从实践的角度出发，介绍了使用Java进行程序开发所需要掌握的知识和技术。全书共分为11章，包括Java简介、Java语言基础、类和对象、Java界面编程、多线程编程与异常处理、数组和字符串、图形用户界面、文件和流、网络编程、数据库编程及集合。

本书在每个章节中加入思政元素内容及生动有趣的实践案例，力求在实践中培养学生解决问题的能力，鼓励他们充满热情和责任感，通过团队合作获取更好的成果。

本书既可以作为普通高等院校计算机专业及理工类各专业学生学习Java的教材，也可以作为相关考试的参考书。

图书在版编目(CIP)数据

Java语言程序设计 / 吴琼，时兵主编. -- 北京 : 北京理工大学出版社，2023. 10

ISBN 978-7-5763-3089-2

Ⅰ. ①J… Ⅱ. ①吴… ②时… Ⅲ. ①JAVA语言-程序设计 Ⅳ. ①TP312. 8

中国国家版本馆CIP数据核字(2023)第202992号

责任编辑：江　立　　**文案编辑：**李　硕
责任校对：刘亚男　　**责任印制：**李志强

出版发行 / 北京理工大学出版社有限责任公司
社　　址 / 北京市丰台区四合庄路6号
邮　　编 / 100070
电　　话 / (010) 68914026 (教材售后服务热线)
(010) 68944437 (课件资源服务热线)
网　　址 / http://www.bitpress.com.cn

版 印 次 / 2023年10月第1版第1次印刷
印　　刷 / 三河市天利华印刷装订有限公司
开　　本 / 787 mm×1092 mm　1/16
印　　张 / 17. 5
字　　数 / 422千字
定　　价 / 95. 00元

前　言

Java是目前IT行业的主流技术之一，是面向对象的、支持多线程的编程语言，具有高度的安全性、可移植性和可重用性。“Java语言程序设计”是中国高校计算机类专业的专业课程之一，教学目标是培养学生用面向对象的思想解决实际问题。作者作为Sun公司的Java培训讲师，结合多年在高校的实际教学经验，编写了本书，本书侧重培养学生解决问题的能力。

在计算机人才培养中，实践环节是非常重要的，特别是对那些准备进入IT行业的人来说，实践环节更是重中之重。因此，作者在书中设计了案例教学环节。在本书的编写过程中，坚持“理论够用，侧重实践；边学边做，做中学习”的原则；立足于“看得懂、学得会、用得上”的策略；由浅入深、循序渐进地介绍相关知识点。本书讲解通俗易懂，以丰富的实例强化培养应用型人才解决实际问题的能力。

本书针对Java的不同应用层面，分为基础篇、交互篇和高级应用篇3个部分。

第一部分是基础篇，由第1~3章组成，以初学者的角度从Java最基本的入门概念开始介绍，对Java面向对象程序设计的基本概念、基础知识进行了深入浅出的介绍。

第二部分是交互篇，由第4~8章组成，针对人机界面交互进行介绍，包括图形用户界面的管理和布局、数组、多线程、文件等。

第三部分是高级应用篇，由第9~11章组成，针对网络、数据库、集合方面的编程方法进行介绍。

本书每章都安排了大量例题、案例和习题，便于教师教学和学生的学习。

本书具有以下3个方面的特色。

1. 针对应用型人才的培养，以简单直接的案例驱动方式让学生掌握程序设计的本质。

2. 针对学习Java语言的不同用途，分为基础篇、交互篇、高级应用篇三个部分，教学中可根据实际情况对内容进行取舍。

3. 本书在内容的组织上注重不同应用方向的不同需求，在思想上注重强调面向对象的特征；在语言组织上注重简单易懂；在实例上注重实用性。

本书力求通过对核心知识的介绍，使初学者尽快了解 Java 程序设计的核心所在，通过对核心知识的扩展使读者提高编程能力，掌握编程技巧。通过本书的学习，读者可以掌握 Java 面向对象编程思想和不同技术环境中所需的技术内容。本书内容全面实用，实例生动简单，易于读者学习和掌握。

本书由吴琼、时兵担任主编，于超、王岩担任副主编。在本书的编写过程中，参考了网络上很多个人的博客和留言，在此表示感谢。由于作者水平有限，书中难免存在不妥和疏漏之处，恳请广大读者批评指正。

如果读者需要书中的源程序代码和教学用的 PPT 文件，请联系作者。

编　者

目　　录

基础篇

交互篇

高级应用篇

基础篇

第1章 Java简介

学习目标

Java技术是当前IT领域使用最广泛的技术，在IT领域掀起了一场巨大的革命。从本质上说，Java不仅是一种编程语言，还是一种开发环境、一种应用程序环境、一种部署环境。

本章主要介绍Java的起源、编辑环境，以及Java技术的基本知识，探讨IT技术上中国和外国之间的差距，并重点探讨Java技术在不同方面的应用。

教学重点

1. 了解Java的特性。
2. 熟悉Java程序设计的基本结构。
3. 掌握Java开发环境的选择及安装。

1.1 什么是Java技术

Java是由Sun Microsystems公司（简称Sun公司）于1995年5月推出的Java程序设计语言和Java平台的总称。

Java技术具有卓越的通用性、高效性、平台移植性和安全性，广泛应用于个人计算机（Personal Computer，PC）、数据中心、游戏控制台、科学超级计算机、移动电话和互联网，同时拥有全球最大的开发者使用群。

1.1.1 Java的含义

Java最初是Sun公司推出的新的一代面向对象程序设计语言。但随着众多软件开发商的支持和行业的认可，Java已经不仅是一种编程语言，还是一种开发环境、一种应用程序环境、一种部署环境。

Java 作为一种编程语言，其语法与 C++的语法相似，任何传统的编程语言所能创建的应用程序，都可以用 Java 来创建。

Java 作为一种开发环境，提供了一系列工具：编译器、解释器、文档生成器、类文件、打包工具等。

Java 技术建立的应用程序是独立的程序，可运行于任何安装了 Java 运行环境（Java Runtime Environment，JRE）的计算机中。

Java 作为部署环境，主要有两种。一种是 JRE，它包含一套完整的 Java 技术的所有类文件，其中包括语言类、图形界面类和高级的集合应用程序编程接口（Application Programming Interface，API）等。另一种是浏览器，大多数商业浏览器都提供 Java 技术的解释器和运行环境。

1.1.2 Java 的特点

1. Java 语言是简单的

Java 的语法与 C 语言和 C++很接近，而且 Java 丢弃了 C++ 中操作符重载、多继承、自动的强制类型转换等很难理解的特性。Java 不使用指针，可自动进行垃圾回收，只支持单继承。

2. Java 语言是分布式的

Java 支持 Internet 应用的开发，Java 的远程方法激活（Remote Method Invocation，RMI）机制也是开发分布式应用的重要手段。

3. Java 语言是健壮的

Java 的强类型机制、异常处理、垃圾回收机制等是 Java 程序健壮性的重要保证。Java 的安全检查机制使其更具健壮性。

4. Java 语言是安全的

Java 对通过网络下载的类具有一个安全防范机制（类加载器），以防恶意代码的攻击。除此以外，分配不同的名字空间以防替代本地的同名类、字节代码检查、安全管理机制让 Java 的应用设置更加安全。

5. Java 语言是可移植的

Java 程序在 Java 平台上被编译为字节码格式，字节码格式的文件在 Java 平台的虚拟机上执行，因此，Java 程序可以在任何安装了 Java 虚拟机的平台环境中运行。

6. Java 语言是多线程的

在 Java 中，线程是一种特殊的对象，线程的活动由一组方法来控制。Java 支持多个线程同时执行，并提供多线程之间的同步机制。

7. Java 语言是动态的

Java 程序需要的类能够被动态地载入运行环境，也可以通过网络来载入所需要的类。这也有利于软件的升级。

1.1.3 Java 的特性

Java 技术体系结构通过 3 个特性实现了上述特点：Java 虚拟机（Java Virtual Machine，JVM）、垃圾回收机制、代码安全性检查。下面分别介绍三者在 Java 技术中起到的作用。

1. Java 虚拟机

所谓的 Java 虚拟机就是在真实的机器中用软件模拟实现的一种虚拟机器，为软件的运行提供了一个平台。Java 的可执行程序在 Java 虚拟机上运行。

Java 程序运行流程如图 1-1 所示：程序编写后被保存为 *.java 文件，编译器将其编译成 *.class 文件，通过装载，*.class 文件被加载到类加载器上，通过字节码校验器的校验，解释器进行解释运行，得出结果。图中由虚线括起来的部分就是 Java 虚拟机。因为 Java 虚拟机将程序和硬件平台隔离开来，程序只在 Java 虚拟机中运行，所以 Java 程序的可移植性非常好。

2. 垃圾回收机制

垃圾回收机制是 Java 区别于其他程序设计语言的显著特性。它使程序员从手工回收内存空间的繁重工作中解脱。在 C 或 C++等语言中，程序员需要开辟内存空间，在使用结束后要负责释放内存。在 Java 中，当一个内存空间没有引用指向它时，该内存空间便成为垃圾，Java 虚拟机的一个系统级线程会自动释放该内存空间。垃圾回收机制意味着程序不再需要的对象就是“无用信息”，这些信息将被丢弃。垃圾回收机制能自动释放内存空间，减轻程序员编程的负担，提高编程效率。

Java 虚拟机的垃圾回收在以下两种情况下进行：一种是在 Java 虚拟机空闲时，检查内存是否为垃圾，进行内存释放，回收空间；另一种是在系统没有可用空间时，进行垃圾回收，释放空间。Java 的垃圾回收机制是自动进行的，不需要程序员的干预，在实现的过程中，可能存在很大的差异。

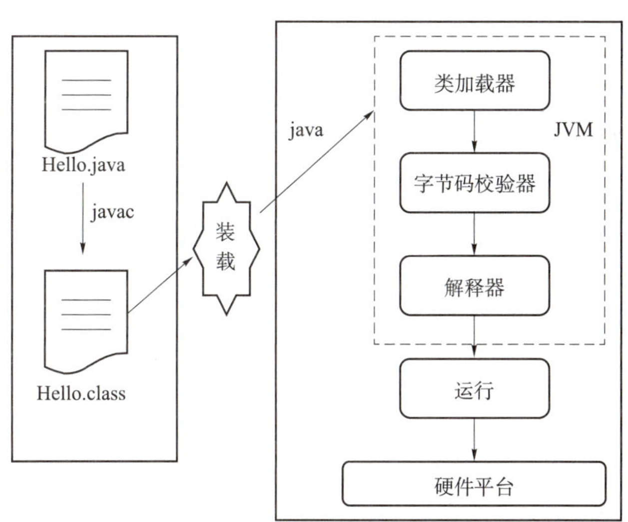

图 1-1　Java 程序运行流程

3. 代码安全性检查

Java 运行时主要执行 3 个任务：加载代码、校验代码、执行代码。其中，加载代码由类加载器完成，校验代码由字节码校验器完成，执行代码由解释器完成。

首先，由类加载器将类文件（也就是编译后产生的 *.class 文件）加载到 Java 虚拟机中，为了增加安全性，将本地文件系统的类和网络系统导入的类区分开来。因为本地文件系统的类总是先被加载，这就可以限制任何的“特洛伊木马”程序，一旦所有的类都被加载完，执行文件的内存就固定了。

其次，字节码校验器进行校验。所有通过网络系统导入的类文件都要经过字节码校验器校验，但是字节码校验器不检查那些可信任的编译器所生成的类文件，而是对那些有意违背命名空间规定和 Java 语言规则的类文件进行检查，并且关闭具有安全性漏洞的类文件。字节码校验器对程序代码进行 4 次校验，主要执行下面的检查：加载的类是否符合 Java 虚拟机规范的类文件格式；是否违反访问限制；代码上是否造成上溢或下溢；所有操作代码的参数类型是否都是正确的；是否有非法的数据类型转换发生；该类文件是否存在某些非法操作。

最后，如果字节码校验器校验通过，由解释器负责把类文件解释成机器码进行执行。

课后思考：程序设计语言有中文的吗？

易语言是一种由中国人自主开发、适合不同层次不同专业的人员易学易用的汉语编程语言。易语言降低了编程的门槛，尤其是根本不懂英文或对英文了解很少的用户，可以通过使用易语言极其快速地进入 Windows 程序编写的大门。

目前易语言已取得国家级鉴定，在技术上居于国内领先地位，达到了当前同类产品的国际先进水平。

读者是否有兴趣自学我们中国人自己的程序设计语言呢？

1.2 Java 的主要应用

目前 Java 有 3 个版本：JavaEE（企业版）、JavaSE（标准版）、JavaME（微型版）。这也就是 SunONE（Open Net Environment）体系。

人们比较习惯将 JavaEE、JavaSE 和 JavaME 说成 J2EE、J2SE 和 J2ME。其中的 2 代表 1.2 版本。但是随着 Java 不断升级，2 已经没有意义了。从 JDK 1.5 以后，这种说法被 JavaEE、JavaSE、JavaME 所取代。

JavaSE 就是 Java 的标准版，主要用于桌面应用软件的编程；JavaEE 是 Java 的企业版，主要用于分布式网络程序的开发，如电子商务网站和企业资源计划（Enterprise Resource Planning，ERP）系统；JavaME 主要应用于嵌入式系统开发，如手机和 PDA 的编程。

本书共分 3 个篇章：基础篇、交互篇和高级应用篇。在学习 Java 技术时，针对不同的学习目的，学习的侧重点也不同。下面就不同的应用领域涉及的知识和应该掌握的本书内容进行介绍。

1.2.1 JavaSE 应用基础

JavaSE 就是 Java Standard Edition（标准版），包含那些构成 Java 核心的类，如数据库连接、接口定义、输入/输出、网络编程等。JavaSE 定位在客户端程序的应用上。

如果开发 JavaSE 的程序，那么就需要用 Java 编写完整的工程项目。前台有用户交互的界面，后台有数据库连接。这样就需要掌握 Java 语言基础、用户界面、高级编程。也就是说，本书的 3 个篇章都需要学习。

1.2.2 JavaEE 应用基础

JavaEE 就是 Java Enterprise Edition（企业版），包含 JavaSE 中的类，还包含用于开发企

业级应用的类，如 EJB、Servlet、JSP、XML、事务控制等。JavaEE 在 JavaSE 的基础上增加了企业内部扩展类函数库的支持，JavaEE 定位在服务端程序的应用上。

如果开发 JavaEE 的程序，Java 在工程项目中的作用仅仅是搭建后台的控制层，而前台的用户交互界面则由 MVC 结构中的视图层搭建，即由 HTML 和 JavaScript 负责，所以只需要掌握 Java 语言基础、高级编程。也就是说，只需要学习本书的基础篇和高级应用篇。

1.2.3 JavaME 应用基础

JavaME 就是 Java Micro Edition（微型版），用于消费类电子产品的软件开发，如智能卡、手机、PDA、机顶盒。JavaME 并不支持所有的 Java 基本类，只支持 Java 标准规范中所定义的核心类函数库的子集，并加入了一些支持嵌入式系统的扩展类函数库。JavaME 定位在嵌入式系统的应用上。

如果开发 JavaME 的程序，前台的用户交互界面和后台的数据库连接都由嵌入式平台提供，所以只需要掌握 Java 语言基础、多线程编程和网络编程。也就是说，只需要学习本书的基础篇和高级应用篇的部分章节。

1.3 基本的 Java 应用程序

以一个基本的应用程序为例，来说明 Java 程序的编写、执行、调试过程。

1.3.1 程序说明

在记事本中编写应用程序，并保存程序名为 Example1_1. java 的文件。

【例 1-1】 输出字符串 Hello World!

```
public class Example1_1
{
  public static void main(String[]  args)
  {
    System. out. println("Hello World!");
  }
}
```

第 1 行“public class Example1_1”代表建立一个公有类，类的名称为 Example1_1。Java 程序中定义类必须使用关键字 class，一个程序至少有一个类。public 是一个限定访问权限的标识，代表该类的访问权限是公有的。正是由于在 class 前有 public，所以该文件的名称必须是 Example1_1. java。

第 2 行和第 7 行是类的开始和结束标识。

第 3 行“public static void main(String[] args）”是一个固定用法，代表这是一个 main( ) 方法（在 C 语言中也称函数）。main( ) 方法是程序的主方法，一个 Java 程序由主方法开始执行，执行完主方法程序就结束。在一个程序中，可以有多个方法，但是主方法只能有一个。

第 4 行和第 6 行是 main( ) 方法的开始和结束标识。

第 5 行 “System. out. println("Hello World!");”。main() 方法中只有一条语句，功能是打印出括号中的字符串 “Hello World!”。

这个程序虽然比较短，但是代表了典型的 Java 程序结构。无论什么程序，这些基本结构是不变的，变化的只是方法的数量和方法中的语句而已。

1.3.2　运行环境说明

Java 程序的运行环境有两种：一种是命令行环境，另一种是集成开发环境。

下面分别介绍 Java 程序在这两种运行环境下的运行方法。虽然对于初学者来说集成开发环境提供了很多的便利，但是从学习的角度看，命令行环境能帮助初学者加深理解 Java 程序的运行原理。因此，建议初学者先使用命令行环境，在学习完基本知识后，从建立图形界面的应用程序开始再使用集成开发环境。

本书在前 3 章均使用命令行环境来调试程序，第 4 章及第 4 章以后使用集成开发环境来调试程序。无论使用哪种开发环境，都需要在机器上安装 Java 的工具集 JDK。下面先来学习如何安装 JDK。

1. JDK 环境

Java 不仅提供了一个运行环境，而且提供了一个免费的 Java 开发工具集（Java Development Kit，JDK）。编程人员和最终用户可以利用这个工具集来开发、调试 Java 程序。

JDK 包括以下工具：javac（Java 语言编译器）、java（Java 字节码解释器）、javapDisassembeler（Java 字节码分解程序）等。安装 JDK 的时候可以选择将其安装到任意的硬盘驱动器上。

JDK 的安装过程如下。

（1）下载 JDK 安装包。

到 Oracle 官网下载 JDK。目前 JDK 的最新版本为 JDK 21，读者可根据自己机器的操作系统和使用情况，选择适合的 JDK 版本。

（2）安装 JDK（本书以安装 JDK 8 为例，JDK 更高级版本的安装过程与此类似）。

JDK 安装包下载后是一个可执行文件，双击该文件后出现安装向导，如图 1-2 所示，按照界面提示操作，即可完成安装。

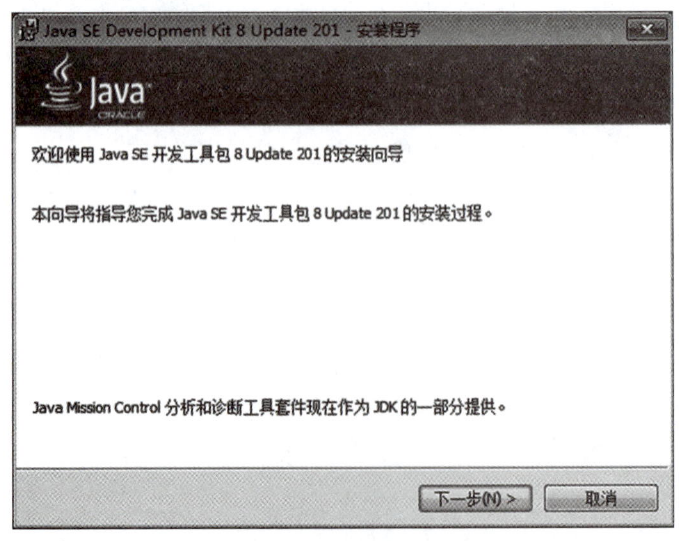

图 1-2　安装向导

选中要安装的部分，建议使用默认配置。“开发工具”是必须安装的，它是 JDK 的核心，“源代码”是 JDK 类库包的源代码，建议安装（很多时候都能用到源代码），“公共 JRE”可以选择不安装，因为 JDK 中包括 JRE。本书选择默认的配置，如图 1-3 所示。

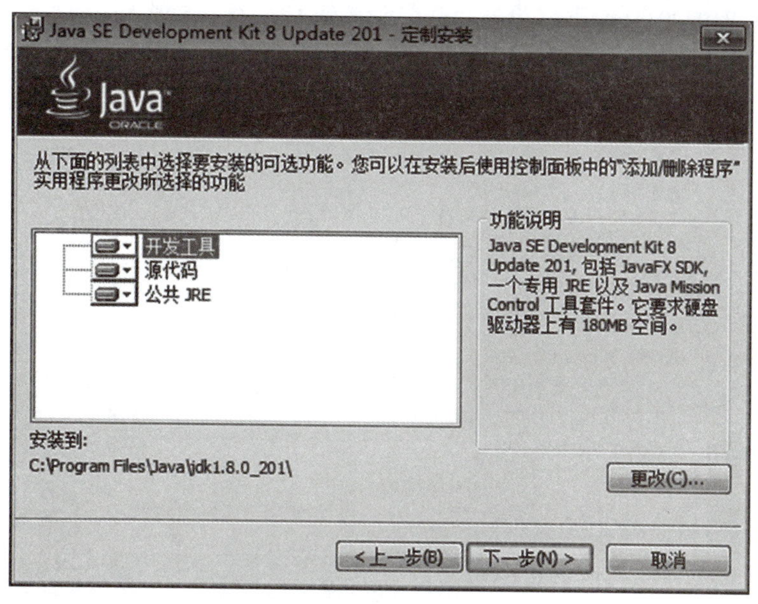

图 1-3　选择要安装的部分

选择默认的安装路径，如图 1-4 所示。如果想选择不同的安装路径，单击“更改”按钮。安装路径选择完成后，单击“下一步”按钮，开始安装 JDK。

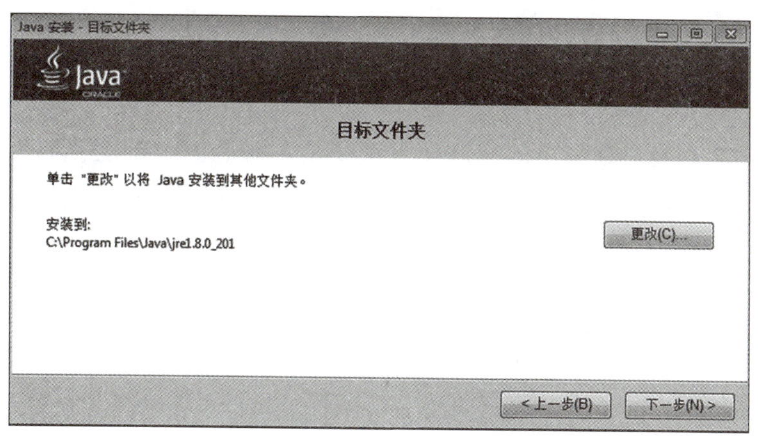

图 1-4　选择默认的安装路径

当 JDK 安装完成时，系统会提示安装完成，之后会提示产品注册，如果不注册，则直接关闭注册界面即可。

（3）设置 JDK。

JDK 安装完成后，需要对其进行设置，需要设置 3 个环境变量：JAVA_HOME、path 和 classpath。（此处环境变量名称采用大小写均可。）本书以 Windows 7 为例，说明设置 JDK 的过程。

右击“我的电脑”图标，在弹出的快捷菜单中选择“属性”命令，打开“系统属性”

对话框，单击“高级”选项卡中的“环境变量”按钮，在出现的“环境变量”对话框卡中单击“新建”按钮，在弹出的“新建系统变量”对话框中新建一个名为“JAVA_HOME”的系统环境变量。其变量的值为 JDK 的安装根目录，本书使用的 JDK 安装到了 C:\Program Files\Java\jdk1. 8. 0_201\bin 下。单击“确定”按钮，如图 1-5 所示。

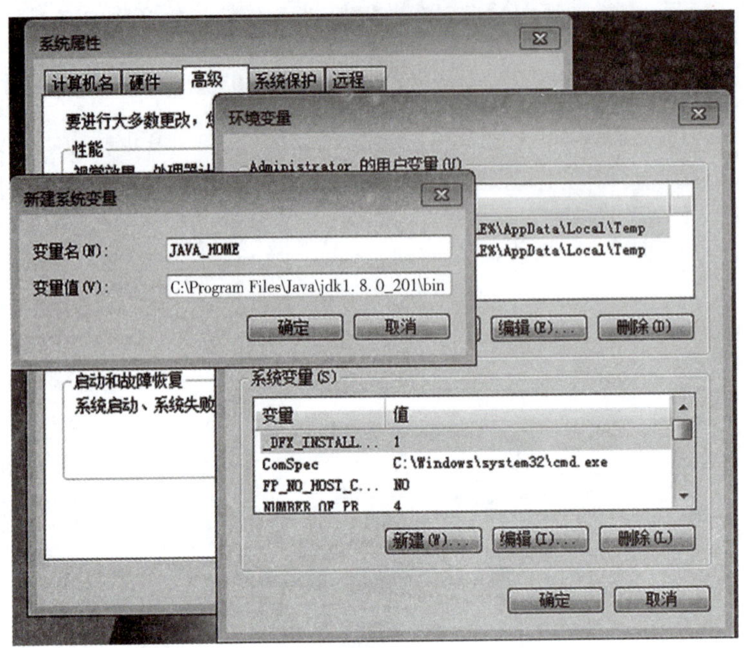

图 1-5　配置 JAVA_HOME 环境变量

单击“新建”按钮，在弹出的“新建系统变量”对话框中新建一个名为“path”的环境变量。若 path 变量已经存在，则单击“编辑”按钮，在“变量值”文本框最后面追加字符串“;%JAVA_HOME%\bin;”，单击“确定”按钮，如图 1-6 所示。

单击“新建”按钮，在弹出的“新建系统变量”对话框中新建一个名为“classpath”的环境变量。若 classpath 变量已经存在，则单击“编辑”按钮，在“变量值”文本框最后面追加字符串“%JAVA_HOME%\jre\lib\rt. jar;. ;”，单击“确定”按钮，如图 1-7 所示。

（4）查看。

在 Windows 环境下，单击“开始”菜单，在“所有程序”菜单中选择“附件”菜单选项，单击“命令提示符”菜单子项，进入控制台。

在控制台中输入“java -version”命令，若出现如图 1-8 所示的 JDK 版本信息，则表示 JDK 安装成功。

JDK 安装的目录下有 bin、demo、lib、jre 等子目录。bin 子目录中保存了 javac、java、appletviewer 等命令文件。demo 子目录中保存了许多 Java 的例子。lib 子目录中保存了 Java 的类库文件。jre 子目录中保存的是 Java 的运行环境。

2. 命令行环境

在 Windows 环境下，也可以通过单击“开始”菜单，在“所有程序”菜单中选择“运行”菜单选项，在打开的“运行”对话框的“打开”文本框中输入“cmd”命令，单击“确定”按钮，进入环境，如图 1-9 所示。

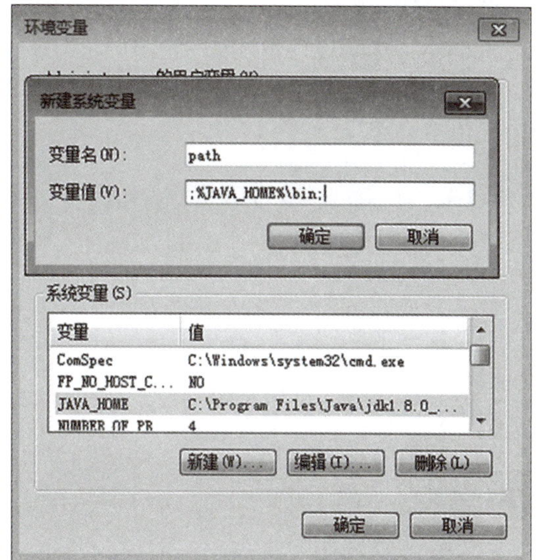

图 1-6　配置 path 环境变量

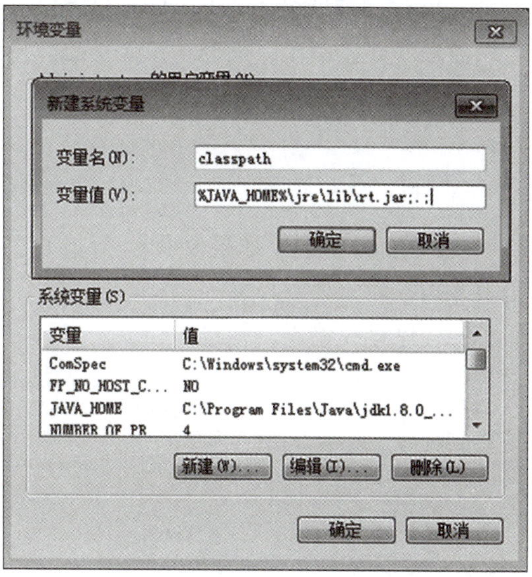

图 1-7　配置 classpath 环境变量

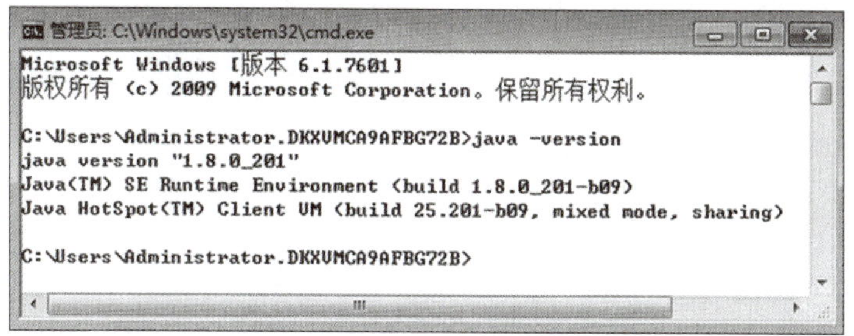

图 1-8　查看 JDK 版本界面

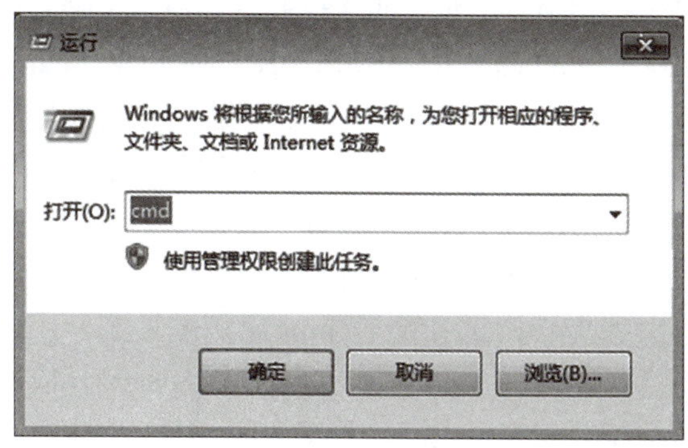

图 1-9　进入命令行环境

以例 1-1 的程序为例，输入该程序的存储路径。该程序保存在 D 盘下的 test 文件夹中，因此，命令行提示路径应进入 D:\test>下。

（1）编译 Java 源程序。

编译 Java 程序的命令是 javac，在命令行输入以下命令：

```
javac Example1_1.java
```

按〈Enter〉键，若出现命令提示行，则说明 Java 程序编译成功，生成了 Example1_

1. class 文件。扩展名为 . class 的文件是类文件，也称字节码文件。

若程序存在错误，则提示错误信息。修改后重新编译，直到编译成功为止。

（2）运行字节码文件。

运行 Java 类文件的命令是 java，在命令行中输入以下命令：

```
java Example1_1
```

按〈Enter〉键。如果文件运行成功，就在屏幕上打印出字符串“Hello Word!”，如图 1-10 所示。

若程序存在错误，则提示错误信息。

```
D: \test>javac Example1_1.java

D: /test>java Example1_1
Hello World!
```

图 1-10　命令行运行结果

课后思考：为什么编译环境是英文的？

Java 是由美国人发明的，自然使用英文。

中国人有能力研发自己的软件。例如，Office 软件是微软研发的，与之抗衡的 WPS 软件是中国人发明的。苹果是美国的，但华为是中国的。我们要有民族荣誉感，要主动支持自己的民族品牌，不一定非得去买，但最起码不能人云亦云地贬低自己的民族品牌。现在我们还有很多不足，同学们就更要好好学习，让自己变得强大起来，让国家变得强大起来。

3. 集成开发环境

集成开发环境（Integrated Development Environment，IDE）是集编辑、编译、运行、调试、打包、发布等功能于一体的软件。Java 的集成开发环境有很多，包括 JCreator、NetBeans、Java Studio、Java Workshop、JBuilder、JDeveloper、Eclipse 和 MyEclipse 等。

JCreator 是 Xinox 公司制作的一款适合各个 Java 编程开发人员的 IDE 工具，目前分为 JCreator Le 和 JCreator Pro 两个版本。JCreator Le 为免费版，而 JCreator Pro 要注册。JCreator Le 的功能不及 JCreator Pro，目前对中文支持不好。

NetBeans、Java Studio 和 Java Workshop 是由 Sun 公司创立、发布的 Java IDE。NetBeans 可以帮助开发人员编写、编译、调试和部署 Java 应用。Java Studio 支持 Solaris、Linux 和 Windows 平台，适于创建和部署 2 层 Java Web 应用和 N 层 JavaEE 应用的企业开发人员使用。Java WorkShop 完全用 Java 编写，它可以满足开发 Internet 和 Intranet 应用软件的需要。

JBuilder 是 Borland 公司开发的针对 Java 的开发工具，使用 JBuilder 可以快速、有效地开发各种 Java 应用。

JDeveloper 是 Oracle 公司推出的一个免费的、非开源的集成开发环境，其不仅是很好的 Java 编程工具，而且是 Oracle Web 服务的延伸，但对于初学者来说较复杂。

Eclipse 是 OTI 和 IBM 两家公司的 IDE 产品开发组创建的一个开放源代码的、基于 Java 的可扩展开发平台。它是一个框架和一组服务，用于通过插件组件构建开发环境。

MyEclipse 是 Genuitec 公司推出的企业级工作平台（MyEclipse Enterprise Workbench，简称 MyEclipse）。它是对 Eclipse 的扩展，利用它可以在数据库和 JavaEE 的开发、发布及应用

程序服务器的整合方面极大地提高工作效率。它是功能丰富的 JavaEE 集成开发环境，包括完备的编码、调试、测试和发布功能，完整支持 HTML、Struts、JSP、CSS、JavaScript、Spring、SQL、Hibernate 等工具。

以上提到的集成开发环境各有其特点，本书选择 MyEclipse 8.5 作为集成开发环境。

（1）安装。

运行 MyEclipse 的 setup. exe，即可按照提示完成安装和设置。读者可以根据自己的需要设置 MyEclipse 的安装目录。在安装过程中，系统会自动查找 JDK 的目录，不需要做其他设置。

安装成功后，在桌面上会出现 MyEclipse 的快捷图标，双击后会出现 MyEclipse 启动界面，如图 1-11 所示。然后会提示进行工作空间的设置，如图 1-12 所示，读者可自行设置，本书的设置目录是 D:\test\MyJSP。

单击 OK 按钮后，进入 MyEclipse 欢迎界面。

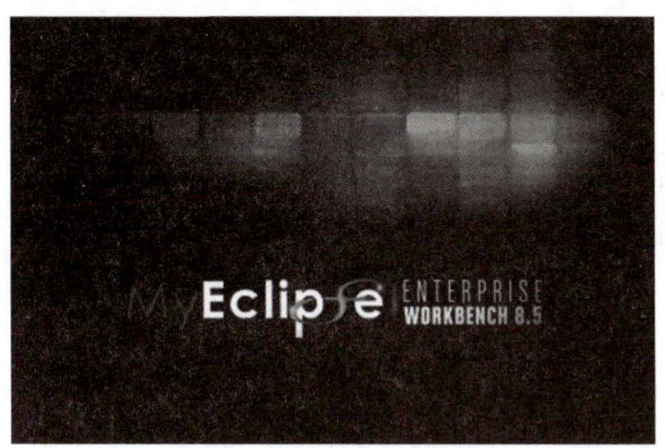

图 1-11　MyEclipse 启动界面

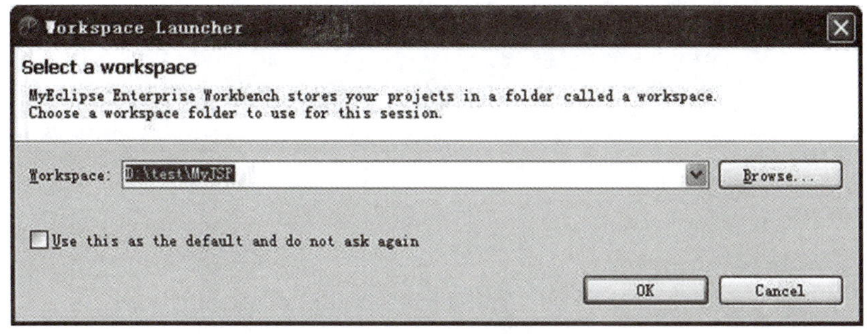

图 1-12　设置工作空间

（2）运行程序。

关闭 MyEclipse 欢迎界面，出现 MyEclipse 工作台，MyEclipse 工作台主要有以下几个部分：菜单栏、工具栏、视图、编辑器。

①建立一个 Java 项目。

选择主菜单 File→New→Project 命令，先选择向导 Java Project，单击 Next 按钮，创建 Java 项目，如图 1-13 所示。

填写项目名称 FirstProject，单击 Finish 按钮，完成项目的建立，如图 1-14 所示。这时会出现 Open Associated Perspective 提示框，这是一个添加 Java 特性的提示框，单击 Yes 按钮即可。

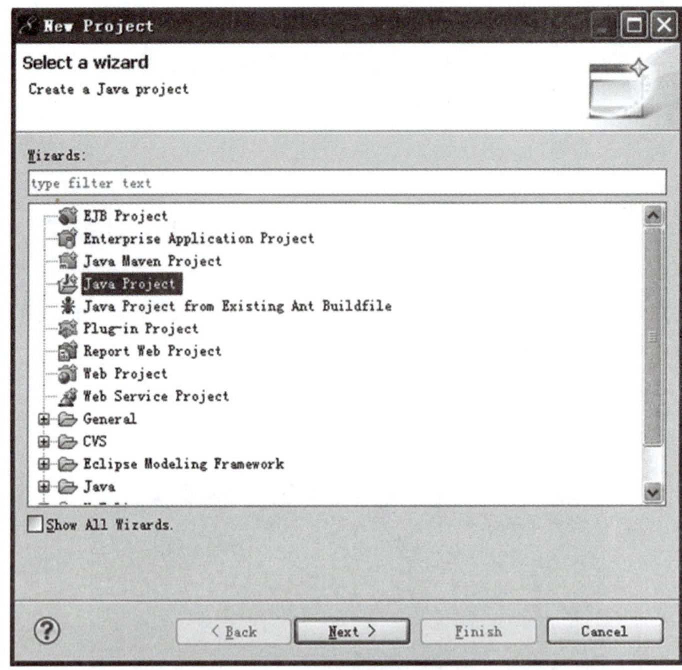

图 1-13　创建 Java 项目

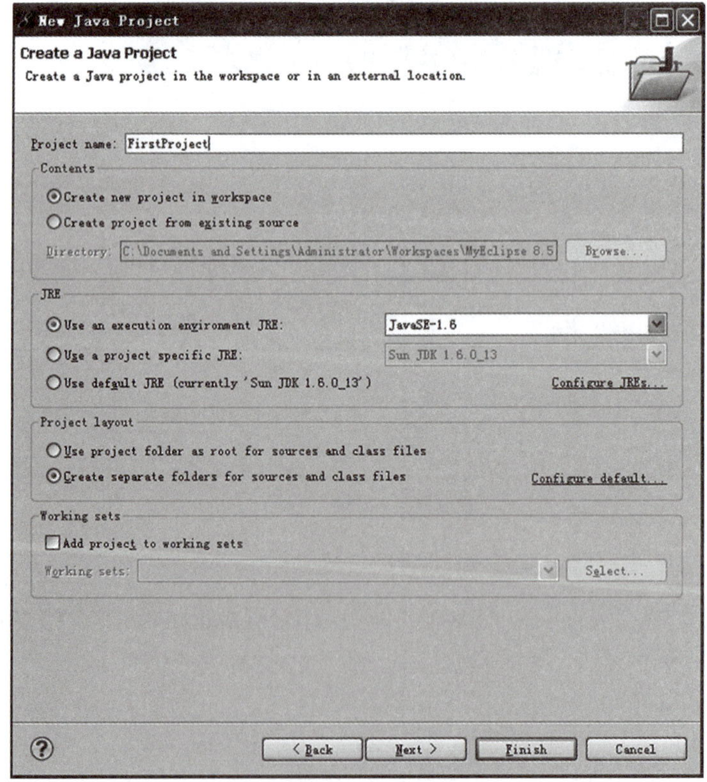

图 1-14　输入项目名称

创建完 Java 项目后，就会在 Package 视图中看到多了一个项目，此项目最初只有 src 文件夹和 JRE System Library 目录，如图 1-15 所示。

②在项目中建立类。

如图 1-15 所示，在 FirstProject 项目上右击，在弹出的快捷菜单中选择 New→Class 命令。在出现的对话框中输入类名 Example1_1，将 public static void main（String[] args)前的复选框勾选上，单击 Finish 按钮，完成类的建立，如图 1-16 所示。

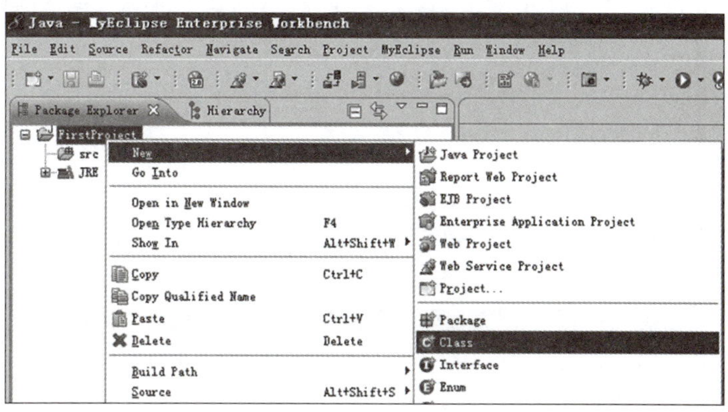

图 1-15　选择 New-Class 命令

New Java Class
Java Class
The use of the default package is discouraged.
Source folder: FirstProject/src　Browse...
Package: (default)　Browse...
Enclosing type:　Browse...
Name: Example1_1
Modifiers: public　default　private　protected
abstract　final　static
Superclass: java.lang.Object　Browse...
Interfaces:　Add...　Remove
Which method stubs would you like to create?
public static void main(String[] args)
Constructors from superclass
Inherited abstract methods
Do you want to add comments? (Configure templates and default value here)
Generate comments
Finish　Cancel

图 1-16　建立类

在图 1-16 中单击 Finish 按钮后进入代码编辑界面，将例 1-1 的程序写入中间的代码编辑区，完成程序的建立，如图 1-17 所示。

③运行项目。

选择菜单栏中的 Run 命令或单击图 1-18 中的图标按钮（红色圆圈处），在控制台中可以直接看到运行结果，如图 1-18 所示。

```
public class Example1_1
{
    public static void main(String[] args) {
        System.out.println("Hello World!");
    }
}
```

图 1-17　编辑代码

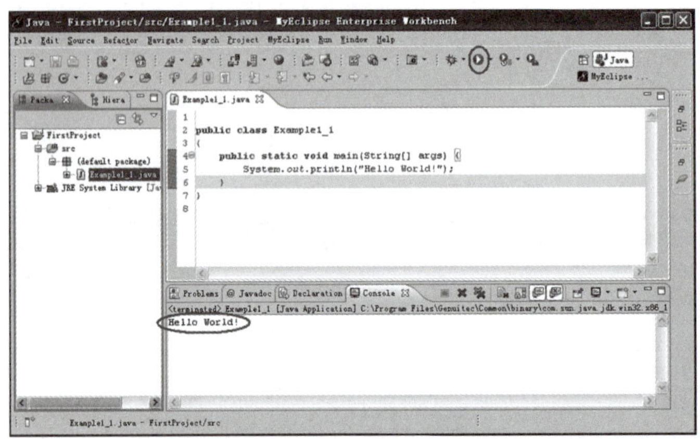

图 1-18　查看运行结果

课后思考：为什么不对编辑软件汉化？

细心的同学会发现，软件都是英文的。由于 Java 是外国人发明的，所以运行 Java 的软件自然也是英文的。虽然为了使用方便，一些软件已经汉化，但是严格来说，这是侵权的。并且许多汉化软件会出现各种各样的问题，用起来始终不如原版本的可靠。如果我们能开发出自己的软件，自然用的就是汉语。而想要为一门语言编写运行软件，就得深入、透彻了解这门语言。下面我们一起从基础开始，学习 Java 语言吧。

本章小结

本章介绍了 3 个部分的内容：Java 的含义和特性、Java 在不同领域的应用和 Java 应用程序的运行环境。

Java 不仅仅是一种语言，它已经发展为一种开发环境、一种应用程序环境、一种部署环境。Java 技术是通过 Java 虚拟机、垃圾回收机制、代码安全性检查 3 个特性实现其体系结构的，具有卓越的通用性、高效性、平台移植性和安全性。

Java 有 3 个版本：JavaSE 就是 Java 的标准版，主要用于桌面应用软件的编程；JavaEE

是 Java 的企业版，主要用于分布式网络程序的开发；JavaME 是 Java 的微型版，主要用于嵌入式系统开发。

Java 程序的运行环境有两种：一种是命令行环境，另一种是集成开发环境。为了加深理解 Java 程序的运行原理，建议初学者先使用命令行环境学习基本知识，从建立图形界面的应用程序开始使用集成开发环境。

本章习题

一、选择题

1. 在 Java 中，以下（　　）命令能够将 Java 源文件编译为类文件。

A. java　　B. javaw　　C. javac　　D. jar

2. 在 Java 程序中，main() 方法的格式正确的是（　　）。

A. static void main(String[] args)

B. public void main(String[] args)

C. public static void main(String[] s)

D. public static void main(String[] args)

3. 用命令行环境执行类名为 Hello 的应用程序的正确命令是（　　）。

A. java Hello. class　　B. Hello. class　　C. java Hello. java　　D. java Hello

4. 编译一个 Java 程序 Hello. java 的正确命令是（　　）。

A. javac Hello　　B. Javac Hello　　C. javac Hello. java　　D. javac hello

5. 只包含一个带 public 修饰的 Java 类 Abc 的 Java 程序的正确命名是（　　）。

A. Abc

B. Abc. java

C. abc. java

D. 一个任意的标识符后带扩展名 . java

二、简答题

1. Java 是由哪家公司开发的？

2. Java 的源代码可以在哪里编写？源代码的文件类型是什么？

3. 如何将 Java 的源代码生成字节码文件？字节码的文件类型是什么？

4. 什么是 Java 虚拟机，它包括哪几个部分？

第 1 章习题答案

第 2 章

Java 语言基础

学习目标

使用 Java 编写程序，需要了解 Java 语言的基础知识。本章将主要介绍 Java 的数据类型、标识符、关键字、变量与常量、表达式，以及 Java 程序的基本结构。

学习 Java 语言的基础知识，要有创新精神和工匠精神，能编写出高效、易维护的代码。

教学重点

1. 掌握 Java 编程语言中 4 种基本数据类型：整型、浮点型、字符型、布尔型。
2. 了解 Java 编程语言中的引用数据类型。
3. 掌握程序的顺序结构、选择结构、循环结构。

2.1 基础知识

数据是程序的必要组成部分，是程序中被处理的对象，程序中所使用的每个数据都属于某一种类型。

在 Java 编程语言中，数据类型主要分为基本数据类型和引用数据类型两大类。Java 的数据类型分类如图 2-1 所示。

1. 基本数据类型

在 Java 编程语言中，基本数据类型即简单的值。基本数据类型根据数据值的不同，可以分为数值型和非数值型。数值型分为整型和浮点型，整型主要有 byte 型、short 型、int 型和 long 型，浮点型主要有 float 型和 double 型；非数值型主要有 char 型和 boolean 型。

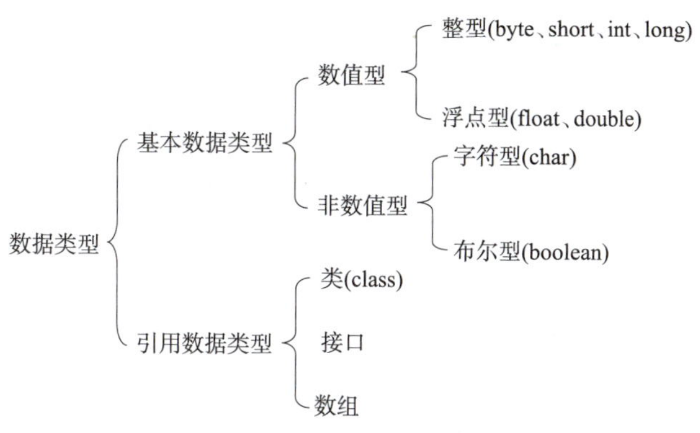

图 2-1　Java 的数据类型分类

（1）整型。

在 Java 编程语言中，共有 4 种整型，并且所有的整型都是带符号的。声明每种不同的类型时，可以使用关键字 byte、short、int 或 long。表 2-1 中列出了 4 种整型的长度和取值范围。

表 2-1　4 种整型的长度和取值范围

数据类型	位数（bits）	字节数（bytes）	取值范围
byte	8	1	$-2^{7}\sim2^{7}-1$
short	16	2	$-2^{15}\sim2^{15}-1$
int	32	4	$-2^{31}\sim2^{31}-1$
long	64	8	$-2^{63}\sim2^{63}-1$

说明：

①byte 型称为字节型，数据在内存中占用 1 个字节，表示的存储范围为$-2^{7}\sim2^{7}-1$。short 型称为短整型，数据在内存中占用 2 个字节，表示的存储范围为$-2^{15}\sim2^{15}-1$。

②int 型称为整型，数据在内存中占用 4 个字节，表示的存储范围为$-2^{31}\sim2^{31}-1$，是整数数值的默认类型。

③long 型为长整型，数据在内存中占用 8 个字节，表示的存储范围为$-2^{63}\sim2^{63}-1$，在数字后使用字母 l 或 L 来表示，否则整数数值默认是 int 型。例如，12L 是 long 型的数据，12 是 int 型的数据。在 Java 编程语言中，大小写 L 都可以使用，但是建议不要使用小写的字母 l，因为它和数字 1 很像。

在 Java 中可以使用十进制、八进制和十六进制这 3 种进制来表示整数，详细含义如下。

①十进制：基数为 10，逢 10 进位。其由 10 个数字符号构建而成，分别是数字 0~9，如十进制整数 2039、1328 等。

②八进制：基数为 8，逢 8 进位。以数字 0 开头的数字序列，由 8 个数字符号构建而成，分别是数字 0~7。例如，八进制整数 0545，代表十进制整数 357。

③十六进制：基数为 16，逢 16 进位。以 0X 开头的数字序列，由 16 个数字符号构建而成，分别是 0~9、A、B、C、D、E 和 F，其中前缀中的 X 和后缀中的字母 A、B、C、D、E 和 F，是不区分大小写的，这是 Java 中仅有的几个不区分大小写的地方。例如，十六进制整数 0xA45FE，代表十进制整数 673278。

（2）浮点型。

浮点型使用关键字 float 或 double 声明，用来表示数学中的实数。表 2-2 中列出了浮点型的说明。

表 2-2　浮点型的说明

数据类型	位数（bits）	字节数（bytes）
float	32	4
double	64	8

说明：

①float 型称为单精度浮点型，数据在内存中占用 4 个字节。float 型的数据值后面必须添加字母 F 或 f，因为浮点数的缺省类型为 double 型，如“float i=2.15F;”或“float j=6.24E3f;”等。

②double 型称为双精度浮点型，数据在内存中占用 8 个字节。double 型的数据值后边可以添加字母 D 或 d，因为浮点数的缺省类型为 double，如“double i=3.05d;”或“double j=6.24E+30D;”等。

（3）字符型。

单个字符用 char 型表示。char 型的数据在内存中占用 2 个字节。char 代表 16 位无符号的 Unicode 字符。char 字符必须在单引号''内，如“char c='a';”。

（4）布尔型。

布尔型又称逻辑类型，使用 boolean 关键字声明。boolean 型只有两个值：true 和 false。两个值表示两个状态：开或关、真或假及是或不是。boolean 型的值默认为 false。

注意：与 C 语言不同，Java 中的 boolean 型与整型之间不能转换。

2. 基本数据类型间的转换

数值型的数据在进行混合运算的时候，需要将不同类型的数据先转换成同一类型，再进行运算。

Java 中的基本数据类型的转换分为两种：自动转换和强制转换。

（1）自动转换。

基本数据类型的自动转换如图 2-2 所示。

byte→short(char)→int→long→float→double

低 ————————→ 高

图 2-2　基本数据类型的自动转换

横向的箭头表示运算数据为不同数据类型时转换的方向。例如：int 型与 double 型的数据进行运算时，需要先将 int 型的数据转换成 double 型，然后在两个同类型的数据间进行运算，结果为 double 型的数据。需要注意的是，箭头方向只是表示数据类型级别的高低，由低向高转换。

当一个较“小”的数据和一个较“大”的数据一起运算的时候，系统将自动将较“小”的数据转换为较“大”的数据，再进行运算。

在方法调用过程中，如果实际参数较“小”，而函数的形参比较“大”的时候，除非有匹配的方法，否则会直接使用较“大”的形参函数进行调用。

（2）强制转换。

将“大”的数据转换为“小”的数据时，可以使用强制转换，在进行强制转换的时候，必须在要转换的数据前面加上需要转换的数据类型，例如：

```
int a= (int)3.14;//将 double 型的 3.14 强制转换为整数,赋给变量 a
```

只是在进行上述的强制转换的时候，有可能会出现精度损失。

如果是进行强制转换，那么就按图 2-2 从高到低来使用。

（3）转换附加说明。

当两种数据类型进行自动转换的时候，需要满足的条件是两种数据类型是兼容的并且目的类型的数值范围应该比源转换值的范围要大。而拓展转换就遵循图 2-2 的自动转换。

当这两个条件都满足的时候，拓展转换才会发生，而对于几个基本数据类型的转换过程，根据兼容性 boolean 型和 char 型应该是独立的，其他 6 种类型是可以兼容的，在强制转换过程中，唯独特殊的是 char 型和 int 型是可以转换的，不过会使用 char 型的 ASCII 码值。例如：

```
int b=(int)' a' ;
//b 的值是字符 a 的 ASCII 码值，a=97
```

【例 2-1】基本数据类型的应用。

```
public class Example2_1 {    //定义类
  public static void main(String[] args)   {  //主方法
    byte a=10;         //定义不同的基本数据类型的变量,并赋初值
    short b=20;
    int c=100;
    long d=82L;
    float i=3. 2f;
    double j=3. 5;
    char k=' n' ;
    boolean m=true;
    System. out. println("byte 型的值 a="+a); //输出每个变量的值
    System. out. println("short 型的值 b="+b);
    System. out. println("int 型的值 c="+c);
    System. out. println("long 型的值 d="+d);
    System. out. println("float 型的值 i="+i);
    System. out. println("double 型的值 j="+j);
    System. out. println("char 型的值 k="+k);
    System. out. println("boolean 型的值 m="+m);
  } }
```

Example 2_1 的运行结果如图 2-3 所示。

```
byte型的值a=10
short型的值b=20
int型的值c=100
long型的值d=82
float型的值i=3.2
double型的值j=3.5
char型的值k=n
boolean型的值m=true
```

图 2-3 Example2_1 的运行结果

3. 引用数据类型

引用数据类型即类类型，用来表示更为复杂的类型。引用数据类型包括用户声明的所有类型，习惯上被用来创建对象。Java 中除基本数据类型之外的所有数据类型都是引用数据类型，引用数据类型主要包括类、数组和接口，具体内容将在第 3 章详细介绍。

课后思考：中国的 IT 行业就业现状。

随着经济的不断发展及互联网技术的不断优化，IT 行业与传统行业的结合也越来越密切，行业人才需求日益增长，从而为互联网从业人员提供了更多的就业机会和薪资增长机会。

人才岗位需求也多种多样，涵盖了前端开发、运营维护、测试、系统架构师、产品、推广、销售等多种岗位需求。IT 行业是一个朝阳行业，通常来说，其入职薪水会高于其他行业。

选择信息技术相关专业的同学是幸运的，但绝对不要懈怠，跟不上国家发展的脚步，跟不上中国主流的脚步，吃亏的最终还是自己。

2.2 标识符、关键字和表达式

2.2.1 标识符

在 Java 中，标识符用来命名变量、符号常量、数组、方法、类、对象、接口、包等。标识符可以由字母、数字、_或 $ 组成，第一个字符不能是数字，长度不限。其中字母可以是大写或小写的英文字母，数字为 0~9。标识符中的字母要区分大小写。为了提高程序的可读性，标识符最好“见名知义”，而且要规范大小写的使用方式。

注意：所有的用户自定义的标识符名不要和系统的关键字（保留字）重名。

2.2.2 关键字

关键字又称保留字，是 Java 规定的具有特定含义的标识符，用户只能按照系统规定的方式使用，不能自行定义。关键字一律用小写字母表示。

Java 中的部分关键字如表 2-3 所示。

表 2-3 Java 中的部分关键字

abstract	assert	boolean	break	byte	case	catch
char	class	const	continue	default	do	double
else	enum	extends	final	finally	float	for
goto	if	implements	import	instanceof	int	interface
long	native	new	package	private	protected	public
return	short	static	super	switch	synchronized	this
throw	throws	transient	try	void	volatile	while

2.2.3 变量和常量

1. 变量

变量代表内存中具有特定属性的一个存储单元，它用来存放数据，也就是变量的值。在程序运行期间，这些值是可以改变的。一个变量有一个名称，以便被引用。变量名应该符合标识符的命名规则，并且区分大小写。每一个变量必须有一个数据类型。声明变量的方式如下：

```
数据类型　变量名;
```

例如：

```
int a;
```

a 就代表一个整型的变量。不同类型的变量，内存分配是不一样的，且只能存储对应的数据类型。系统也是根据变量的数据类型来理解其中的数据的。

变量可以在声明的时候进行初始化，也可以利用一条赋值语句来进行初始化。变量的值必须与它所声明的数据类型相匹配。例如：

```
int b=5;  //声明整型变量 b,赋初始值为 5
int c;    //声明整型变量 c
c=5;      //给整型变量 c 赋值为整数 5
```

2. 常量

在程序运行的过程中，其值不能改变的量被称为常量。在 Java 中，在变量声明的格式前面加上 final 关键字作为修饰符，就声明了一个常量。例如：

```
final int MAXSIZE=100;
```

MAXSIZE 就代表一个整型的常量，它的值在程序运行过程中始终为 100，不允许改变。

2.2.4　运算符

运算符可以对操作数执行各种运算和操作。Java 常用的运算符包括以下几种。

1. 算数运算符

算术运算符包括 +、-、*、/、%、++、--，每种运算符的含义和用法说明如下。

（1）+：加法运算符，就是将两个操作数进行求和操作，且只能对数值型数据进行运算，一般形式为 op1+op2。例如：

```
int a=2+3;//将 2 加上 3 的结果 5 赋给整型变量 a
```

另外，运算符“+”也可以放在数值的前面，表示正数。例如：

```
int a=+5;//把整数值+5 赋给整型变量 a。在默认情况下,正号可以省略
```

（2）-：减法运算符，就是将两个操作数相减，只能对数值型数据进行运算，一般形式为 op1-op2。例如：

```
int b=5-2;//将 5 减 2 的结果 3 赋给整型变量 b
```

另外，运算符“-”也可以放在数值的前面，表示负数。例如：

```
int b=-3;//把整数值-3 赋给整型变量 b
```

（3）*：乘法运算符，就是对两个操作数进行乘法操作，只能对数值型数据进行运算，一般形式为 op1* op2。例如：

```
int a=4* 6;//将 4 乘 6 的结果 24 赋给整型变量 a
```

（4）/：除法运算符，就是对两个操作数进行除法操作，取得商值的整数部分。操作数的数据类型可以为整型、浮点型，也可以为负数。其一般形式为 op1/op2。例如：

```
int a= 5/3;//将 5 除以 3 的结果 1 赋给整型变量 a
double b=15.0 /3.0;//将 15.0 除以 3.0 的结果 5.0 赋给浮点型变量 b
```

(5)%：模运算符，或者称为求余运算符，将运算符左边的操作数除以运算符右边的操作数，余数作为结果。操作数的数据类型可以是整型，也可以是浮点型。其一般形式为 op1% op2。例如：

```
int a=5%3;//在 5 和 3 之间进行求余运算,运算结果为余数 2
double b=6.8%6.3;//在 6.8 和 6.3 之间进行求余运算,运算结果为 0.5
```

(6) ++：自增运算符，表示完成自加 1 的运算，只能作用于变量。它可以放在操作数的前面，也可以放在操作数的后面，但是作用不一样。++运算符放在操作数的前面，表示该变量先自动加 1，再进行其他操作。例如：

```
int a=5;//定义整型变量 a 并赋初值 5
int b=++a+2;//将变量 a 的值自动加 1 之后,再加上 2,将结果赋给整型变量 b。语句执行之后 a=6,b
=8
```

“++”运算符放在操作数的后面，表示先进行运算，再进行自动加 1 操作。例如：

```
int a=5;//定义整型变量 a 并赋初值 5
int b=a++ + 2;//将变量 a 的值加上 2,结果赋给整型变量 b,a 再进行自动加 1 操作。语句执行之后 a=
6,b=7
```

(7) --：自减运算符，表示完成自动减 1 的运算，只能作用于变量。它可以放在操作数的前面，也可以放在操作数的后面，但是作用不一样。--运算符放在操作数的前面，表示该变量先自动减 1，再进行其他操作。例如：

```
int a=5;//定义整型变量 a 并赋初值 5
int b=--a + 2;//将变量 a 的值自动减 1 之后,再加上 2,将结果赋给整型变量 b。语句执行之后 a=4,b
=6。
```

“--”运算符放在操作数的后面，表示先进行运算，再进行自动减 1 操作。例如：

```
int a=5;//定义整型变量 a 并赋初值 5
int b=a-- + 2;//将变量 a 的值先加上 2,将结果赋值给整型变量 b,a 再进行自动减 1 操作。语句执行之
后 a=4,b=7
```

2. 赋值运算符

赋值运算符表示将一个值赋给一个变量，运算顺序为从右到左。赋值运算符包括 =、+=、-=、*=、/=、%=，每种运算符的含义和用法说明如下。

(1) =：赋值运算符，表示将等号右边表达式的值赋给等号左边的变量。例如：

```
int a=4;//将整数值 4 赋给整型变量 a
```

(2) +=：加等于，表示将等号左边的变量值与等号右边的值相加之后，再将结果赋给等号左边的变量。例如：

```
int a=4;
a+=2; //相当于 a=a+2;此时 a=6
```

(3) -=：减等于，表示将等号左边的变量值与等号右边的值相减之后，再将结果赋给等号左边的变量。例如：

```
int a=4;
a-=2; //相当于 a=a-2;此时 a=2
```

（4）a *=2：乘等于，表示将等号左边的变量值与等号右边的值相乘之后，再将结果赋给等号左边的变量。例如：

```
int a=4;
a* =2; //相当于 a=a* 2;此时 a=8
```

（5）/=：除等于，表示将等号左边的变量值与等号右边的值相除之后，再将结果赋给等号左边的变量。例如：

```
int a=4;
a/=2; //相当于 a=a/2;此时 a=2
```

（6）%=：模等于，表示将等号左边的变量值与等号右边的值求模之后，再将结果赋给等号左边的变量。例如：

```
int a=4;
a% =2; //相当于 a=a%2;此时 a=0
```

3. 关系运算符

关系运算符包括==、!=、>、<、>=、<=。关系运算符的作用是比较运算符两边的运算数，结果总是 boolean 型的数据，即 true 或 false。常用的关系运算符如表 2-4 所示。

表 2-4　常用的关系运算符

运算符	描述	用法	返回结果
==	等于	op1==op2	op1 与 op2 恒等时，结果值为真，否则为假
!=	不等于	op1!=op2	op1 与 op2 不相等时，结果值为真，否则为假
>	大于	op1> op2	op1 大于 op2 时，结果值为真，否则为假
<	小于	op1< op2	op1 小于 op2 时，结果值为真，否则为假
>=	大于或等于	op1>=op2	op1 大于或等于 op2 时，结果值为真，否则为假
<=	小于或等于	op1<=op2	op1 小于或等于 op2 时，结果值为真，否则为假

4. 逻辑运算符

逻辑运算符包括 &&、||、!、^。逻辑运算符用于对 boolean 型结果的表达式进行运算，运算结果总是 boolean 型的数据。常用的逻辑运算符如表 2-5 所示。

表 2-5　常用的逻辑运算符

运算符	描述	用法	返回结果
&&	逻辑与	op1&&op2	op1 和 op2 的值同时为 true 时，结果值为 true，否则为 false
||	逻辑或	op1 || op2	op1 和 op2 中的任意一个值为 true 时，结果值为 true，否则为 false
!	逻辑非	! op1	op1 的值为 false 时，结果值为 true；op1 的值为 true 时，结果值为 false
^	逻辑异或	op1^op2	op1 和 op2 的值不相同时，结果值为 true

说明：&& 和 || 又被称为短路逻辑运算符，即由前一个操作数就能够确定整个表达式值的时候，后一个操作数的表达式将不再执行。

【例 2-2】逻辑运算符的应用。

```
public class Example2_2{
  public static void main(String[] args) {//主方法
     int i=5;
     int j=10;
     boolean b=(i<6)&&(++j>10);
     //i<6 为真,则继续判定++j>10 是否为真
     System. out. println("boolean 型 b="+b);
     System. out. println("int 型 i="+i);
     System. out. println("int 型 j="+j);
     b=(i>6)&&(++j>10);
     //i>6 为假,表达式的值为假,短路,即 ++j>10 不再执行
     System. out. println("boolean 型 b="+b);
     System. out. println("int 型 i="+i);
     System. out. println("int 型 j="+j);
     b=(i<6)||(++j>10);
     //i<6 为真,表达式的值为真,短路,不再执行++j>10
     System. out. println("boolean 型 b="+b);
     System. out. println("int 型 i="+i);
     System. out. println("int 型 j="+j);
     b=(i>6)||(++j>10);//i>6 为假,表达式的值不确定,执行++j>10
     System. out. println("boolean 型 b="+b);
     System. out. println("int 型 i="+i);
     System. out. println("int 型 j="+j);
  }
}
```

Example2_2 的运行结果如图 2-4 所示。

```
boolean型 b=true
int型 i=5
int型 j=11
boolean型 b=false
int型 i=5
int型 j=11
boolean型 b=true
int型 i=5
int型 j=11
boolean型 b=true
int型 i=5
int型 j=12
```

图 2-4　Example2_2 的运行结果

5. 位运算符

位运算符包括 &、|、^、~、>>、>>>、<<。位运算符是对两个运算数中的每个二进制位都进行运算。位运算符的说明和使用如表 2-6 所示。

表 2-6 位运算符的说明和使用

运算符	描述	用法	操作
&	与	op1&op2	按位求与
|	或	op1 | op2	按位求或
^	异或	op1^op2	按位异或
~	非	~op1	按位求非
>>	右移位	op1>>op2	将 op1 右移 op2 个位
>>>	逻辑右移位（无符号）	op1>>>op2	将 op1 右移 op2 个位（无符号）
<<	左移位	op1<<op2	将 op1 左移 op2 个位

6. 字符串连接运算符

字符串连接运算可以使用“+”运算符。一个字符串类型的数据和任意数据类型的数据之间使用“+”运算符，都将连接成一个新的字符串。例如：

```
String s= "hello"+"world"; //操作将连接生成字符串 helloworld
```

7. 条件运算符

“？：”运算符是一个条件运算符，一般形式为“（<逻辑表达式>)？<结果表达式 1>：<结果表达式 2>;”它的运算规则是，首先运算逻辑表达式，若逻辑表达式的结果值为真，则返回<结果表达式 1>的值，否则返回<结果表达式 2>的值。例如：

```
int a=10;int b=(a>15)? 10 : 1; //语句执行之后 b 的值为 1
```

运算符可以利用 1 个、2 个或 3 个操作数来完成一次完整的运算，因此，运算符可以按照所需操作数的个数分为一目运算符、二目运算符和三目运算符。只有一个操作数的运算符称为一目运算符，也称为单目运算符，如 ++、! 等。运算符两侧都需要操作数的运算符称为二目运算符，如 *、|| 等。三目运算符就是能够操作 3 个数的运算符，如 ？：。

2.2.5 表达式

表示某种意义的式子就称为表达式，它是符合一定语法规则的、由运算符和操作数组成的符号序列。一个常量或一个变量是最简单的表达式。

表达式的值还可以用作其他运算的操作数，形成更复杂的表达式。运算符的优先级决定了同一表达式中多个运算符被执行的先后次序，如乘除运算优先于加减运算，同一级里的运算符具有相同的优先级；运算符的结合性则决定了相同优先级的运算符的执行顺序。运算符的优先级和结合性如表 2-7 所示。

【例 2-3】 变量、运算符、表达式的应用。求一个三位数的各位数字之和。

```
public class Example2_3{
  public static void main(String[] args){
      int n=123,a=0,b=0,c=0,digsum=0;
      a = n % 10;           //个位
      b = (n% 100) /10;     //十位
      c = n / 100;          //百位
      digsum=a+b+c;         //数字求和
      System. out. println("Digsum("+n+") = "+digsum);
  }
}
```

Example2_3 的运行结果如图 2-5 所示。

```
Digsum<123> = 6
```

图 2-5　Example2_3 的运行结果

表 2-7　运算符的优先级和结合性

优先级	运算符	结合性
高	[ ]　( )	从左至右
↓	++　--　+　-　~　!	从右至左
	*　/　%	从左至右
	+　-	从左至右
	<<　>>　>>>	从左至右
	<　>　<=　>=　instanceof	从左至右
	==　!=	从左至右
	&	从左至右
	|	从左至右
	&&	从左至右
	||	从左至右
	?:	从右至左
低	=　*=　/=　%=　+=　-=　<<=　>>=　&=　^=　|=	从右至左

2.2.6　注释

与其他编程语言一样，Java 的源代码中也允许出现注释，并且注释不会影响程序的执行，只是起到一个说明的作用。在 Java 中，有 3 种不同功能的注释，分别为单行注释、区域注释和文档注释。下面将对这 3 种注释逐一进行介绍。

1. 单行注释

单行注释用于为代码中的单个行添加注释，可以注释单行代码，也可以为一段代码实现的功能添加一个简短的说明。单行注释是一种比较常用的注释方式。其语法格式是，用 “//” 表示注释的开始，注释内容从 “//” 开始到本行结尾。例如，下面的代码中使用了单行注释。

```
System. out. println("helloWorld");//打印字符串 helloWorld
```

单行注释通常用于解释较短的代码段，不过也可以用于多行，如果需要注释多行，则可以在每行的注释前面标记 “//”。

2. 区域注释

区域注释又称多行注释，用于一次性注释一行或多行。开发人员通常使用区域注释描述文件、数据结构、方法和文件说明等。通常在文件的开头和方法的前面或内部使用区域注释。

要创建区域注释，需要在注释的开头添加“/*”，在注释的末尾添加“*/”，此方法允许创建很长的注释，而不需要在每一行的开头都添加“//”。例如：

```
/* 这是一个使用区域注释的例子
   编者: lisa
   时间:2024-3-30*/
```

区域注释在编译时，“/*” 与 “*/”之间的内容都会被忽略。读者可以根据自己的习惯选择使用单行注释和区域注释。但是在使用区域注释的时候，需要注意，“/*”“*/”在 Java 中不能嵌套使用，如果注释内容中本身已经包含了一个“*/”，就不能使用区域注释了。因为编译器遇到“*/”会认为一个多行注释结束，这可能会引起错误。因此，这时候只能用单行注释的方法来解决。

3. 文档注释

文档注释用于描述 Java 的类、接口、构造器、方法等。文档注释是 Java 独有的，并可以通过 javadoc 工具转换成 HTML 文件，每个文档注释都被放在注释定界符“/**” 和 “*/”之中，一个注释对应一个类、成员或接口。该注释应该位于声明之前。下面举例说明文档注释的使用。

【例 2-4】 文档注释的使用。

```
/**
 * @author shibing
 * @version jdk1. 6
 */
public class Example2_4{//定义类
    public static void main(String[] args){ //主方法
        System. out. println("hello World!");
    }
    /**
    * setVAlue()是一个无参的普通方法
    */
    public void setVAlue(){}
}
```

如果程序通过 javac Example2_4. java 进行正常的编译，使用 java Example2_4 来执行，则输出字符串 hello World!，这与不写文档注释相同。但是如果使用 javadoc-d doc Example2_4. java 来编译执行，那么 Java 自动执行过程如图 2-6 所示。

```
D: \test>javadoc -d doc Example2_4.java
正在创建目标目录："doc/"
正在装入源文件 Example2_4.jave…
正在构造 Javadoc 信息…
标准 Doclet 版本 1.6.0_02
正在构建所有软件包和类的树…
正在生成 doc\Example2_4.html…
正在生成 doc\package-frame.html…
正在生成 doc\package-summary.html…
正在生成 doc\package-tree.html…
正在生成 doc\constant-values.html…
正在构建所有软件包和类的索引…
正在生成 doc\overview-tree.html…
正在生成 doc\index-all.html…
正在生成 doc\deprecated-list.html…
正在构建所有类索引…
正在生成 doc\allclasses-fream.html…
正在生成 doc\allclasses-noframe.html…
正在生成 doc\index.html…
正在生成 doc\help-doc.html…
正在生成 doc\stylesheet.css…
```

图 2-6　Java 自动执行过程

并在当前目录下，生成名称为 doc 的文件夹，同时将上述生成的文档放入该文件夹。文档注释生成的文件夹内容如图 2-7 所示。

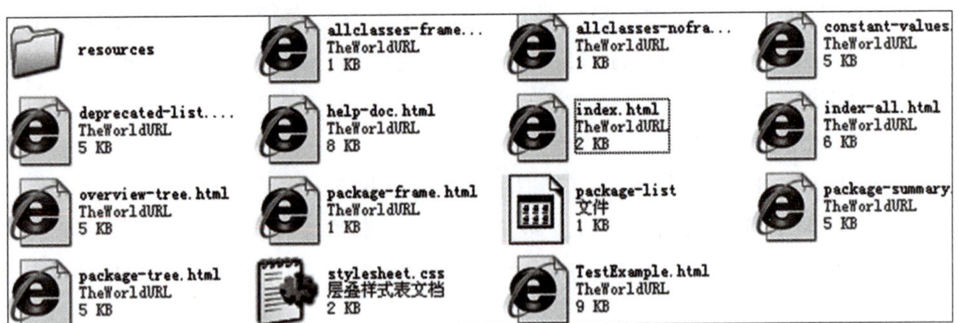

图 2-7　文档注释生成的文件夹内容

文档注释会最终显示在 HTML 页面上，而单行注释和区域注释则不会显示出来。

课后思考：学习过程中要时刻培养创新精神。

中国要强盛、复兴，就一定要大力发展科学技术，努力成为世界主要科学中心和创新高地。创新是一个国家发展壮大的强大动力，是一个民族复兴的不竭源泉，因此同学们要努力培养自己的创新精神。

两个数 a 和 b 交换，一般的做法是定义第三个变量 t，将变量 a 的值赋值给变量 t，将变量 b 的值赋值给变量 a，将变量 t 的值赋值给变量 b，实现 a 和 b 的交换。下面来创新一下，即“a=a+b; b=a-b; a=a-b; 还可以这样做：a=a^b; b=a^b; a=a^b;。

同学们可以试一试，上述创新的方法能否成功交换 a 和 b 呢？请注意，这两个方法要考虑变量的值不要溢出。

你还能创新出其他方法吗？

2.3 流程控制

所有的编程语言都有流程控制，结构化的流程控制有 3 种结构：顺序结构、选择结构和循环结构。下面分别介绍这 3 种结构及其实现方式。

2.3.1　顺序结构

顺序结构是指按照代码的先后顺序，程序一条一条地执行。

【例 2-5】程序的顺序执行。

```
public class Example2_5{
  public static void main(String[] args){
      int a=5;
      System. out. println("a="+a);
      int b=a;
      System. out. println("b="+b);
```

```
        boolean flag=true;
        System.out.println("flag="+flag);
        int c=a+b;
        System.out.println("c="+c);
        System.out.println("主方法结束。");
    }
}
```

Example2_5 的运行结果如图 2-8 所示。

```
a=5
b=5
flag=true
c=10
主方法结束。
```

图 2-8 Example2_5 的运行结果

2.3.2 选择结构

选择结构也称条件语句，这种语句根据一些表达式的值，选择执行程序中的某一部分。Java 支持 if 和 switch 语句，它们分别表达两重分支和多重分支。

1. if 语句

if 语句有以下几种形式。

（1）if（布尔表达式）{

语句块 s1；

}

说明：当布尔表达式的值为 true 时，执行语句块 s1；否则跳过语句块 s1，程序继续执行。

【例 2-6】 if 语句的使用。

```
public class Example2_6 {
    public static void main(String[] args) {
        int a = 5;
        if (a>10) {
            System.out.println("a 的值比 10 大, 执行 if 语句");
        }
        if (a <= 10) {
            System.out.println("a 的值比 10 小, 执行 if 语句");
        }
        System.out.println("主方法结束。");
    }
}
```

Example2_6 的运行结果如图 2-9 所示。

（2）if（布尔表达式）

{语句块 s1；}

else

{语句块 s2；}

```
a的值比10小，执行if语句
主方法结束
```

图 2-9　Example2_6 的运行结果

说明：当布尔表达式的值为 true 时，执行语句块 s1；否则跳过语句块 s1，执行语句块 s2。

【例 2-7】if-else 语句的使用。

```
public class Example2_7 {
    public static void main(String[] args) {
        int a = 5;
        if (a > 10) {
            System. out. println("a 的值比 10 大, 执行 if 语句");
        } else {
            System. out. println("a 的值比 10 小, 执行 else 语句");
        }
        System. out. println("主方法结束。");
    }
}
```

Example2_7 的运行结果如图 2-10 所示。

```
a的值比10小，执行else语句
主方法结束。
```

图 2-10　Example2_7 的运行结果

（3）if（布尔表达式 1）

　　{语句块 s1；}

　else if（布尔表达式 2）

　　{语句块 s2；}

说明：当布尔表达式 1 的值为 true 时，执行语句块 s1；否则跳过语句块 s1，检查布尔表达式 2 的值，若其值为真，则执行语句块 s2。

【例 2-8】if-else if 语句的使用。

```
public class Example2_8 {
    public static void main(String[] args) {
        int a = 5;
        if (a > 10) {
            System. out. println("a 的值比 10 大,执行 if 语句 ");
        } else if (a < 6) {
            System. out. println("a 的值比 6 小,执行 else if 语句");
        }
        System. out. println("主方法结束。");
    }
}
```

Example2_8 的运行结果如图 2-11 所示。

```
a的值比6小，执行else if语句
主方法结束。
```

图 2-11　Example2_8 的运行结果

（4）if（布尔表达式 1）
　　{语句块 s1；}
else if（布尔表达式 2）
　　{语句块 s2；}
else
　　{语句块 s3；}

说明：当布尔表达式 1 的值为 true 时，执行语句块 s1；否则跳过语句块 s1，检查布尔表达式 2 的值，若其值为真，则执行语句块 s2，若其值为假，则执行 else 后面的语句块 s3。

【例 2-9】 if-else if-else 语句的使用。

```
public class Example2_9{
    public static void main(String[] args){
      int a=7;
      if (a>10)
        {System. out. println("a 的值比 10 大,执行 if 语句 "); }
     else if (a<6)
        {System. out. println("a 的值比 6 小,执行 else if 语句"); }
     else
        {System. out. println("a 的值在 6- 10 之间,执行 else 语句"); }
     System. out. println("主方法结束。");
    }
}
```

Example2_9 的运行结果如图 2-12 所示。

```
a的值在6-10之间，执行else语句
主方法结束。
```

图 2-12　Example2_9 的运行结果

2. switch 语句

switch 语句（又称开关语句）和 case 语句一起使用，是多分支语句的一种。switch 语句的一般格式如下：

```
switch(表达式)
    {    case 判断值 1:语句块 1;
         case 判断值 2:语句块 2;
         case 判断值 3:语句块 3;
          ⋮
         case 判断值 n:语句块 n;
         default: 语句块 n+1;
    }
```

说明：

（1）在 JDK 6 及 JKD 6 之前的版本，表达式的值只能为 short、int、byte、char 型中的一种，在 JDK 7 及 JDK 7 之后的版本，除以上 4 种数据类型之外，也允许使用 String 型。

（2）case 子句中的判断值必须是常量，而且所有 case 子句中的判断值是不同的。

（3）default 子句是任选的，当表达式的值与任意一条 case 子句中的值都不匹配时，程序执行 default 后面的语句。default 语句的位置可以与 case 语句调换。

（4）若表达式的值与任意一条 case 子句中的值都不匹配，且没有 default 子句，则程序直接跳出 switch 语句。

（5）case 分支中的语句块包括多个执行语句时，可以不用花括号“{}”括起来。

（6）switch 语句的功能可以用嵌套 if 语句实现，但使用 switch 语句更简练，可读性强，执行效率高。

（7）switch 语句一般要与 break 语句相结合，这样才能正确实现多分支。break 语句用来在执行完一个 case 分支后，使程序跳出 switch 语句，即终止 switch 语句的执行。case 子句只是起到一个标号的作用，用来查找匹配的入口，从此处开始执行。如果没有 break 语句，则对后面的 case 子句不再进行匹配，而是直接执行其后的语句序列。因此，在每个 case 分支后，要用 break 语句来终止后面的 case 子句的执行。但是在一些特殊情况下，想让多个不同的 case 值都执行同一个操作，此时，可以省略某些 case 子句后面的 break 语句来达到效果。

【例 2-10】 switch-case 语句的使用。输入一个成绩，输出该成绩所属的等级（0~59 为“fail”，60~79 为“pass”，80~89 为“good”，90~100 为“Excellent”）。

```
public class Example2_10{
  public static void main(String[] args){
     int score=78;score=score/10;
     switch (score){
       case 0:
       case 5: System. out. println("fail");break;
       case 6:
       case 7: System. out. println("pass"); break;
       case 8: System. out. println("good"); break;
       case 9:
       case 10: System. out. println("Excellent"); break;
       default: System. out. println("Data Error!");
     }
  }
}
```

Example2_10 的运行结果如图 2-13 所示。

```
pass
```

图 2-13　Example2_10 的运行结果

2.3.3　循环结构

循环结构是程序中的一种重要的基本结构。它是在循环条件满足的情况下，反复执行某段程序，被反复执行的这段程序称为“循环体”。循环语句分为 while 语句、do-while 语句和 for 语句 3 种。

1. while 语句

while 语句的格式如下：

```
while (条件表达式)
     {循环体 ; }
```

说明：

（1）while 语句的执行过程：

①求解条件表达式，如果其值为 true，则转向步骤②；否则转向步骤③；

②执行循环体语句组，然后转向步骤①；

③执行 while 语句后面的语句。

（2）while 语句的两个注意事项：

①在进入循环体之前，必须给相关的循环控制变量赋初值，以保证循环控制表达式中的变量有确定的值；

②在循环体内必须要有修改循环控制变量值的语句，以保证循环达到结束条件，正常退出循环，避免产生死循环。

【例 2-11】 while 语句的使用。求从 1 加到 100 的和，即求 1+2+…+100。

```
public class Example2_11 {
    public static void main(String[] args){
        int i = 0;
        int sum = 0;
        while(i<=100){
            sum =sum + i;
            i++;
        }
        System. out. println("1+2+…+100="+ sum );
    }
}
```

Example2_11 的运行结果如图 2-14 所示。

```
1+2+…+100=5050
```

图 2-14 Example2_11 的运行结果

2. do-while 语句

do-while 语句的格式如下：

```
do {循环体;
   }while(条件表达式);
```

与 while 语句的不同在于：do-while 语句是先执行一遍循环体中的语句，再判断 while 后的条件表达式是否为真。若条件表达式为真，则继续执行循环；若条件表达式为假，则终止循环。do-while 循环至少要执行一次循环体语句。需要注意的是，条件表达式后一定要有分号。

【例 2-12】 do-while 语句的使用。求从 1 加到 100 的和，即求 1+2+…+100。

```
public class Example2_12 {
    public static void main(String[] args){
        int i = 0;
        int sum = 0;
        do{
            sum =sum+ i;
            i++;

        }
        while(i<=100);//while 后面要加上分号
        System. out. println("1+2+…+100="+sum);
    }
}
```

Example2_12 的运行结果如图 2-14 所示。

3. for 语句

在 3 种语句中，for 语句最为灵活，常常应用于已经确定循环次数的情况。其一般格式如下：

```
for (表达式 1;表达式 2;表达式 3)
    {循环体; }
```

说明：

（1） for 语句的执行过程：

①先执行表达式 1，表达式 1 只执行一次，一般都是赋值语句，用于初始化变量；

②再执行表达式 2，若结果值为假，则结束循环；若结果值为真，则执行步骤③；

③执行循环体，执行表达式 3；

④转回步骤②。

（2） for 语句的几个注意事项。

①表达式 1 常用于声明循环变量、对一组变量进行初始化或赋值，该语句在第一次循环开始前被执行，且只被执行一次，可以是用逗号隔开的多个赋值表达式。例如：

```
int i;
for(i=0;i<=5;i++){ }
```

或

```
int i,n,s;
for(i=1,n=10,s=0; i<=n; i++)    {s=s+i; }
```

②表达式 2 用于控制循环的条件，相当于 while 语句中的条件表达式，在每次循环的开始前被执行（首次循环时，首先执行表达式 1，再执行表达式 2），若其值为真，则执行循环体；否则，跳出循环。若在第一次执行该表达式时其值为假，则循环体将一次也不执行。

③表达式 3 在每次执行循环体后被执行，主要用于修改循环变量，从而使表达式 2 的值有可能发生改变，否则将陷入死循环。

【例 2-13】 for 语句的使用。求从 1 加到 100 的和，即求 1+2+…+100。

```
public class Example2_13{
    public static void main(String[] args){
        int i,n=100;
```

```
        int sum=0;
      for (i=1;i<=n;i++){
        sum = sum + i;
        }
      System. out. println("Sum = 1+2+…+100 = "+sum);
   }
}
```

Example2_13 的运行结果如图 2-15 所示。

```
Sum = 1+2+…+100=5050
```

图 2-15　Example2_13 的运行结果

【例 2-14】 for 语句的使用。求从 1 加到 100 的和，即求 1+2+…+100，并且逆序输出从 100 加到 1 的和，即求 100+99+98+…+2+1。

```
public class Example2_14 {
   public static void main(String[] args) {
      int i, n = 100;
      int sum = 0;
      for (i = 1; i <= n; i++) {
         sum = sum + i;
      }
      System. out. println("\nSum = 1+2+. . . +100 = " + sum);
      sum = 0;
      System. out. print("Sum = ");
      for (i = n; i > 1; i-- ) {
         sum = sum + i;
         System. out. print(i + "+");
      }
      System. out. println(i + " = " + (sum + i));
   }
}
```

Example2_14 的运行结果如图 2-16 所示。

```
Sum = 1+2+…+100=5050
Sum = 100+99+98+97+96+95+94+93+92+91+90+89+88+87+86+85+84+83+82+81+80+79+78+77+76+
75+74+73+72+71+70+69+68+67+66+65+64+63+62+61+60+59+58+57+56+55+54+53+52+51+50+49+
+48+47+46+45+44+43+42+41+40+39+38+37+36+35+34+33+32+31+30+29+28+27+26+25+24+23+22+
21+20+19+18+17+16+15+14+13+12+11+10+9+8+7+6+5+4+3+2+1 = 5050
```

图 2-16　Example2_14 的运行结果

【例 2-15】 for 语句的使用。求 1～100 的所有素数。

```
public class Example2_15 {
   public static void main(String[] args){
      int i,j,num;
      boolean flag=true;
```

```
            for(i=2;i<=100;i++){
                flag=true;
                for(j=2;j<=i/2;j++){
                    if(i% j==0){
                        flag=false;
                    }
                }
                if(flag){
                    System. out. print(i+" ");
                }
            }
        }
    }
```

Example2_15 的运行结果如图 2-17 所示。

```
2 3 5 7 11 13 17 19 23 29 31 37 41 43 47 53 59 61 67 71 73 79 83 89 97
```

图 2-17 Example2_15 的运行结果

4. 跳转语句

在 Java 中，跳转语句包括 break 语句和 continue 语句。

（1）break 语句。

break 语句的最常见的用法是，在 switch 语句中，通过 break 语句退出 switch 语句；还可以用 break 语句退出循环。

【例 2-16】 break 语句在循环中的使用。

```
public class Example2_16 {
    public static void main(String[] args) {
        int i=0;
        while(i<10){            //设置循环条件
            System. out. println("i= "+i);
            i++;
            if(i==5)
                break;      //如果 i 的值为 5,则结束当前循环
        }
        System. out. println("主方法结束");
    }
}
```

Example2_16 的运行结果如图 2-18 所示。

```
i= 0
i= 1
i= 2
i= 3
i= 4
主方法结束
```

图 2-18 Example2_16 的运行结果

（2）continue 语句。

continue 语句使循环体终止当前运行的这次循环，直接进入下一次循环，而 break 语句则终止整个循环的执行。

【例 2-17】 continue 语句在循环中的使用。将例 2-16 程序中 while 循环的 break 语句使用 continue 语句替换。

```
public class Example2_17 {
  public static void main(String[] args) {
      int i=0;
      while(i<10){            //设置循环条件
         System. out. println("i= "+i);
         i=i+1;
         if(i==5)
            continue;           //如果 i 的值为 5,则结束当前循环
      }
      System. out. println("主方法结束");
  }
}
```

Example2_17 的运行结果如图 2-19 所示。

```
i= 0
i= 1
i= 2
i= 3
i= 4
i= 5
i= 6
i= 7
i= 8
i= 9
主方法结束
```

图 2-19 Example2_17 的运行结果

思考：break 和 continue 语句的差别。

课后思考：程序员应该具有怎样的工匠精神？

工匠们喜欢不断雕琢自己的产品，享受着产品在手中升华的过程。工匠们对细节有很高的要求，追求完美和极致，对精品有着执着的坚持和追求，把品质从 0 提高到 1，其利虽微，却长久造福于世。

“工匠精神”的核心是，树立一种对工作执着、对所做的事情和生产的产品精益求精、精雕细琢的精神。

作为一个程序员，在你所编写的代码中，面对大量的临时变量定义、数百行的函数定义、功能相仿的重复性代码时，应该具有怎样的工匠精神，才能写出一段简洁、高效且易于维护的程序呢？

本章小结

本章介绍了 3 个部分的内容：Java 的基础知识，标识符、关键字和表达式，以及流程控制。

标识符是用户编程时定义变量、函数等语法单位使用的名称，其中的字母要区分大小写。关键字又称保留字，是 Java 规定的具有特定含义的标识符。数据类型分为基本数据类型和引用数据类型两大类，基本数据类型包括整型、浮点型、字符型和布尔型，引用数据类型主要包括类、数组和接口等。

Java 常用的运算符主要包括 7 种：算术运算符、赋值运算符、关系运算符、逻辑运算符、位运算符、字符串连接运算符和条件运算符。表达式是符合一定语法规则的、由运算符和操作数组成的符号序列。运算符的优先级决定了同一表达式中多个运算符被执行的先后次序。

程序的执行是按照语句规定的流程控制进行的，结构化的流程控制有 3 种基本结构：顺序结构、选择结构和循环结构。

顺序结构是指按照代码的先后顺序，程序从上到下地执行。选择结构也称为分支结构或条件语句，这种结构能够根据布尔表达式的值，选择执行程序中的某一部分。Java 支持两重分支结构和多重分支结构。循环结构是用在为了达到某一目的，重复完成某一工作的情况下，循环语句分为 while 语句、do-while 语句和 for 语句 3 种。

跳转语句 break 语句和 continue 语句的作用是改变语句的正常执行顺序，直接跳转到程序中的某一位置。

本章习题

一、选择题

1. 在 Java 中，下面变量的命名合法的是（　　）。

A. variable-123　　B. 123varible　　C. private-1　　D. variable_123

2. 阅读以下程序，程序被执行完以后 c 与 result 的值分别是（　　）。

```
boolean a=false;
boolean b=true;
boolean c=(a&b)&&(!b);
int result=b==false:1:2;
```

A. c=false; result=1;　　B. c=true; result=2;

C. c=true; result=1;　　D. c=false; result=2;

3. public static void main( ) 方法的参数描述是（　　）。

A. String[] args　　B. String　　C. Strings[] args　　D. String args

4. 下面（　　）是 Java 中的关键字。

A. sizeof　　B. abstract　　C. NULL　　D. Native

5. 编译运行如下程序之后，输出的结果为（　　）。

```
public class Test{
  public static void main(String[] args){
```

```
        int a=5;
        System. out. println((a% 2= =1)?(a+1) /2:a/2);
    }
}
```

A. 1　　B. 2　　C. 2. 5　　D. 3

6. 编译运行以下程序，结果是（　　）。

```
public class Test{
    public static void main (String[] args) {
        for (int i=0;i<3; i++){
            System. out. print(i);
        }
        System. out. print(i);
    }
}
```

A. 编译时报错　　B. 正确运行，输出 012

C. 正确运行，输出 123　　D. 正确运行，输出 0123

7. 在 Java 中，下面不合法的赋值语句是（　　）。

A. byte=340;　　B. Boolean b=2;

C. float k=3. 14;　　D. double m=3. 4526;

8. 以下是 Java 程序的 main( ) 方法，程序的输出结果为（　　）。

```
public static void main(String[] args) {
    int i = 0;
    System. out. println(i++);
}
```

A. 0　　B. 1

C. 编译错误　　D. 运行时出现异常

9. 在 Java 中，使用（　　）语句可以终止循环语句。

A. return　　B. continue　　C. break　　D. exit

10. 编译运行下面的程序，当输入 x 的值为 2 时，输出的结果为（　　）。

```
switch (x) {
    case 1: System. out. println("1") ;
    case 2:
    case 3: System. out. println("3") ;
    case 4: System. out. println("4") ;
}
```

A. 没有输出任何结果　　B. 3

C. 3 和 4　　D. 1、3 和 4

二、编程题

1. 计算 1~50 所有偶数之和。

2. 编程实现输出如图 2-20 所示的图案。

图 2-20　编程题 2 题图

3. 编程将一个浮点型数的整数部分和小数部分分别输出显示。
4. 求 1+2+3+…+1 000 的和，把和输出，并且计算什么时候和大于 500。

三、简答题

1. Java 中所使用的注释有哪些？
2. Java 程序的主文件名必须与主类的类名相同吗？如果不同会出现什么现象？

第 2 章习题答案

第3章 类和对象

学习目标

Java是完全面向对象的语言。类和对象是面向对象语言中非常重要的概念。本章将主要介绍面向对象的基本概念和面向对象的程序设计方法，Java中类的抽象和定义，对象的创建和使用，类的继承，方法的重载、覆盖，多态及类的高级特性。

在理解概念、编写和调试程序过程中遇到的各种问题，需要用不怕吃苦的奋斗精神和团结协作的合作精神来解决，填补程序漏洞，编写出可持续复用的程序。

教学重点

1. 掌握Java编程语言中类的抽象与定义。
2. 理解、掌握Java编程语言中对象的概念与创建，以及类与对象之间的关系。
3. 理解、掌握构造方法的概念、定义与作用。
4. 理解、掌握类的继承关系的定义和使用。
5. 掌握类的多态。
6. 了解类的高级特性

3.1 面向对象编程概述

Java是完全面向对象的语言，本节将对面向对象编程进行简单的介绍。

面向对象编程（Object Oriented Programming，OOP）是一种计算机编程架构，它的作用是让程序员从人类思考的角度，而不是以计算机思考的角度来处理问题。它大大降低了软件开发的难度，使编程就像搭积木一样简单，是当今计算机编程中一股势不可挡的潮流。

面向对象编程已成为现代软件开发的必然选择。通过掌握面向对象的技术，程序员能开发出复杂、高级的系统，这些系统是完整健全的，但又是可扩充的。面向对象编程是建立在把对象作为基本实体看待的面向对象的模型上的，这种模型可以使对象之间产生交互作用。

面向对象技术利用对现实世界中对象的抽象和对象之间相互关联和相互作用的描述来对现实世界进行模拟，并且使其映射到目标系统中。因此，面向对象的特点主要概括为抽象性、继承性、封装性和多态性。

抽象性是指对现实世界中某一类实体或事件进行抽象，从中提取出共同信息，找出共同规律，反过来又把它们集中在一个集合中，定义为所设计目标系统中的对象。

继承性是新的对象类由继承原有对象类的某些特性或全部特性而产生出来，原有对象类称为基类（或超类、父类），新的对象类称为派生类（或子类），子类可以直接继承父类的共性，又可以发展自己的个性。继承性简化了对新的对象类的设计。

封装性是指对象的使用者通过预先定义的接口关联到某一对象的行为和属性时，无须知道这些行为是如何实现的，即用户使用对象时无须知道对象内部的运行细节。这样，以前所开发的系统中已使用的对象能够在新系统中被重新采用，减少了新系统中分析、设计和编程的工作量。

多态性是指不同类型的对象可以对相同的行为做出不同的反应。多态性丰富了对象的内容，扩大了对象的适应性，改变了对象单一继承的关系。

面向对象技术主要的概念包括类、对象、类型层次（子类）、数据类型、继承性、封装性、多态性。

课后思考：学习面向对象要具备怎样的态度？

习近平总书记在会见第 31 届奥林匹克运动会中国体育代表团全体成员时，特别对中国女排及她们身上所彰显的精神提出赞扬：“中国女排不畏强手、英勇顽强，打出了风格、打出了水平，时隔 12 年再夺奥运金牌，充分展现了女排精神，全国人民都很振奋。”女排精神的基本内涵可概括为无私奉献精神、团结协作精神、艰苦创业精神、自强不息精神。

初学者在刚刚接触面向对象思想时，常常混淆概念，分辨不清，遇到困难时，不愿付出辛苦和努力，进而抱怨，甚至放弃。如果你也出现了这样的情况，就先想想女排精神吧，让它成为你今后学习的动力。接下来的学习，你准备好了吗？

3.2 类的定义

Java 就是一种优秀的面向对象的编程语言，它提供了用来支持面向对象程序设计模型所需的一切条件。Java 有自己完善的对象模型，并提供了一个庞大的 Java 类库，有一套完整的面向对象解决方案和体系结构。

在面向对象的程序设计中，类是程序的基本单元。类是描述对象的“基本原型”，它定义一类对象所能拥有的数据和能完成的操作。相似的对象可以归并到同一个类中去，就像传统语言中的变量与数据类型的关系一样。类中不但有变量，还有与之相关的操作所定义的方法。

进行 Java 程序设计，实际上就是定义类的过程。一个 Java 源文件往往是由许多个类组成的。从用户的角度看，Java 源程序中的类分为两种，一种是系统定义的类，即 Java 类库，例如父类 Object，所有 Java 的类都派生自 Object 类；另一种是用户自己定义的类。类就像一个软件蓝图，可以用于实例化许多的单个对象。类定义对象的数据元素（属性）的集合和行为或功能（或称方法，用于操作对象或执行相关对象间的交互）的集合。属性和方法一起被称为成员。

类是描述具有相同属性和行为的一组对象，它抽象出一组对象所具有的共同特征。例如我们常说的人类、学生、教师、工人、鱼、汽车、动物等，都可以是我们根据它们相同的特征抽象出来的类。

那么用户如何定义一个类呢？

Java 中的类可以包括变量和方法两大部分。类的成员变量可以是基本数据类型，也可以是引用数据类型；类的方法用于处理该类的数据。

类的定义的一般格式如下：

```
[类的修饰符] class 类名
    {    变量声明及初始化;
        [构造方法声明;]
         成员方法声明;
    }
```

说明：

（1）类的修饰符。

类的修饰符有 public、default(可缺省,默认) 两种。

public：表示公有的，允许其他类（没有限制）访问本类，一个源文件仅可以有一个 public 修饰的类，并且该类的名称与 Java 的源文件同名。

default（默认）：此修饰符可缺省不写，default 修饰的类可被当前包中的其他类访问。

通常情况下，类的访问权限只有两种：public 和 default。只有内部类可以有 protected 和 private 的访问权限（将在以后的章节中介绍）。

（2）类名称。

在关键字 class 后面需要声明用户定义类的名称。每个类都拥有自己的名字空间，需要使用一个标识符来表示。类名不能是 Java 中的关键字，必须符合 Java 中标识符的命名规则，可以以字母、_ 或 $ 开头。标识符最好“见名知义”，而且规范大小写的使用方式，类名和接口名一般由一个或几个单词组成，每个单词的首字母大写，如 Object 类、StringBuffer 类、Frame 类等。

（3）类体。

在类的定义中，花括号内的部分为类体。一般情况下，类体的内容主要包括两大部分，分别为变量定义及初始化和方法定义及方法体。

①类的定义中成员变量的声明格式：

```
[访问修饰符]  变量的数据类型   变量名[=初值];
```

变量的修饰符可以是 public、protected、default、private，修饰符用来表示变量的访问控制，即访问权限。public 代表公有的，其所修饰的类可以被所有其他的类引用；default 表示默认（缺省）的，其所修饰的类可以被本包中的其他类引用；protected 表示保护的，其所修饰的类可以被该类自身、子类、同一包中的其他类引用；private 表示私有的，其所修饰的类仅可被该类内部引用和修改，不能被其他任何类（包括子类）引用。在编程的过程中，根据变量的访问要求的不同来使用不同的访问修饰符。

变量的数据类型可以是 Java 中任意的数据类型，包括基本数据类型和引用数据类型。

在一个类体中的成员变量的名称应该符合标识符的命名规则并且是唯一的。

在定义成员变量的过程中，可以对成员变量直接进行赋初值，也就是成员变量的初始化。如果一个成员变量没有被赋初值，那么这个成员变量在使用的时候，将取该种数据类型的默认值。Java 中成员变量的默认初值都是确定的，布尔型变量的初值为 false；整型变量的初值为 0；浮点型变量的初值为 0.0；引用（复杂）数据类型变量的初值为 null。例如：

```
public int count=100; //公有的整型的成员变量 count,赋初值 100
double salary;          //默认修饰的浮点型的成员变量 salary,取该种数据类型的默认值 0.0
private boolean b;      //私有的布尔型的成员变量 b,默认值为 false
```

②构造方法是一个类体中比较特殊的部分，它可以省略。也就是说，一个类可以没有构造方法。构造方法的定义、声明和使用将在下一节进行详细的介绍。

③成员方法是完成特定功能的、相对独立的程序段。它具有可以在不同的程序中被多次调用、增强程序结构的清晰度、提高编程效率的功能。它的基本组成包括方法头和方法体。在 Java 中，方法声明的基本格式如下：

```
[访问修饰符] 返回值类型   方法名([参数列表])
    {
    [statements;]//方法体:方法体的内容一般包括变量的声明和语句
    }
```

方法的修饰符包括 public、private、protected、default（缺省），它的访问权限与成员变量修饰符的访问权限的说明相同。

方法的返回值类型是方法执行完后返回值的数据类型，它可以是我们学过的任意一种合法的数据类型。若方法没有返回值，则用 void 关键字说明。若方法有返回值，则方法体中至少有一条 return 语句，形式为“return（表达式）;”，其中表达式的值即方法的返回值，方法的返回值必须与方法头声明的返回值类型相匹配。return 语句的作用是退出当前方法，使控制流程返回到调用该方法的语句之后的下一条语句。

方法名采用用户定义的标识符，不要与 Java 关键字重名。根据 Java 编程语言的编码约定，方法名除第一个单词的首字母小写外，其余单词的首字母都是大写，与类名的取名类似。

参数列表指调用方法时，应该传递的参数个数及其对应的数据类型。在 Java 中，一个方法可以有 0 个或多个参数，当方法中有多个参数时，每个参数之间用逗号分隔开。参数在定义时要确定参数的数据类型和参数名。方法在声明时的参数被称为形式参数（简称形参），当用户调用方法时，应该给对应的参数一个实际的值，称为实际参数（简称实参）。

花括号内的部分是方法体。方法体一般包含变量的声明和语句。在方法体中声明的变量，我们称为局部变量，它的使用范围只在方法体内有效。

方法的声明不能嵌套，即不能在方法体中再声明其他方法。

下面举一个根据现实生活抽象出类的例子。

【例 3-1】抽象出圆这个类，类中有半径这个属性，求圆的面积和圆的周长的方法。

```
public class Example3_1{
    public final float PI=3. 14f;//定义常量 PI
    private double r = 2; //定义圆的半径
    public double getArea(){ //求圆的面积方法
        double area=PI* r* r;
        return area;
    }
    public void getCircum(){ //求圆的周长方法
        double c=2* PI* r;
        System. out. println("圆的周长为"+c);
    }
}
```

在例 3-1 中，常量 PI、变量 r 是类的成员变量，方法 getArea( ) 和 getCircum( ) 是类的成员方法。

④main( ) 方法是主方法，也称主函数，是 Java 程序中比较特殊的方法。Java 中规定，main( ) 方法是 Java 应用程序执行的入口函数，也是出口函数。Java 应用程序想要运行必须含有 main( ) 方法。若没有 main( ) 方法，则该类不能直接运行。在 Java 中，主方法的写法如下：

```
public static void main(String[] args)
{
   <语句块;>
}
```

在主方法的头部的定义中只有参数 args 的名称是可以修改的，其余部分为固定写法。主方法可以放在任意一个类体中。程序在运行时，一定是运行带有主方法的类，并且直接调用主方法。方法体内可以是我们所使用的任何合法的语句块。

【例 3-2】根据矩形的特点，抽象出矩形类，定义矩形类的属性和方法。

```
class Example3_2{
    private int length=6 ; //定义长
    private int width =10; //定义宽
    public void setValue(int l,int w){ //设置长和宽的值
        length=l;
        width=w;
    }
    public int setC(){//求矩形周长的方法
        int c=2* (length+width);
        return c;
    }
    public void getS(){ //求矩形面积的方法
        int s=length* width;
        System. out. println("矩形的面积为 "+s);
    }
}
```

课后思考：如何具有良好的学习能力?

信息技术的发展日新月异，新技术层出不穷，具有良好的学习能力，能及时获取新知识，随时补充和丰富自己，已成为程序员职业发展的核心竞争力。

学习人人都会，但不同的人学习效果却千差万别。一个善于学习的人，首先应该是一个善于读书的人，懂得如何高效地学习，拥有良好的心态；其次善于思考总结，并能克服“高原现象”；最后要静心、持续。唯有此，才能成为一个卓有成效的学习者，成就卓越的程序人生。

3.3 对象

对象是 Java 程序的核心。类是对对象的抽象描述，描述了每个对象包含的数据和每个对象表现的行为。对象是类的一个实例，是一个具体的事物。对象所具有的共同特征或状态被抽象为类的属性，即成员变量，对象共同的操作或行为被抽象为类的方法，而抽象出类之后，可以根据类来创建具体的对象，称为类的实例化。因此，类的实例化创建了对象。类是对象的模板，决定着对象的属性和方法，就像日期类的定义决定每天日期的显示格式。由对象可以抽象出类，类可以实例化成对象。

3.3.1 创建对象

对象的创建包括对象的声明、实例化和初始化。声明一个类的对象，格式如下：

```
类名 对象名;
```

例如：

```
Example3_1 c1;
```

说明：Example3_1 是一个类的名称，是一个复杂的数据类型。这条语句代表了 c1 可以是一个 Example3_1 类对象的引用。

类的实例化指使用运算符 new 为对象分配内存空间，一个类的不同对象分别占据不同的内存空间。类的实例化的格式如下：

```
对象名=new 类名([参数列表]);
```

例如：

```
c1= new  Example3_1 ( );
```

其中，new 关键字在内存中开辟了一段新的空间，该空间存储的是对象的属性。

“类名([参数列表])”的调用是为该对象的每一个成员变量赋初值。

对象创建成功之后，使用赋值符号“=”将对象的地址存放在引用变量 c1 当中。创建一个对象的语法也可以将对象的声明和实例化合并，格式如下：

```
类名  创建的对象名称 = new 类名([参数列表]);
```

例如：

```
Example3_1  c2= new  Example3_1();
```

Java的对象由类创建，所以应先说明创建对象所属的类名，再说明创建对象的名称。

“=”是赋值符号，“new 类名([参数列表])”使系统为对象创建自己的内存空间并自动调用构造方法初始化成员变量。

Example3_1是一个类，表示引用数据类型，也称复杂数据类型。引用数据类型就是指向一段内存空间地址的变量类型。任何引用数据类型的初始化都需要用new关键字来开辟一段内存空间，然后让引用数据类型变量指向这个空间的地址。

3.3.2 使用对象

在程序设计中，创建对象的目的是使用对象。创建一个对象就是要为对象的各个成员属性分配内存空间。使用对象就是通过对象来引用成员变量。对象不但可以引用自己的成员变量，还可以调用成员方法。对象无论是引用成员变量还是调用成员方法，都通过“.”运算符来实现。

1. 引用成员变量

通过对象来引用成员变量，首先要创建该类的对象，然后才能引用具体的成员变量。引用格式如下：

```
对象名.成员变量名;
```

例如：

```
class Circle{//类定义
    double r; //成员变量
    public static void main(String[] args){//主方法
        Circle c2=new Circle();//声明并创建类的对象
        c2.r=100;//使用对象引用类的成员变量
    }
}
```

一个类可以声明多个对象，创建对象后，系统会为每个对象分配存储空间。每个对象单独拥有自己的数据成员的存储空间，每个对象数据成员的值可以互不相同，并互不影响。例如：

```
Circle c2=new Circle(); c2.r=100;
Circle c3=new Circle(); c3.r=200;
```

表示分别创建了Circle类的对象c2和c3，每个对象所占用的内存空间并不相同。其中对象c2的成员变量r的值为100，而对象c3的成员变量r的值为200，两者并不互相影响。

2. 调用成员方法

类的对象调用类的成员方法的格式如下：

```
对象名.方法名(参数列表);
```

例如：

```
class Circle{//类定义
void myPrint(){
  System. out. println("执行 myPrint()方法");}//成员方法
  public static void main(String[] args){//主方法
    Circle c2=new Circle();//声明并创建类的对象
    c2. myPrint();//使用对象调用类的成员方法
  }
}
```

与各个对象都存储有自己的成员变量不同，各个对象共享类的成员方法，也就是类的成员方法只有一个副本存在。方法只有在被调用的时候才加载。

【例 3-3】引用类的成员变量和成员方法。

```
public class Example3_3{
  public final float PI=3. 14f;              //定义常量 PI
  private double r = 2;                      //定义圆的半径
  public double getArea(){                   //求圆的面积方法
    double area=PI* r* r;                    //直接调用本类中的成员变量 r 和 PI
    return area;
  }
  public void getCircum(){                   //求圆的周长方法
    double c=2* PI* r;                       //直接调用本类中的成员变量 r 和 PI
    System. out. println("圆的周长为"+c);
  }
  public static void main (String args[]) {
    Example3_3  c2=new Example3_3();
    //创建类的对象,并赋值给类的引用 c2
    Example3_3  c3=new Example3_3();
    //创建类的对象,并赋值给类的引用 c3
    c2. r=10;                                //调用成员变量。对象 c2 的成员变量 r 赋值为 10
    c3. r=20;                                //调用成员变量。对象 c3 的成员变量 r 赋值为 20
    double a=c2. getArea();                  //通过对象来调用类中的成员方法
    double b=c3. getArea();                  //通过对象来调用类中的成员方法
   System. out. println ("对象 c2 的面积为"+ a);
   //输出对象 c2 的面积
   System. out. println ("对象 c3 的面积为"+ b);
   //输出对象 c3 的面积
  }
}
```

Example3_3 的运行结果如图 3-1 所示。

```
对象c2的面积为314.0000104904175
对象c3的面积为1256.00004196167
```

图 3-1　Example3_3 的运行结果

3.3.3　构造方法

构造方法又称构造器或构造函数，主要作用是实现对象的初始化，为对象的数据成员赋初值。

定义构造方法的语法格式如下：

```
访问修饰符　类名([参数列表]){ /*方法体*/}
```

构造方法与其他普通的成员方法不同，它具有以下几个特点。

（1）构造方法的名称与类名相同。例如，类 Example3_1 中的构造方法的名称为 Example3_1。

（2）构造方法没有返回值类型。在声明构造方法的时候，不需要写返回值，也不用 void 关键字。

（3）构造方法可以带有若干个形参，也可以没有任何形参。例如，类 Example3_1 中的构造方法可以声明为“Example3_1(){};”也可以声明为“Example3_1(double radius){};”，或者其他参数的形式。

（4）构造方法的调用。构造方法不能由编程人员直接调用，而在创建对象时，使用 new 关键字由系统自动调用。

（5）构造方法的缺省。如果在类中没有显式地定义构造方法，则系统自动为类体生成一个默认的构造方法。默认的构造方法在类中不写出，但是默认为访问修饰符且与类相同，名称与类名相同，是参数和方法体都为空的构造方法。如果在类中有显式地定义构造方法，则系统将不再提供默认的构造方法。在一个类体中，构造方法可以有多个。

（6）创建对象时，构造方法实参的个数和类型应与类中定义的构造方法形参的个数和类型相一致。

在例 3-3 中，类 Example3_3 里没有定义构造方法，系统为这个类添加了默认的构造方法，在创建这个类的对象的时候，可以直接使用这个默认的构造方法。在类体中定义一个构造方法的例子如下。

【例 3-4】在类体中显式地定义构造方法，创建对象时使用这个构造方法。

```
public class Example3_4{
public final float PI=3.14f;            //定义常量 PI
private double r = 2;                   //定义圆的半径
public Example3_4(float radius){        //声明带有一个参数的构造方法
    r=radius;
}                                       //构造方法结束
public double getArea(){                //求圆的面积方法
    double area=PI* r* r;               //直接调用本类中的成员变量 r 和 PI
    return area;                        //方法的返回值为 double
}
public void getCircum(){                //求圆的周长方法
    double c=2* PI* r;
    System.out.println("圆的周长为"+c);
}
public static void main (String[] args) {
    Example3_4  c2=new Example3_4(10);
    //调用构造方法创建类的对象,并赋值给类的引用 c2
```

```
        Example3_4   c3=new Example3_4(20);
        //调用构造方法创建类的对象,并赋值给类的引用 c3
        System. out. println ("对象 c2 的半径为"+ c2. r);
        //输出对象 c2 的半径
        System. out. println ("对象 c3 的半径为"+ c3. r);
        //输出对象 c3 的半径
        double a=c2. getArea(); //通过对象来调用类中的成员方法
        double b=c3. getArea(); //通过对象来调用类中的成员方法
        System. out. println ("对象 c2 的面积为"+ a);
        //输出对象 c2 的面积
        System. out. println ("对象 c3 的面积为"+ b);
        //输出对象 c3 的面积
    }
}
```

Example3_4 的运行结果如图 3-2 所示

```
对象c2的半径为10.0
对象c3的半径为20.0
对象c2的面积为314.0000104904175
对象c3的面积为1256.00004196167
```

图 3-2 Example3_4 的运行结果

3.3.4 对象初始化过程

在创建对象的时候，使用 new 关键字调用构造方法对对象进行初始化。构造方法的作用是在创建对象时，由系统调用，完成对对象的初始化并为各个对象的数据成员赋初值。

对象初始化的步骤如下。

1. 为引用分配存储空间

例如，Example3_5 c2 语句将为引用 c2 分配存储空间。

2. 为对象分配存储空间

new Example3_5(10) 表示使用 new 关键字在内存中开辟一个新的存储空间，存储对象。对象的各个成员变量的值，首先取该种数据类型的默认值，例如类 Example3_5 中，该对象的成员变量 r 的默认值是 0. 0。其次，如果成员变量在定义时已经被赋初值，那么该成员变量的值是初始值，否则直接调用构造方法给成员变量赋值。在类 Example3_5 中，该对象的成员变量 r 的初始值是 2。最后执行构造方法的语句，将成员变量 r 的值修改为 10。因此，对象 new Example3_5(10) 的成员变量 r 的值是 10。

3. 将对象的首地址放到引用中

语句“c2=new Example3_5(10);”表示将对象 new Example3_5(10) 的首地址放入引用 c2 中。

【例 3-5】对象初始化的过程。

```
public class Example3_5{
    public final float PI=3. 14f;              //定义常量 PI
    private double r = 2;                      //定义圆的半径
```

```
    public Example3_5() {//构造方法
        System. out. println("执行构造方法");
    }
    public double getArea(){ //求圆的面积方法
        double area=PI* r* r;  //直接调用本类中的成员变量 r 和 PI
        return area;
    }

    public void getCircum(){            //求圆的周长方法
        double c=2* PI* r;
        System. out. println("圆的周长为"+c);
    }
    public static void main (String[] args) {
        Example3_5  c2=new Example3_5();
        //创建类的对象,并赋值给类的引用 c2
        Example3_5  c3=new Example3_5();
          //创建类的对象,并赋值给类的引用 c3
        System. out. println ("对象 c2 存储的地址为"+ c2);
          //输出 c2 中存储的内容
        System. out. println ("对象 c3 存储的地址为"+ c3);
          //输出 c3 中存储的内容
        System. out. println("圆的半径的值为 "+c2. r);
          //成员变量的值是初值
        c2. r=10;                           //给对象的成员变量重新赋值
        System. out. println("重新赋值之后圆的半径的值为 "+c2. r);
        double   a=c2. getArea();        //通过对象来调用类中的方法,
        System. out. println ("对象 c2 的面积为"+ a);
          //输出对象 c2 的面积
        c2. getCircum() ;                   //调用求周长的方法
    }
}
```

Example3_5 的运行结果如图 3-3 所示。

```
执行构造方法
执行构造方法
对象c2存储的地址为Example3_5@15db9742
对象c3存储的地址为Example3_5@6do6d69c
圆的半径的值为2.0
重新赋值之后圆的半径的值为10.0
对象c2的面积为314.0000104904175
圆的周长为62.800002098083496
```

图 3-3 Example3_5 的运行结果

课后思考：要在失败中不断进步，完善自我。

失败是成功之母，错误是成功之父。很多时候，知识都是从失败或错误中学到的；经验都是从失败或错误中积累的。在失败或错误中学到的知识，往往更让人印象深刻。

同学们在以后的编程过程中，如果遇到了 404 错误，一般代表你要运行的程序不存在或是已经被删除；而 500 错误，一般代表你要运行的程序里面包含语法错误。要记住，是语法错误而不是逻辑错误。逻辑错误是不会报错的，它会导致运行结果跟你想的不一样。

大家在编写程序时，要培养自己坚韧不拔的毅力和百折不挠的精神，在失败或错误中不断进步，完善自我！

3.4 源文件的布局与类的封装

在 Java 中，一切都是类。把类写在 Java 的源文件中，源文件的布局和结构都有比较明确的格式和顺序，下面将逐一进行介绍。

3.4.1 包（package）

大多数软件系统很庞大，通常将类分组到包中来简化系统管理。包中可以包含类和子包。由于编译器为每个类生成一个字节码文件，且文件名与类名相同，所以同名的类有可能发生冲突，需要包来管理类名空间。

1. 语法格式

package 语句作为 Java 源文件的第一条语句，指明该文件中定义的类所在的包（若缺省该语句，则指定为无名包）。package 语句的基本语法格式如下：

```
package <顶层包名>[.<子包名>]*;
```

说明：

（1）编译器把包对应于文件系统的目录管理。在 package 语句中，用“.”来指明目录的层次。例如，引入 java. awt 包的语句“package java. awt;”表示指定这个包中的文件存储在目录 classpath/java/awt 下。

（2）包层次的根目录 path 是由环境变量 classpath 来确定的。classpath 是 class 文件存放的默认路径，是用户在配置环境变量的时候设置的。

（3）如果一个源文件中有包声明，则必须在源文件的开始处声明。它的前面只能有空白和注释，不能有其他语句。一个源文件中最多只允许声明一个包，并且它要管理全部源文件。

2. Java 中常用的类包

Java 提供了丰富的标准类来帮助程序设计者更方便、快捷地编写程序，这些标准类组成了类包。表 3-1 中列出了几个 Java 中常用的类包。

表 3-1　几个 Java 中常用的类包

类包	功能
java. lang	包含 Java 的核心类库（在源文件的引入包中可以省略）
java. util	提供各种实用工具，如 Collection 接口等
java. io	标准输入输出类
java. net	实现 Java 网络功能的类库
java. awt	提供图形组件、方法和事件
java. applet	提供 Applet 的父类
java. security	支持 Java 程序的安全性

3.4.2 引入类（import）

在使用包时，要用 import 语句告知编译器在哪里可以找到对应的类。为了使用 Java 系统提供的类和用户自定义的类，需要使用 import 语句来引入类。事实上，包的名称形成包内的类的一部分类名。

1. import 语句的语法格式

import 语句的基本语法格式如下：

```
import <包名> [<子包名>]. <类名>;
import <包名> [<子包名>]. * ;
```

2. import 语句的应用

在使用包声明时，不必导入相同的包或其他包内的任何元素。import 语句的作用是使当前类能访问其他包中的类。import 语句指定要访问的类，例如只想使用 java. util 包中的 List 类，则可以使用语句：

```
import java. util. List; //引入 java. util 包中的 List 类
```

如果想使用包中所有的类，则可以使用语句：

```
import java. util. * ;
```

使用 import 语句可以使程序员在源程序中使用短类名，除此之外没有其他含义。一条 import 语句不会导致编译器在内存中装载任何附加内容。无论是否使用带“ * ”的 import 语句，其对类文件及其运行效率均没有影响。

3.4.3 Java 的源文件布局

一个 Java 的源文件是以 . java 为扩展名的文件。Java 源文件的基本格式如下：

```
[<包声明>]
[<导入声明>]
<类声明>
```

其中，包声明和导入声明可以省略，一个源文件中可以包含一个或多个类声明。任何导入声明必须位于所有的类声明之前。若使用包声明，则其必须位于类声明和导入声明之前，并且只能有一个。导入声明则可以有多个。源文件中可以包括多个类声明，但是只有一个类可以被声明为公有的，源文件的名称必须与公有类声明的名称相同。如果源文件中不包含公有类声明，那么源文件的名称不受限制。然而，比较好的习惯是，每个类声明都有一个源文件，并且文件名与类名相同。

3.4.4 类的封装

类的封装一般隐藏对象的属性和实现细节，仅对外公开接口，控制程序中属性的读和修改的访问级别。封装就是将抽象得到的数据和行为（或功能）相结合，形成一个有机的整体，也就是将数据与操作数据的源代码进行有机结合，形成“类”，其中数据和方法都是类的成员。

封装的目的是增强安全性和简化编程，使用者不必了解具体的实现细节，而只需要通过外部接口，以特定的访问权限来使用类的成员。封装的大致原则是把属性和方法的实现等隐藏，只对外提供简捷的接口。

根据封装的原则，使用者可以使用部分成员方法，不能访问其他成员，Java 通过对成员设置访问权限来达到这个目的。

Java 设置了 4 种访问权限来实现封装，分别是 public（公有）、default（默认）、protected（保护）、private（私有），分别说明如下。

1. public

类中的 public 成员，可以被所有的类访问，在类的外部通过对象可以调用类的所有 public 成员。

2. default

类中不加任何访问权限限定的成员属于默认的（default）访问状态，default 修饰的成员可以被这个类本身和同一个包中的类访问。

3. protected

类中的 protected 成员，可被该类及其子类、同一个包中的所有其他的类访问。

4. private

类中限定为 private 的成员，只能被这个类本身访问，只可以在类的内部被本类的方法访问。

表 3-2 中列出了这些权限的作用范围。

表 3-2　权限的作用范围

权限	本类中	同一包中	不同包子类	不同包其他类
public	可以	可以	可以	可以
protected	可以	可以	可以	
default	可以	可以		
private	可以			

允许其他包中的程序访问和修改的成员变量和方法可以使用 public 修饰；只允许同一个包中的其他类，以及该类及其子类访问和修改的成员变量可以使用 protected 修饰；只允许同一个包中的其他类访问和修改的成员变量可以使用 default 修饰；不允许其他类（内部类除外）访问和修改的成员变量可以使用 private 修饰。

【例 3-6】类的封装应用举例。

【例 3-6】程序实现

Example3_6 的运行结果如图 3-4 所示。

```
执行Example的构造方法
执行Example的构造方法
圆c2的半径的值为10.0
圆c3的半径的值为20.0
对象c2的面积为314.1592653589793
对象c3的面积为1256.6370614359173
```

图 3-4　Example3_6 的运行结果

课后思考：发现代码漏洞，我们该何去何从?

代码是由人编写出来的，而人无完人，所以我们编写出来的代码，难免会有漏洞。代码编写好后，一定要认真琢磨，逐字推敲，尽最大可能找出漏洞并加以完善，避免在以后的实际使用中出现严重后果。

然而再仔细，也会存在漏洞。例如，2014 年的心脏出血漏洞，导致 OpenSSL 受到极大的安全挑战；又如，2016 年北京市某网络租车公司因为服务器的漏洞，被网上转账盗取约 600 万资金。

当发现了代码中的漏洞，应该以社会主义核心价值观为指引，迅速告诉相关单位或部门，及时修复漏洞，而不应该利用漏洞发不义之财。

3.5　方法的调用

Java 中，方法的声明是类的定义中不可缺少的部分。在需要的时候可以通过调用声明的方法来执行该方法的功能，方法只有被调用后才能执行。

3.5.1　参数匹配

方法调用的一般语法格式如下：

```
对象变量名 . 方法名(实参列表);
```

方法调用时的参数被称为实参。实参可以是常量、变量或表达式。其中实参列表由定义的方法的形参的数量和数据类型来决定，实参的个数、顺序、类型和形参要一一对应。例如，A 类中有方法“void　setValue(int　x){};”我们称 x 为形参。如果我们创建了 A 类的对象 a，则可以使用语句“a. setValue(5);”来调用该方法，其中数值 5 就是实参。或者另外有语句“int n=10; a. setValue(n);”，其中的 n 也是实参。函数调用的执行过程是先将实参传递给形参，再执行方法体。

方法被调用时，程序会到被调用的方法处运行，运行完成后回到调用处，被调用的方法如果有返回值就返回所需要的值，如果没有返回值则将返回到调用处。

【例 3-7】方法调用的参数匹配。

```
public class  Example3_7{
    boolean  flag;              //是否订阅
    private float price;        //价格
    boolean  setFlag(){
        System. out. println("执行 setFlag()方法");
        return true;
    }
    void setPrice(float p){
        System. out. println("执行 setPrice(float p)方法");
        price =p;
    }
```

```
    public void output(){
        System. out. println("执行 output()方法");
        System. out. println("是否订阅:"+flag+" "+"价格:"+price);
    }
    public static void main(String[] args){
        Example3_7   b=new Example3_7();
        System. out. println("调用之前:");
        b. output();
        b. setPrice(36. 5F);
        b. flag=b. setFlag();
        System. out. println("调用之后:");
        b. output();
    }
}
```

Example3_7 的运行结果如图 3-5 所示。

```
调用之前:
执行output( )方法
是否订阅:false  价格:0.0
执行setPrice(float p)方法
执行setFlag( )方法
调用之后:
执行output( )方法
是否订阅:true   价格:36.5
```

图 3-5　Example3_7 的运行结果

3.5.2　参数传递

Java 在给被调用方法传递实参时，主要有基本数据类型数据传递和引用数据类型数据传递两种。下面分别介绍这两种参数传递方法的原理。

1. 基本数据类型数据传递

基本数据类型数据传递又称传值调用或值参传递。在方法调用时，实参把它的值传递给对应的形参，方法执行中形参值的改变不影响实参的值。

【例 3-8】 基本数据类型数据传递。

```
public class Example3_8{
  void exchange(int a,int b){ //定义普通方法,交换 a、b 的值
      int temp;
      temp=a;
      a=b;
      b=temp;
  }
  public static void main(String[] args){
      int i=10;
      int j=100;
      Example3_8 ref=new Example3_8();
      System. out. println("\n 调用之前:"+"i="+i+"     j="+j);
```

```
        //调用前
      ref. exchange(i,j); //调用 exchange( ) 方法
      System. out. println("调用之后:"+"i="+i+"     j="+j);
        //调用后
   }
}
```

Example3_8 的运行结果如图 3-6 所示。

```
调用之前:i=10        j=100
调用之后:i=10        j=100
```

图 3-6 Example3_8 的运行结果

在例 3-8 中，第 13 行“ref. exchange(i,j);”语句，相当于将变量 i 中存储的值和变量 j 中存储的值，作为实参来使用，即“ref. exchange(10,100);”调用 ref 所引用的类 Example3_8 中的名称为 exchange 并且有两个整型参数的方法。将第一个值 10 赋给 exchange( ) 方法的第一个形参 a，并将第二个值 100 赋给 exchange( ) 方法的第二个形参 b，然后执行 exchange( ) 方法体的内容。方法执行结束后，跳转回到主方法，程序继续向下执行。调用前、后，a 和 b 的值发生了变化，而 i 和 j 的值并没有发生改变。

因此，在 Java 中，基本数据类型的参数在方法调用时其传递方式是传值，方法执行中形参值的改变对实参没有影响。

2. 引用数据类型数据传递

引用数据类型数据传递又称传地址调用。如果在方法中把引用数据类型的对象作为参数，那么在方法调用时，参数传递的是对象的引用（地址），即在方法调用时，实参把对对象的引用（地址）传递给形参，这时实参与形参指向同一个地址，即同一个对象。

【例 3-9】引用数据类型数据传递。

```
class Book{
   boolean   flag;
   private float price;
   Book(boolean f,float p){
      flag=f;
      price=p;
   }
   void change(Book a_book,boolean f,float p){
      a_book. flag=f;
      a_book. price=p;
   }
   public void output(){
      System. out. println("是否订阅:"+flag+" "+"价格:"+ price);
   }
}
public class Example3_9{
   public static void main(String[] args){
```

```
        Book    b=new Book(false,36. 5f);
        System. out. println("调用之前");
        b. output();
        b. change(b,true,100f ); //调用 Book 类中的 change( )方法
        System. out. println("调用之后");
        b. output();
    }
}
```

Example3_9 的运行结果如图 3-7 所示。

```
调用之前
是否订阅:false 价格:36.5
调用之后
是否订阅:true 价格:100.0
```

图 3-7 Example3_9 的运行结果

在例 3-9 中，“b. change(b,true,100f);”语句，相当于将对象 b、boolean 型值 true 和 float 型值 100f，作为实参赋给对象 b 所引用的 Book 类中的 change(Book a_book,boolean f, float p）方法。将 b 的赋给第一个参数 a_book，将 boolean 型值 true 赋给第二个参数 f，将 float 型值 100f 赋给第三个参数 p。然后执行 change(）方法体的内容。方法执行结束后，跳转回到主方法，程序继续向下执行。

因此，在 Java 中，调用方法如果传递的是一个对象（地址），则对形参的操作相当于对实参的操作，方法执行中形参值的改变将会影响实参的值。

【例 3-10】定义两个不同的方法，一个方法用来实现基本数据类型数据值的交换，另一个方法用来实现引用数据类型参数的传递。比较这两个方法在调用前、后，数据是否发生变化。

```
class    PassTest{
  float ptValue;
  public void changeInt(int value) { value = 55;}
  public void changeObjValue(PassTest ref){
      ref. ptValue = 99f;}
}
public class    Example3_10 {
  public static void main(String[] args) {
    String str; int val=33;
    PassTest pt = new PassTest();
    PassTest ptnew = new PassTest();
    System. out. println("\n 调用之前 val= "+val);
    pt. changeInt (val);
    System. out. println("调用之后 val= "+val);
    pt. ptValue = 101f;
    ptnew. ptValue =1000f;
    System. out. println("调用之前 ptValue= "+pt. ptValue);
    pt. changeObjValue (pt);
```

```
        System. out. println ("调用之后 ptValue= " +pt. ptValue);
    }
}
```

Example3_10 的运行结果如图 3-8 所示。

```
调用之前 val= 33
调用之后 val= 33
调用之前 ptValue= 101.0
调用之后 ptValue= 99.0
```

图 3-8　Example3_10 的运行结果

3.5.3　递归调用

程序调用自身的编程技巧被称为递归。递归作为一种算法，在程序设计语言中被广泛应用。递归是一个过程或方法在其定义或说明中直接或间接调用自身的一种方法，它通常把一个大型复杂的问题层层转化为一个与原问题相似的规模较小的问题来求解，只需少量的程序就可描述出解题过程所需要的多次重复计算，大大减少了程序的代码量。递归的能力在于用有限的语句来定义对象的无限集合。一般来说，递归需要有边界条件、递归前进段和递归返回段。当边界条件不满足时，递归前进；当边界条件满足时，递归返回。

使用递归的方法通常可以完成诸如求数组中的最大数、求 n 个数的和、求 n 个整数的积、求 n 个整数的平均值、求 n 个自然数的最大公约数与最小公倍数等问题的求解。使用递归调用最典型的例子是阶乘运算，我们以典型的求 n！为例来说明递归的调用。

n！的算法：

$$
\begin{aligned}
n! &= n\times(n-1)! \\
(n-1)! &= (n-1)\times(n-2)! \\
(n-2)! &= (n-2)\times(n-3)! \\
2! &= 2\times1! \\
1! &= 1
\end{aligned}
$$

使用递归定义 F=n!，设计算阶乘的方法为 fac(n)，那么当 n>1 时，fac(n)= n* fac(n-1)；当 n=1 时，fac(n)= 1。

【例 3-11】递归方法的定义和调用过程。

```
public class Example3_11{
    public long fac( int n){//递归方法的定义
        if(n == 1)          //递归出口
            return 1;
        else
            return n* fac(n- 1);
    }
    public static void main (String[] args) {
        Example3_11 e=new Example3_11();
        System. out. println("5!  = "+e. fac(5));
    }
}
```

Example3_11 的运行结果如图 3-9 所示。

```
5!=120
```

图 3-9　Example3_11 的运行结果

程序中 e.fac(5) 的运行过程是，首先将实参 5 赋给 fac( ) 方法的实参 n，然后执行方法体，执行 5* fac(4)；这时候看 fac(4)，相当于 fac(n) 方法中 n=4，执行 4* fac(3)；这时候相当于 fac(n) 方法中 n=3，执行 3* fac(2)；此时相当于 fac(n) 方法中 n=2，执行 2* fac(1)；当 n=1 的时候 fac(n) 方法返回 1，向上返回；则 2* 1 向上返回；3* (2* 1) 向上返回；4* (3* (2* 1)) 向上返回；5* (4* (3* (2* 1)))= 120。所以程序最后输出 120。

也可以把程序的执行分成两步，先递推，再回推，如图 3-10 所示。

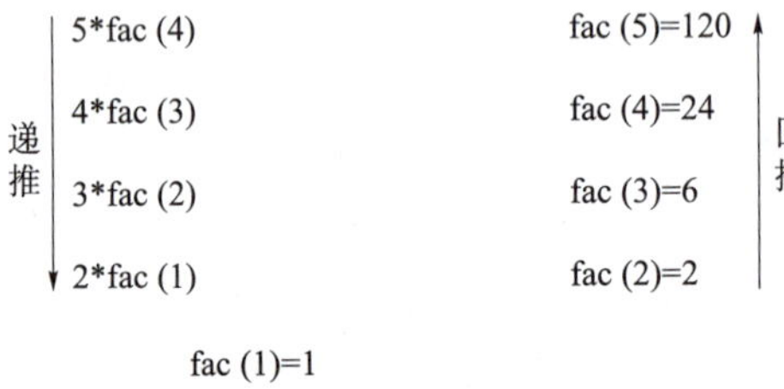

fac (1)=1

图 3-10　递归调用的推导过程示意

课后思考：如何让程序可持续发展？

可持续发展，是科学发展观的基本要求之一。

同学们是否发现，无论何时开始一个新项目，往往都是从头写起。实际上重用代码会节省不少时间和精力。如何才能让程序具有可持续发展性呢？

(1) 完整地实现类，哪怕有些功能现在还用不到。

(2) 设计好类的接口，对外禁用的接口就设置为 private。

(3) 如果要定义的方法的功能是相同的，只是传递的参数是不同对象，那么不如设置一个 Object 类型的参数，尽可能让程序更具有通用性。

3.6 类的继承

类的继承就是从现有类的基础上，派生出一个新的类。新派生的类自动具有了现有类的全部属性和方法。新类继承了原有的类，同时新类有加入了原有的类中所没有的新的属性和特征，可以说新类是对原有类的扩展。在继承关系中，通常把被继承的类称为基类或父类，而把通过继承产生的新类称为派生类或子类。父类和子类之间是一般和具体、普遍和特殊的关系。

父类和子类的关系是相对而言的，一个子类也可以成为另一个类的父类。在实际的程序设计中，通常需要通过继承和派生构建具有层次结构的类家族。交通工具类的层次如图 3-11 所示。

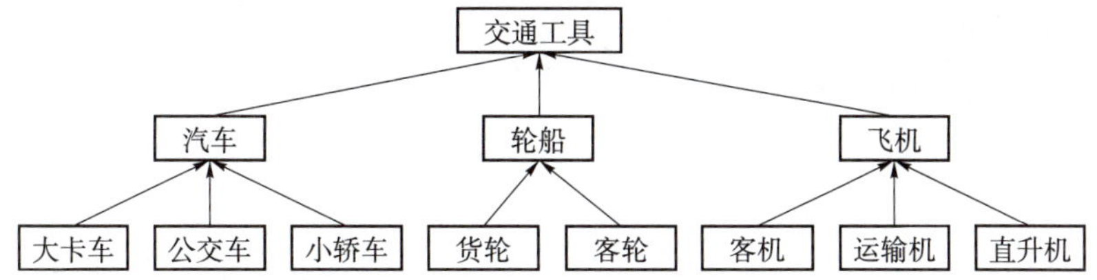

图 3-11　交通工具类的层次

一个类只有一个直接父类，称为单重继承，Java 只支持单重继承。

3.6.1　子类的定义

1. 子类的声明

在 Java 的类的声明中，使用关键字 extends 实现继承，由已有的父类派生子类，语法格式如下：

```
[修饰符] class  <子类名>  extends <父类名>
    {  子类类体;
    }
```

说明：

（1）修饰符可以是 public 或缺省的。class 是定义类的关键字。子类名是新定义的类的名称，是合法的 Java 标识符。extends 是类的继承关键字。父类名是已经定义了的类的名称，父类可以是 Java 中提供的类，也可以是用户自定义的类。例如：

```
public class Student extends Person{/* 子类类体* /};
```

表示 Student 类是 Person 类的子类。定义中 Student 是新定义的子类，Person 是已经定义过的父类。

（2）在 Java 中，每个类都有自己的父类。如果一个类在定义时没有声明父类，那么它的父类默认为 Object 类；Object 类是其他所有类的父类，是类层次的根。所有的类都拥有 Object 类定义的所有方法。

（3）因为 Java 是单继承，所以 extends 关键字后面有且只有一个父类名。

（4）子类的类体定义子类自己的成员变量（属性）和成员方法或重写父类的方法。

为了了解 Java 的继承机制，先从一个简单的例子开始学习。现在需要定义两个类，一个类是 Person 类，具有的属性为人员编号和年龄，具有的方法是吃饭和喝水。另一个类是 Student 类，具有的属性为人员编号、年龄和学校编号，具有的方法是吃饭、喝水和学习。

根据前面学过的类定义知识，可以对 Person 类和 Student 类分别进行定义，其中 Person 类的定义如下：

```
class  Person {
   public int id;            //人员编号
   public int age;           //年龄
   void setValue(int i,int a ){ id=i;age=a; }
   public void eat(){
      System. out. println(id+"爱吃米饭!");
   }                         //eat()方法结束
```

```
    public void drink(){
        System. out. println(id+"爱喝水!");
    } // drink()方法结束
}   //Person 类结束
```

Student 类的定义如下：

```
class Student{
    public int id;              //人员编号
    public int age;             //年龄
    public int SchoolId;        //学校编号
    void setValue(int i,int a ){ id=i;age=a; }
    public void eat(){
        System. out. println(id+"爱吃米饭!");
    }                           //eat()方法结束
    public void drink(){
        System. out. println(id+"爱喝水!");
    }                           // drink()方法结束
    public void study(){
        System. out. println(id+"我要上课学习");
    }                           // study()方法结束
}
```

通过分析代码发现，在 Student 类中，重复定义了 Person 类的成员属性和成员方法，同时定义了 Student 类中特有的成员属性和成员方法。这种定义并没有面向对象编程所支持的代码重用。根据面向对象的继承机制，我们通过类的继承关系，可以重新定义 Student 类：

```
class Student extends Person{
//Student 类是 Person 类的子类,继承了 Person 类的成员方法和成员属性
public int SchoolId;
//学校编号;Student 类除了继承 Person 类的成员属性,还增加了自己的成员属性 SchoolId
    public void study(){  //在子类中新定义的学习方法
        System. out. println(id+"我要上课学习");
    }
}
```

通过类的继承，在子类中只需要定义子类增加的成员属性和成员方法即可。下面利用继承的概念来编写源程序，将 Person 类和 Student 类进行完整的定义，并在主方法中分别创建类的对象来调用各类中的方法。

【例 3-12】类的继承应用。

【例 3-12】 程序实现

Example3_12 的运行结果如图 3-12 所示。

```
1爱喝水
1爱吃米饭!
2爱喝水!
2爱吃米饭!
2我要上课学习
```

图 3-12　Example3_12 的运行结果

2. 类的继承机制

（1）成员变量的继承。

子类可以继承父类的所有成员变量（即属性），但是对于继承的私有的成员变量，子类无法访问和使用。如果希望父类的成员变量不被子类访问，那么就将其声明为私有的，这充分体现了面向对象编程的封装原则。

若子类的成员变量名与父类中的相同，则称子类的成员变量覆盖父类的成员变量，即隐藏了父类的成员变量。

【例 3-13】 成员变量的继承。

```
class A{
  private int i=10;
  int j = 20;
  int k=30;
  void printA(){
    System. out. println("A 中的 i="+i+"; A 中的 j="+j+";
                         A 中的 k= "+k);
  }
}
class B extends A{
  int j=50;
  //子类 B 中重新定义了成员变量 j,隐藏了从父类继承过来的成员变量 j
  void printB(){
    System. out. println("B 中的 j="+j+";A 中的 k= "+k);
    //A 类中的 i 在 B 类中无法被访问
  }
}
public class Example3_13{
     public static void main(String[] args) {
        A a=new A();
        B b=new B();
        a. printA();
        b. printB();
     }
}
```

Example3_13 的运行结果如图 3-13 所示。

```
A中的i=10; A中的j=20; A中的k=30
B中的j=50; A中的k=30
```

图 3-13　Example3_13 的运行结果

（2）成员方法的继承。

子类继承父类的所有的成员方法，但是私有的成员方法不能直接使用。如果子类定义的成员方法与父类的相同，则称子类的成员方法覆盖父类的成员方法，即子类重新定义父类的同名方法。

【例 3-14】 成员方法的继承。

```
class A{
    int i=5;
    void setValues(int j){i=j;}
    void myPrint(){
        System. out. println("执行 A 类中的 myPrint()方法;
                            i=" +i);
    }
}                           //A 类定义结束
class B extends A{
    void myPrint(){
        //子类 B 中定义的 myPrint()方法覆盖了从父类中继承过来的 myPrint()方法
        System. out. println("执行 B 类中的 myPrint()方法; i=" +i);
    }
}                           //B 类定义结束
public class Example3_14
{
    public static void main(String[] args){
        A a=new A();
        B b=new B();
        a. setValues(100);
        b. setValues(200);
        a. myPrint();       //调用 A 类中的方法
        b. myPrint();       //调用 B 类中的方法
    }
}
```

Example3_14 的运行结果如图 3-14 所示。

```
执行A类中的myPrint( )方法;i=100
执行B类中的myPrint( )方法;i=200
```

图 3-14　Example3_14 的运行结果

（3）构造方法的继承。

子类不能继承父类的构造方法，但可以调用父类的构造方法。构造方法的调用方式有 3 种，第一种是创建对象的时候使用 new 关键字来调用类中的构造方法。第二种是使用 super 关键字在子类构造方法中调用父类的构造方法。第三种是在本类的构造方法中使用 this 关键字来调用本类中其他的构造方法。下面着重介绍关键字 super 和 this 的使用。

①super 关键字。

可以使用 super 关键字在子类构造方法中调用父类的构造方法，语法格式如下：

```
super([参数列表]);
```

该语句在使用时必须作为子类构造方法的第一条语句。在类的构造方法中，如果没有使用“this([参数列表]);”或“super([参数列表]);”语句，系统将自动调用 super()，即默认在构造方法的第一行添加“super();”语句。若系统中自动调用 super()，而父类当中并没有定义无参的构造方法，则程序编译出错。

【例 3-15】 使用 super 关键字调用构造方法。

【例 3-15】程序实现

Example3_15 的运行结果如图 3-15 所示。

```
执行构造方法A()
执行构造方法A(int m)
执行构造方法A()
执行构造方法B()
执行构造方法A(int m)
执行构造方法B(int k)
```

图 3-15　Example3_15 的运行结果

如果子类在继承父类时，子类中重新定义了和父类中一样的成员变量和成员方法，那么创建子类的对象时，将会调用子类中的成员变量和成员方法。如果需要在子类中调用父类被隐藏的成员变量或被重写的成员方法，则可以使用 super 关键字，语法格式如下：

```
super. 成员变量;
super. 成员方法([参数列表]);
```

【例 3-16】 使用 super 关键字调用成员变量和成员方法。

【例 3-16】程序实现

Example3_16 的运行结果如图 3-16 所示。

```
A类中的i=20; A类中的j=30
A类中的i=20; A类中的j=30
A类中的j=30; B类中的j=50
```

图 3-16　Example3_16 的运行结果

②this 关键字。

this 关键字表示当前类的内部对象，常用于当成员变量与局部变量同名时引用成员，或者将当前对象作为参数传递给另一个方法。使用 this 关键字可以访问所有级别的成员变量和成员方法。

this 关键字的使用和类的外部对象访问类的成员变量和成员方法的规则一致。this 关键字的语法格式如下：

```
this.成员变量;
```

和

```
this.成员方法([参数列表]);
```

this 关键字在实例方法中通常被省略，除非实例方法中包含与成员变量同名的局部变量时，访问成员变量才需要使用 this 关键字。例如，下面的程序使用了 this 关键字调用成员变量和成员方法。

```
class A{
  int i=5;
  int setV(int j){
    this. i=j; //访问成员变量 i,与局部变量 j 不同名,this 关键字可以省略
    return j;
  }
  void setValue(int i){
    this. i=i;
  //成员变量 i 与局部变量 i 重名,在成员变量前面使用 this 关键字,不可以省略
  }
  void myPrint(){
   System. out. println("成员变量 i="+this. setValue(int j));
  //调用本类中的成员方法,this 关键字可以省略
  }
}
```

当一个类体中包含多个构造方法的时候（构造方法形成重载），如果其中一个构造方法要调用本类中其他的构造方法，那么就使用 this 关键字。使用“this([参数列表]);”的语法格式可以完成调用同类其他构造方法的功能，且该语句只能作为构造方法的第一条语句。

【例 3-17】使用 this 关键字调用构造方法。

【例 3-17】程序实现

Example3_17 的运行结果如图 3-17 所示。

```
调用无参的构造方法创建第一个对象
执行 Person(int id, int age)构造方法
执行Person( )构造方法
调用有两个参数的构造方法创建第二个对象
执行 Person(int id, int age)构造方法
```

图 3-17 Example3_17 的运行结果

3.6.2 类的多态

多态（polymorphism）即一个名称具有多种语义。当一个父类中存在多个子类，并且每个子类都重写了父类中的某个方法时，父类中的该方法在不同的子类中就出现了不同的行为，这就是多态的一种表现形式。类的多态表现为方法的多态，主要有方法的重载（overload）和方法的覆盖（override）。

1. 方法的重载

方法的重载是在同一个类中，有多个方法的名称相同，但是方法的参数列表的不同。参数列表的不同是指参数的个数不同，或者参数的个数相同，但对应参数的数据类型不同。但是方法的返回值是否相同不能构成重载的条件。例如以下两个方法在同一类体中，就形成了方法的重载。

```
void setValue(){ /*方法体*/}
void setvalue(int i){ /**/}
```

在调用同名的方法时，系统在程序执行过程中会根据实参的个数与类型去匹配相应的方法，从而决定调用的是哪一个方法。

【例 3-18】测试方法的重载。

```
class TestMax{
    int IMax(int i,int j){        //求两个整数的最大值
        System.out.println("执行 IMax(int i,int j)方法");
        if (i>=j) {return i;}
        else   {return j;}
    }
    int IMax(int i,int j,int k){//求 3 个整数的最大值
        System.out.println("执行 IMax(int i,int j,int k)");
        if (i>=j){
            if(i>=k) {return i;}
            else   {return k;}
        }
        else{
            if(j>=k) {return j;}
            else { return k;}
        }
    }
}
public class Example3_18{
    public static void main(String[] args){
        TestMax t=new TestMax();
        System.out.println("两个数中的最大值为 "+t.IMax(3,5));
        System.out.println("3 个数中的最大值为"+t.IMax(10,7,12));
    }
}
```

Example3_18 的运行结果如图 3-18 所示。

```
执行 IMax(int i, int j)方法
两个数中的最大值为 5
执行 IMax(int i, int j, int k)方法
3个数中的最大值为12
```

图 3-18　Example3_18 的运行结果

2. 方法的覆盖

方法的覆盖也称为重写，是指子类创建了同父类的方法名、返回值类型和参数列表完全相同的方法，我们认为子类的方法覆盖了父类的方法。方法的覆盖与继承有密切关系，体现了子类补充或改变父类方法的能力。覆盖使一个方法在不同子类中表现为不同行为。

（1）方法覆盖的原则。

方法覆盖要求子类方法与父类被覆盖的方法的名称、返回值类型和参数列表完全相同，且不能覆盖父类中 FINAL 或 STATIC 关键字修饰的方法。同时，覆盖方法的可访问性不能低于被覆盖的方法。

例如，在父类中定义如下方法：

```
public void setValues(int i)
 {system. out. println(" hello ");}
```

如果子类定义同名方法，

```
public void setValues(int i)
  {  int j=i;              }
```

那么子类的setValues( ) 方法因为和父类中的 setValues( ) 方法的名称、返回值类型和参数列表完全相同，并且访问修饰符的访问范围也相同，所以形成了方法的覆盖。但是若在子类中的方法定义成“void setValues(int i) { int j=i;}”，则会出现错误。因为虽然子类中的setValues( ) 方法的名称、返回值类型和参数列表与父类声明的完全相同，但是子类的setValues( ) 方法的访问修饰符为 default，比父类当中的 public 的访问性更弱，所以没有形成子类和父类之间的方法覆盖。

（2）覆盖方法的调用。

在方法的调用上，如果子类中的方法覆盖了父类中的方法，那么子类不能继承父类中被覆盖的方法，子类的对象将调用子类中重写的方法。如果子类想调用父类中被覆盖了的方法，只能使用 “super.成员方法([参数列表]);” 语句。创建父类的对象将调用父类的方法。

【例 3-19】 方法的覆盖与调用。

```
class A{                          //定义类 A
   public int x,y;                //定义成员变量
   A(int a,int b) {x=a; y=b;}     //构造方法
   public void display(){         //父类声明的方法
       int z;z=x+y;
       System. out. println("A 类的 display()方法 "+z);
   }
}
class B extends A{                //定义子类 B
   B(int a,int b){                //构造方法
       super(a,b);                //调用父类的构造方法
   }
   public void display(){         //重新定义方法,子类的方法覆盖了父类的方法
       int z;z=x* y;
       System. out. println("B 类的 display()方法 "+z);
   }
}
class C extends B{                //定义子类 C
   C(int x,int y) { super(x,y); } //构造方法,调用父类的构造方法
```

```
    }
    public class Example3_19 {
        public static void main(String[] args){
            A n1=new A(7,14); //分别创建 3 个类的对象
            B n2=new B(7,14);
            C n3=new C(7,14);
            n1. display();//3 个对象都调用 display()方法
            n2. display();
            n3. display();
        }
    }
```

Example3_19 的运行结果如图 3-19 所示。

```
A类的display( )方法 21
B类的display( )方法 98
B类的display( )方法 98
```

图 3-19　Example3_19 的运行结果

3. 子类对象和父类对象间的转换

严格地说，继承关系中的子类和父类之间是“is-a”的关系。也就是说，一个子类的对象也是一个父类的对象，但是一个父类的对象不一定是一个子类的对象。即在 Java 中，子类的对象也是父类的对象，反之不成立。例如，Person 类代表人类，Student 类代表学生类，Student 类是 Person 类的子类。我们说任意一个学生一定是一个人，但是任意一个人不一定就是一个学生。这种机制表现在程序设计中即创建一个子类的对象，则该对象也一定是父类的对象，就可以把这个对象的引用赋值给父类的对象。反之，若把子类的对象赋值给父类的对象的引用，则不一定成立。若想把子类的对象合法地赋给父类的对象，则必须做强制类型转换。

例如，语句“Person p = new Student( );”一定是成立的。反之，语句“Student s = (Student) new Person( );”才成立。

对象的转换只能在父类和子类之间进行。测试类之间是否有继承关系，需要使用 instanceof 运算符。它的语法格式如下：

```
对象名 instanceof 类名;
```

用来判断前、后是否是同类。若对象名是该类或该类的子类对象，则返回值为真；否则返回值为假。例如：

```
class A{ };              //定义 A 类
class B extends A {};  //B 类是 A 类的子类
class Person { }         //定义 Person 类
B sub=new B();           //B 类的对象 sub
Person p=new Person();//Person 类的对象 p
/*语句“sub instanceof  A; sub instanceof  B;
sub instanceof  Object; p instanceof Object;”的返回值都为真。
而语句“p instanceof  A;”的返回值为假*/
```

【例 3-20】测试子类对象和父类对象间的转换。

【例 3-20】程序实现

Example3_20 的运行结果如图 3-20 所示。

```
本类名 =Person   父类名=java.lang.Object
王小明，21Person类对象
本类名=Student   父类名=Person
陈小瑞，19，计算机系Person类对象
陈小瑞，19，计算机系Student类对象
```

图 3-20 Example3_20 的运行结果

多态还分为编译时的多态和运行时的多态。它是 Java 运行时的特性，即在编译用户的程序时不将对某一方法的调用与对应的具体方法体联系起来，而是在执行过程中依据对象的实际类型相应地生成对该对象所在类中的方法最终调用的程序。由于调用方法的引用可能指向父类或子类的对象（见上转型对象），所以可以根据“是谁的对象就调用谁的方法”的原则确定调用同名方法中的哪一个。因此，在父类、子类中定义同名，甚至参数列表相同的方法是允许的。当然，确定调用方法的引用指向父类还是子类的对象在编译时无法完成，只能在运行时确定。下述例子说明了成员变量和成员方法在编译和运行时的不同，请读者根据程序的运行结果，进行分析。

【例 3-21】编译时的多态和运行时的多态。

【例 3-21】程序实现

Example3_21 的运行结果如图 3-21 所示。

```
A
1
C+go( )
C+go(int  i)
A
1
A+go( )
B+go(int  i)
A
2
C+go( )
C+go(int  i)
```

图 3-21 Example3_21 的运行结果

【例 3-22】 练习多态动态绑定的应用。定义一个插座类，类中定义一个通电方法。定义电视机类，是插座类的子类，类中重写了通电方法。定义计算机类，是插座类的子类，类中重写了通电方法。定义判定类，类中定义一个以插座类的对象作为参数的判定方法，来判定对象是哪个子类的对象。定义主方法，分别创建 3 个类的对象，调用通电方法。

【例 3-22】程序实现

Example3_22 的运行结果如图 3-22 所示。

```
计算机通电，编Java程序
电视机通电，看电视
```

图 3-22　Example3_22 的运行结果

课后思考：不断拓宽知识面，增强知识储备。

学习需要刻苦耐劳，要有“吃得苦中苦，方为人上人”的思想态度。柴静曾在《看见》里说到“痛苦是财富”。这句话建立的基础就是不断学习提升自己。没有人敢说自己什么都懂，越是不断地拓宽自己的知识面，越是觉得自己知识储备量的贫瘠与荒凉。因此接下来，请读者继续学习类的高级特性吧！

3.7 类的高级特性

类的高级特性，包括 static 关键字、final 关键字、abstract 关键字在类中的应用，以及接口、嵌套类和内部类的使用。

3.7.1 static 关键字

static 关键字表示静态的，可以作为变量、方法、类和内部类的修饰符。

1. 静态变量

使用 static 关键字修饰的成员变量是静态变量。静态变量也称为类变量。类中的静态变量属于类，而不属于类的某个特定的对象，是一个为类的所有对象共享的成员变量。无论创建了多少类的实例（对象），整个类中静态变量的副本只有一个。调用静态变量的时候，可以创建类的对象，也可以不创建类的对象，直接使用类名来引用，引用的格式为“类名.静态变量名”。声明为 static 的变量实质上就是全局变量。

【例 3-23】 测试静态变量和成员变量。

Example3_23 的运行结果如图 3-23 所示。

```
对象t成员变量number的值8
对象t类变量counter的值6
对象t2成员变量number的值10
对象t2类变量counter的值7
静态变量的值7
```

图 3-23　Example3_ 23 的运行结果

【例 3-23】程序实现

在程序中，对象 t、t2 都有自己的成员变量——实例成员变量 number，分别存储相应的值。也就是说，类中定义的实例变量，每个对象都拥有一份拷贝用来存储描述自己属性的值。例如，对象 t 拥有自己的实例变量 number，其值为 8；而对象 t2 也拥有自己的实例变量 number，其值为 10。但是对象 t 和 t2 共享了静态变量 counter，当对象 t 将 counter 的值修改为 6 之后，在创建对象 t2 的时候，将静态变量的值由 6 修改为 7，所以静态变量的最终值为 7。而且静态变量不但可以通过对象来访问，也可以通过类名来直接访问。

2. 静态方法

用 static 修饰的方法称为静态方法，也称类方法。用 static 修饰的目的是使方法独立于类的实例。静态方法可以使用类的实例来调用，语法格式为“对象名 . 方法名([参数列表]);”。也可以使用类名直接访问，语法格式为：“类名 . 方法名([参数列表]);”。类的静态方法能直接访问类的静态成员，不能直接访问类的非静态成员。类的静态方法如果想访问类的非静态成员，需要创建类的对象来调用。类的静态方法中没有 this 关键字。静态方法在子类中不能被覆盖（重写）为非静态方法。

【例 3-24】测试静态方法。

【例 3-24】程序实现

Example3_24 的运行结果如图 3-24 所示。

```
对象t成员变量i的值3
对象t类变量s的值5
通过类名调用，输出类变量s的值5
执行成员方法counta( )
执行静态方法sTest( )
输出静态变量s的值50
输出成员变量i的值100
执行静态方法sTest( )
输出静态变量s的值50
输出成员变量i的值100
```

图 3-24　Example3_24 的运行结果

3. 静态代码块

一个类可以在静态代码块中包含代码，而不是在方法体中包含代码。静态代码块仅在加载类时执行一次。如果类中包含多个静态代码块，它们将按照在类中出现的顺序执行。静态代码块总用在静态（类）属性初始化中。

【例 3-25】静态代码块的使用。

```
class Count4{
    public static int counter;//定义类变量
    static{
        counter=100;
        System. out. println("执行静态代码块");
    }//静态代码块定义结束
}
public class Example3_25{
    public static void main (String[] args){
        System. out. println("counter="+Count4. counter);
        //使用类名直接调用类中的静态变量
    }
}
```

Example3_25 的运行结果如图 3-25 所示。

```
执行静态代码块
counter=100
```

图 3-25　Example3_25 的运行结果

4. static 关键字修饰内部类

static 关键字可以修饰内部类，具体的使用方法详见内部类介绍。

3. 7. 2　final 关键字

final 关键字表示最终的，可以用作变量、方法和类的修饰符。

1. final 关键字修饰变量

使用 final 关键字修饰的变量为常量，其值不允许更改。声明 final 变量后，其值只能被初始化一次，这样做的目的是防止它的内容被修改。例如：

```
public final int MAXSIZE=100;//MAXSIZE 是一个整型的常量,值为 100
```

在整个程序运行的过程中，常量的值不允许再发生变化。若将一个引用数据类型的变量声明为 final，则该变量不能再引用其他任何对象，但是可以改变对象的内容，因为只有引用变量本身是 final。

"空 final 变量"是指声明时没有初始化的 final 变量，初始化被延迟。典型的一个空 final 实例变量应该在构造器中赋值。空 final 局部变量可在任意时刻在方法体内设置，但是它的值只能被设置一次。

【例 3-26】final 关键字修饰实例变量。

```
public class Example3_26{
    int i=5;
    public static void main(String[] args){
        final Example3_26 e;      //定义引用常量 e
        e=new Example3_26();  //给常量赋值
```

```
        e. i=200;                                          //改变对象 e 中的成员变量值
        System. out. println("输出 i 的"+e. i);
        //"e=new Example3_26();"语句试图改变引用变量的值是不允许的
    }
}
```

Example3_26 的运行结果如图 3-26 所示。

输出i的200

图 3-26　Example3_26 的运行结果

2. final 关键字修饰类

使用 final 关键字修饰的类，称为最终类，该类不允许被继承，即不允许派生子类。一个类被声明为最终类，这就意味着该类的功能已经齐全，不能够由此类再派生子类。在定义类时，当不希望某类再派生子类，可将它声明为最终类。例如：

```
public final class A{
    int i=100;
    void setValue(){}
}//定义 A 类,A 类为最终类,不允许有子类
```

尝试通过下面的类继承是不可以的，即声明“public class B extends A{}；”代码在编译的时候，系统会提示编译错误。

如果一个类是一个 final 类，那么它的所有方法都是隐式的 final( ) 方法。

java. lang. String 类是一个 final 类，这是出于安全考虑。这意味着一旦一个字符串被创建，它就不能被修改。因此，任何引用这个字符串的方法都可以确保它们拥有的是一个不可改变的 String 对象。

3. final 关键字修饰方法

使用 final 关键字修饰的方法，称为最终方法。最终方法只允许类的对象调用，而不允许被子类中的其他方法覆盖。出于安全的考虑，如果方法的实现不应该再改变，而且对对象的一致性状态很重要，那么可以创建一个 final( ) 方法。

声明的 final( ) 方法有时用于优化。当一个 final( ) 方法被调用时，编译器可以将方法的调用替换为方法体的实际代码。这个过程被称为编译时内联。通过内联方法调用，可以减少方法调用的开销，提高代码的执行效率。

在设计模式中有一种模式称为不变模式，在 Java 中通过 final 关键字可以很容易地实现这种模式。

【例 3-27】final 关键字的使用。

```
class Circle{
    private double r=0;
    Circle(double r){
        this. r=r;
    }
    public final double getArea(){
        return Math. PI* r* r;
```

```
    }
    public double getCir(){
        return 2* Math. PI* r;
    }
}
public final class Example3_27{

    public static void main(String[] args) {
        Circle c=new Circle(5);
        System. out. println("\n 面积为"+c. getArea());
        System. out. println("周长为"+c. getCir());
    }
}
```

Example3_27 的运行结果如图 3-27 所示。

```
面积为78.53981633974483
周长为31.41592653589793
```

图 3-27　Example3_27 的运行结果

3.7.3　abstract 关键字

abstract 关键字表示抽象的，可以用来修饰 Java 中的类和方法。在现实世界中，当人们认识世界时，会把现实世界很多具有相同特征的事物划归为一个抽象类。例如，水果是很多种具体植物果实的总称，可以看成一个抽象类，当需要一个水果的实例时，可以找出苹果、香蕉等具体种类的实例，而没有一个具体的水果实例。在需要一个抽象类的实例时，只能用某个具体类的实例来代替。又如，熟悉的平面几何图形类，对于圆、矩形、三角形、有规则的多边形及其他具体的图形，可以描述它们的形状并根据相应的公式计算出它们的面积。那么对于任意的几何图形又如何描述呢？它是抽象的，只能说它表示一个区域，它有面积。那么面积又如何计算呢？不能够给出一个通用的计算面积的方法，这也是抽象的。在现实生活中，会遇到很多的抽象类，如交通工具类、鸟类等。

Java 是用来抽象和描述现实世界的，因此也提供抽象类，并且其永远不能被实例化，用于继承扩展，这与人们认识现实世界的方式是相同的。本小节将详细介绍 Java 中的抽象方法和抽象类。

1. 抽象方法

Java 语言允许类的设计者在父类声明一个方法但不提供实现，该方法的具体实现由子类提供，称为抽象方法。有一个或更多抽象方法的类，称为抽象类。抽象方法只能有方法声明，而没有方法体。使用关键字 abstract 修饰的方法，就是抽象方法。例如，“abstract int add(int x,int y);”表示该方法是抽象方法，没有方法体（即方法中的“{}”部分不写）。构造方法、static 关键字修饰的方法和 final 关键字修饰的方法不能是抽象的。

父类的抽象方法都在子类中实现，抽象类可以具有指向子类对象的对象引用。若子类也是抽象的，则抽象方法可以不被子类覆盖；否则，抽象方法在继承机制中必须被子类覆盖。

2. 抽象类

使用 abstract 关键字修饰的类为抽象类，该类不能被实例化。抽象类可以被继承，抽象类的属性和方法都会被它的子类继承下来。

在一个抽象类中可以没有抽象方法。若我们不想让一个类被实例化，则可以把这个类声明为抽象类。若一个类中包含抽象方法，则该类一定是抽象类。例如：

```
abstract class A{ //A 类是抽象类
    成员变量;
    成员方法;//成员方法可以是普通方法,也可以是抽象方法
}
```

抽象类的非抽象子类，一定实现了该类中所有的抽象方法。

【例 3-28】根据给出的不同图形，分别求各种图形的面积。

【例 3-28】程序实现

Example3_ 28 的运行结果如图 3-28 所示。

```
矩形的面积为：20.0
三角形的面积为：10.0
正方形的面积为：20.0
```

图 3-28 Example3_ 28 的运行结果

3.7.4 接口

在 Java 中，接口是 Java 灵活性的基石，主要用来描述类可以具有什么样的功能，但是并不给出每种功能的具体实现。因为 Java 是单继承的，所以利用接口可以实现类似于 C++多重继承的功能，同时避免了多重继承的缺点。在 Java 中，出于简化程序结构的考虑，不再支持类间的多重继承而只支持单重继承，即一个类至多只能有一个直接父类，这样的程序结构简单，层次清晰。但是在解决实际问题的过程中，仅仅依靠单重继承在很多情况下都不能将问题的复杂性表述完整，所以 Java 通过接口机制实现了多重继承的功能。

1. 接口的定义

接口是用户代码和实现接口的类之间的一个合约，是没有实现的方法和常量的集合。接口的声明格式如下：

```
[public] interface 接口名   extends [父接口名列表]{
  属性声明;        //常量
  方法声明;        //抽象方法
    }
```

说明：

(1) 接口像普通的类一样，可以用 public 关键字或默认修饰符来修饰。使用 public 关键字修饰，接口可以被所有的类继承；使用默认修饰符，其只可以被同一个包的类继承。

（2）一个 Java 文件中最多只能有一个 public 的类或接口，有 public 的类或接口时，Java 源文件名必须与这个类或接口同名。

（3）interface 是声明接口的关键字，与 class 类似。

（4）接口的命名必须符合标识符的命名规定。

（5）接口可以继承其他接口，由继承的关键字 extends 来实现。

与类的继承不同的是，接口可以实现多重继承，可以有一个或多个父接口，若父接口有多个，则每个接口名称中间用逗号分隔。例如，存在以下两个接口的定义：

```
interface A {//接口体} ;
interface B {//接口体};
```

那么下列两个接口的定义是合法的：

```
interface C extends A{//接口体};
public interface D extends A,B{//接口体}
```

（6）接口中声明的变量总是被视为 public、static 和 final 的，必须在声明时给定初值，接口中的变量都是常量。例如，在接口中声明变量“int MAXSIZE = 100;”相当于声明“public static final int MAXSIZE = 100;”。

（7）接口中的方法总是使用 public abstract 修饰的，声明时缺省也有效。接口中的所有方法都没有具体实现，都是抽象的方法。例如，在接口中声明方法“void getArea( );”相当于声明“public abstract void getArea( );”。

（8）接口体的内容是由常量和抽象方法组成的。接口可以没有接口体。接口可以看成是由常量和抽象方法组成的特殊抽象类。

例如，定义接口 Flyer、Animal 和 superman。

```
interface Flyer{                    //定义接口
    public void takeoff();          //抽象方法
    public void land();
    public void fly();
}
interface Animal extends Flyer{     //定义接口

    public void eat();
}
interface superman extends Animal{//定义接口
    public void leapBuilding();
}
```

2. 接口的实现

定义好接口之后，只有经过定义类来实现，接口才能被使用。类在实现接口时，需要使用关键字 implements，该关键字指定该类实现接口，基本语法格式如下：

```
[修饰符] class 类名 extends 父类名 implements 接口名 1 [,接口名 2,...]
```

说明：

（1）一个接口可以被多个无关的类实现。

例如：

```
interface Flyer{ //接口体 }
class  Airplane implements Flyer{ //类体}
class  SuperMan implements Flyer{ //类体}
```

其中飞机类 Airplane 和超人类 SuperMan 之间不存在关系，所以两者是无关的类，但是它们可以同时实现 Flyer 接口。

（2）一个类在继承一个父类的同时，能实现一个或多个接口。若类实现多个接口，则多个接口名之间需要用逗号分隔开。

例如：

```
class  D extends  Object  implements  A,B,C {}
```

表示 D 类继承了父类 Object 的同时实现了 A、B、C 这 3 个接口。

（3）一个类声明实现接口以后，必须实现该接口的所有方法（包括该接口的所有方法和继承父类接口的所有方法）。需要特别注意的是，被实现的方法的访问控制符必须是 public，因为接口的方法默认都是 public 修饰的。

【例 3-29】类实现接口。

```
interface  Flyer{//定义接口
  public void takeoff(); //抽象方法
  public void land();
  void fly();
}
interface Animal{//定义接口
  public void eat();
}
class SuperMan implements Flyer,Animal{
 //定义类实现接口,需要实现两个父接口中所有的方法
   public void takeoff(){System. out. println("\n 我是超人");}
   public void land(){} //重写的方法,方法体可以为空
   public void fly(){System. out. println("超人会飞翔");}
   //覆盖接口中的 fly()方法,一定要使用 public 关键字,否则将出现编译错误
   public void eat(){System. out. println("超人吃西餐");}
   public void drink(){System. out. println("超人喝饮料");}
   //类体中声明自己的方法
}
public class Example3_29 {
  public static void main(String[] args){
      SuperMan s=new SuperMan();
      s. takeoff();
      s. land();
      s. fly();
      s. eat();
      s. drink();
  }
}
```

Example3_29 的运行结果如图 3-29 所示。

```
我是超人
超人会飞翔
超人吃西餐
超人喝饮料
```

图 3-29　Example3_29 的运行结果

【例 3-30】类实现接口。

```
interface Student_info {        //定义学生信息接口
    int year = 2012;            //定义常量
    int age();                  //抽象方法
    void output();              //抽象方法
}
interface Student_scoure{       //学生成绩接口
    float total();              //抽象方法
    void output();
}
class Stu2 implements Student_info, Student_scoure{
    //类实现接口
    String name;
    int birth_year;
    float math, english, computer;
    public Stu2(String n1,int y,float a,float b,float c){
        name = n1;
        birth_year = y;
        math = a;
        english = b;
        computer = c;
    }
    public int age(){           //重写接口的方法
        return year- birth_year;
    }
    public float total(){               //重写接口的方法
        return math + english + computer;
    }
    public void output(){               //重写接口的方法
        System. out. print(this. name +"    "+ this. age()+"岁");
        System. out. println(math +" "+ english +" "+ computer +"
                                    "+ total());

    }
}
public class Example3_30{
    public static void main (String[] args){
        System. out. println();
        Stu2 s2 = new Stu2("张磊",1980,90,80,70);
        s2. output();
    }
}
```

Example3_30 的运行结果如图 3-30 所示。

```
张磊    32岁  90.0  80.0  70.0  240.0
```

图 3-30　Example3_30 的运行结果

在实际应用中，使用接口可以声明一些方法，该方法将由一个类或多个类实现。这样能显示对象的编程接口而不暴露类的实际主体。这在向其他开发人员发布类包时很有用，能够捕获无关类之间的相似性，而无须加强类的关系。也可以通过声明一个实现若干接口的类来模拟多重继承。用户可以定义一个接口单独用来声明若干个常量，或者定义一个接口单独用来列举抽象方法。用户在定义类时，根据需要实现对应的若干接口即可。学好接口有助于更好地理解和运用面向对象的设计原则，从而设计出更好的软件系统。

【例 3-31】 使用接口。

```java
interface Runner{        //定义方法接口
    public void run();
}
interface Constants{      //定义常量的接口
    public static final int COLOR_RED = 1;
    public static final int COLOR_GREEN = 2;
    public static final int COLOR_BLUE = 3;
}
class Car implements Runner,Constants{//实现两个接口,用“,”分隔多个接口
    public void run(){
        System. out. println("车颜色是:" + COLOR_RED);
        System. out. println("用四个轮子跑 . . . ");
    }
}
public class Example3_31{
    public static void main(String[] args) {
        Car car = new Car();
        car. run();
    }
}
```

Example3_31 的运行结果如图 3-31 所示。

```
车颜色是: 1
用四个轮子跑...
```

图 3-31　Example3_31 的运行结果

3. 接口与回调

回调是一种常见的程序设计模式。接口声明、类实例化的对象称为接口回调。接口回调是指可以把实现某一接口的类创建的对象赋给该接口声明的接口变量，那么该接口变量就可以调用被类实现的接口中的方法。实际上，当接口变量调用被类实现的接口中的方法时，就是通知相应的对象调用接口中的方法。

【例 3-32】接口回调。

```
interface Cats{//定义猫科接口
  public void hunting();//猫科动物的猎杀方法,没有具体实现
}
class Mammal{//定义哺乳动物类
  public String limbsName="Leg";
  public void run(){
    System. out. println("use "+limbsName+"running. . . ");
  }
}
class Lion extends Mammal implements Cats{
//定义子类继承父类,并实现接口
 public void hunting(){//狮子的具体猎杀方式
    System. out. println("狮子猎杀方式的具体实现");
  }
}
public class Example3_32{
  public static void main(String[] args){
    Cats lion; //接口声明
    lion =new Lion();//实现接口的类实例化的对象,对象 lion 为接口回调
    lion. hunting();
  }
}
```

Example3_32 的运行结果如图 3-32 所示。

```
狮子猎杀方式的具体实现
```

图 3-32　Example3_32 的运行结果

4. 接口与抽象类的异同

可以说，接口是特殊的抽象类。接口与抽象类之间既有相同点，同时接口有自己的特殊性。下面我们比较接口与抽象类的异同。

（1）抽象类通常代表一个抽象的概念，它提供一个继承的出发点。

（2）抽象类中既可以声明抽象方法，还能声明已经实现的方法，即非抽象方法；接口中的所有方法都必须是抽象方法，不能有已经实现的方法，即非抽象方法。

（3）抽象类中的方法，访问修饰符可以是 public、protected、default（默认）中的任意一个；而接口中所有的方法都是使用 public 关键字修饰的，即使不写访问修饰符，默认也是 public 修饰。

（4）在一个抽象类中添加一个新的已经实现的方法，所有的子类都可直接继承该方法；在父接口中定义抽象方法，子接口可以继承该方法，但是实现接口的类必须重写该方法，否则将出现错误。

（5）抽象类中可以声明成员变量、类变量和常量；而在接口中声明的变量都是常量，即使不写 final 关键字，默认也是 public static final 修饰的。

（6）类与类之间是单继承的，接口之间是多继承的。

（7）一个类可以继承一个父类并实现多个接口。一个类只能继承一个父类，父类为抽象类或普通类。

3.7.5 嵌套类和内部类

嵌套类是 Java 中一个很有用的特性，因为它允许将类的定义放到其他类的定义中，允许将逻辑上属于一起的类组织为一体，并且控制一个类位于另一个类中的可视性。嵌套类也用于完成不能被任何其他类共享的实现细节。

1. 内部类的定义

一个类嵌套定义在另一个类的内部，称为嵌套类。包含嵌套类的类被称为外部类。没有使用 static 关键字修饰的嵌套类，称为内部类。与一般的类一样，嵌套类可以有自己的成员变量和成员方法。使用嵌套类必须要先了解嵌套类与包围它的外部类之间的关系，以及它们之间的成员如何实现相互访问。

【例 3-33】 内部类的定义。

```
class Example3_33 {          //定义外部类
    int count;               //外部类的成员变量
    public class Student{    //声明内部类
        String name;         //内部类的成员变量
        public void output(){ //内部类的成员方法
            System. out. println(this. name +"    ");
        }
    }                        //内部类定义结束
}
```

我们称类 Example3_33 类为外部类，count 是 Example3_33 类的成员变量，在类中定义的另外一个类 Student 则被称为内部类。内部类中也可以跟外部类一样，定义若干成员变量和成员方法。例如，例 3-33 中，String 类型的 name 是内部类的成员变量，output( ) 是内部类中声明的成员方法。

Java 将内部类作为外部类的一个成员，就如同其成员变量与成员方法一样。因此，一般类只能使用 public 或默认访问修饰符，而内部类还可以指定使用 private 和 protected 访问修饰符。在编译时，嵌套类及其所在的类同时被编译，每一个外部类生成的文件名为“类名 . class”，而每一个内部类生成的文件名则为“外部类名 $ 内部类名 . class”。

2. 内部类与外部类的访问规则

内部类与外部类各有自己的成员。在外部类中，应该通过内部类的对象来引用内部类的成员；在内部类中，可以直接引用外部类的所有成员，包括外部类的静态成员、实例成员及私有成员。

【例 3-34】 内部类与外部类的访问。

```
public class Example3_34{   //定义外部类
    private int size;       //外部类的成员变量
    public class Nested{    //定义内部类
        public void setV(){ //内部类的成员方法
            size++;         //内部类直接调用外部类中的成员变量
        }
```

```
    }
    public void testTheNested(){ //外部类中的成员方法
        Nested i=new Nested(); //创建内部类的对象
        i. setV(); //使用对象调用内部类的成员方法
    } //外部类中的成员方法结束
}//外部类结束
```

在外部类的主方法或其他类中访问内部类，必须给出内部类的完整名称。在主方法中，如何创建内部类的对象和调用内部类的成员，详见下例。

【例 3-35】在主方法中创建内部类的对象和调用内部类的成员。

```
public class Example3_35 {
    int count=5;                  //外部类的成员变量
    void setValue(){
        System. out. println("执行 Example3_35 的成员方法");
    }
    public class Student{         //声明内部类
        String name="inner";      //内部类的成员变量
        public void output() {    //内部类的成员方法
            System. out. println(this. name +"内部类的输出");
        }
    }
    public static void main(String[] args) {
        Example3_35 g=new Example3_35();   //创建外部类的对象
        System. out. println("调用 Example3_35 成员变量值 "+g. count);
        //外部类的对象调用外部类的成员变量
        g. setValue();                     //外部类的对象调用外部类的成员方法
        Example3_35. Student s=g. new Student();
        //在主方法中创建内部类的对象
        System. out. println("调用 Student 类中的成员变量 "+s. name);
        //调用内部类的成员变量
        s. output();//调用内部类的成员方法
    }
}
```

Example3_35 的运行结果如图 3-33 所示。

```
调用Example3_35成员变量值 5
执行Example3_35的成员方法
调用Student类中的成员变量 inner
inner内部类的输出
```

图 3-33　Example3_35 的运行结果

3. 嵌套类的特性

嵌套类名必须充分有效，必须与其所在类名不相同。定义在方法中的嵌套类被称为局部类，局部类可以访问 final 的局部变量，嵌套类可以是抽象类。接口可以嵌套，这种接口可以用通常的方法实现，如果有必要的话，也可由另一个嵌套类来实现。

嵌套类可以访问所在域的静态成员，非局部类可以有任意的访问保护。嵌套类可以声明为 static，在这种情况下，嵌套类对于所属类实例不再有引用。非 static 的嵌套类称为内部类。内部类可以使用 this 引用来访问所属类实例的成员。内部类不能声明除常量之外的静态成员。如果内部类需要静态成员，那么必须使用它可以访问的顶级类的某个静态成员。

4. 静态内部类

如果一个内部类是静态的，那么静态内部类中的方法（无论是静态方法还是非静态方法）只能直接访问外部类中的静态成员。要访问外部类中的非静态成员，必须在内部类中创建外部类的对象，通过对象名访问外部类的非静态成员。只有静态内部类才可以声明静态成员，静态内部类无法正常访问外部类的非静态成员。使用静态内部类的原因一般是需要在内部类中定义静态成员、希望隐藏内部类或避免类名的重复。为了避免类名的重复，可以把可能重名的类设置为 public static 的内部类，其他类在引用时要使用完整的内部类名标识（外部类名．内部类名）。

【例 3-36】静态内部类的应用。

```
class Outer5 {
    private static int i = 1;
    private int j = 10;
    public static void outer_f1() {}
    public void outer_f2() {}
    //静态内部类可以用 public、protected、private 修饰
    //静态内部类中可以定义静态或非静态成员
    static class Inner {
        static int inner_i = 100;
        int inner_j = 200;
        static void inner_f1() {
            //静态内部类只能访问外部类的静态成员(包括静态变量和静态方法)
                System. out. println("Outer. i" + i);
                outer_f1();
        }
        void inner_f2() {
            //静态内部类不能访问外部类的非静态成员(包括非静态变量和非静态方法)
            //System. out. println("Outer. i"+j);
            //outer_f2();
        }
    }
    public void outer_f3() {
            //外部类访问内部类的静态成员:内部类．静态成员
        System. out. println(Inner. inner_i);
        Inner. inner_f1();
            //外部类访问内部类的非静态成员:实例化内部类即可
        Inner inner = new Inner();
        inner. inner_f2();
    }
}
```

```
public class Example3_36{
    public static void main(String[] args) {
        Outer5 w=new Outer5();
        w. outer_f3();
    }
}
```

Example3_36 的运行结果如图 3-34 所示。

```
100
Outer.i1
```

图 3-34　Example3_36 的运行结果

编译上面源程序 Example3_36. java，查看类的字节码文件，不但有编译后产生的类 Example3_36 的字节码文件 Example3_36. class，还产生一个名称为 Outer5 $ Inner. class 的文件，嵌套类的字节码文件名是以外部类名和“ $ ”开头，接着是嵌套类名。在开发应用程序时需要编写大量的类，并需要对这些类进行调试、演示，我们可以根据静态内部类的特点，在编写一个类时，在类中定义一个静态内部类作为一个独立的、可选的辅助功能，用作代码的调试和演示，方便而有效。

课后思考：掌握要领，不断思考，才能进步。

使用面向对象的目的是编写出可靠、高效、灵活、易扩展、可复用的软件产品。一定要以这个目的为中心来学习和使用面向对象，而不是单纯地说我会用面向对象。

好比给你一把最好的枪，教你如何使用它，过了一段时间你就会对这把枪了如指掌。现在让你去打靶，结果十发子弹，一发未中。用了最好的枪为什么一发都打不中？因为你只学习了如何掌握这把枪，而没有学习射击要领，不知道如何瞄准靶心。

学习编程和做事情一样，要掌握要领，“学而时习之”，只有不断思考才能有所进步。

本章小结

本章介绍了 7 个部分的内容：面向对象编程概述、类的定义、对象、源文件的布局与类的封装、方法的调用、类的继承和类的高级特性。

面向对象编程通过对现实世界中对象的抽象和对象之间相互作用的描述来模拟现实世界，将现实世界映射到软件系统中。Java 是一种优秀的面向对象编程语言，它提供了用来支持面向对象编程所需的一切条件。

人类认识世界的特点是先认识个体对象，然后将具有相同属性和行为的对象划分成同一类，最后识别类中的对象。类是对象的抽象，描述了一组对象的静态特征和表现的行为。对象是类的实例，是一个具体的事物。

包是为了便于类名管理用来存放类的一种机制。包可以包含类和子包，这样存放在不同包中的类可以使用相同的名称。package 语句声明该文件中定义的类存放在哪一个包内，import 语句告知编译器在哪里可以找到对应的类。

为了实现不同包中类的互相访问，Java 设置了 4 种不同程度的访问权限，分别是 public、protected、default、private。

Java 在方法调用进行参数传递时，可以传递两种类型参数：基本数据类型参数和引用数据类型参数。

类的继承就是在父类的基础上，派生出子类，子类自动拥有父类的全部属性和方法，同时子类还可以加入新的属性和方法。类的多态表现为引用的多态和方法的多态。引用的多态表现为父类引用指向子类的对象；方法的多态表现为方法的重载和方法的覆盖（也称重写）。封装、继承和多态是面向对象的三大特性。

类的高级特性包括 3 个特殊关键字、接口、嵌套类和内部类，是在理解类和对象的基础上，给出的一些类的特殊用法。掌握这些特殊用法，在处理复杂问题时能够更容易解决问题。

本章是 Java 的核心内容，是面向对象思想的设计和实现基础，只有深刻理解本章的内容，才能达到熟练应用 Java 的程度。

本章习题

一、选择题

1. 下面程序运行之后，变量 x 的值是（　　）。

```
public class Test {
    public static void swap(int a,int b){
        int t=a;a=b;b=t;
    }
    public static void main(String[] args){
        int x=2;
        int y=3;
        swap(x,y);
        System.out.println("x 的值是:"+x);
    }
}
```

A. 2　　B. 3　　C. 4　　D. 6

2. 要想使只有定义该类所在的包内的类可以访问该类，应该用（　　）关键字修饰。

A. 不需要任何关键字　　B. private　　C. final　　D. protected

3. 编译并运行下面的程序，输出的结果是（　　）。

```
class A{
  int var1=1;
  int var2;
  public static void main(String[] args){
    int var3=3;
    A a=new A();
    System. out. println(a. var1+a. var2+var3);
  }
}
```

A. 0

B. 4

C. 3

D. 代码无法编译，因为 var2 根本没有被初始化

4. 在类中，有如下方法的定义：

```
void setVar(int a,int b,float c){}
```

下面哪个方法正确地重载了 setVar( ) 方法（　　）。

A. void setVar(int a,int b,float c){}

B. public void setVar(int a,float c,int b){}

C. public void setVar(int a,float c,int b){This(a,b,c);}

D. public void setVar(int ax,int by,float cz){}

5. 下面关于多态性的描述，正确的是（　　）。

A. 一个类中，不能有同名的方法

B. 子类中不能有和父类同名的方法

C. 子类中可以有和父类同名且参数相同的方法

D. 多态性就是方法的名称可以一样，但返回的数据类型必须不一样

6. 现有两个类 A、B，以下描述中表示 B 类继承自 A 类的是（　　）。

A. class A extends B　　B. class B implements A

C. class A implements B　　D. class B extends A

7. 下列关于构造方法的描述正确的是（　　）。

A. 构造方法的名称可以和类不一样

B. 构造方法必须有返回值

C. 用 new 调用构造方法

D. 构造方法不可以被重载

8. 对于任意一个类，用户所能定义的构造方法的个数至多为（　　）。

A. 0 个　　B. 1 个　　C. 2 个　　D. 任意个

9. 以下的类和接口定义中，正确的是（　　）。

A. public class a{private int x;
   public getX(){return x;}}

B. public abstract class a{
   private int x;
   public abstract int getX();
   public int aMethod(){return 0;}}

C. public class a{private int x;
   public abstract int getX();}

D. public interface interfaceA{private int x;
   public int getX(){return x;}}

10. 关于 final 关键字的描述，正确的是（　　）。

A. 若修饰变量，则该变量的值可以改变

B. 若修饰类，则该类只能被一个子类继承

C. 若修饰方法，则该方法不能在子类中被覆盖

D. 若修饰方法，则该方法所在的类不能被继承

11. 下列描述正确的是（　　）。

A. 用 abstract 修饰的方法，不能再被子类重写

B. 用 final 修饰的方法，不能再被子类重写

C. 抽象类中一定要包括 abstract( ) 方法

D. 某个类中包含了 abstract( ) 方法，该类可以不声明为 abstract 类

二、读程序

1. 读下列程序，写出运行结果。

```
class Hand {
    public void na() {
        System. out. println("Hand    拿");
    }
}
class Foot{
    public void pao() {
        System. out. println("Foot    跑");
    }
}
public class Person {
    private Hand hand;
    private Foot foot;
    Person(){
        hand=new Hand();
        foot=new Foot();
}
public static void main(String[] args) {
        Person p=new Person();
        p. foot. pao();
        p. hand. na();
    }
}
```

2. 读下列程序，写出运行结果。

```
class Count {
  public int number=3;
  public static int counter=5;
  public void counta(int i) {
     counter=counter+1;
     System. out. println("静态的值 "+counter);
     number=number+i;
     System. out. println("非静态的值 "+number);
  }
```

```
}
public class Testcount {
  public static void main(String[] args){
      Count aa=new Count();
      aa. counta(5);
      Count bb=new Count();
      bb. counta(7);
  }
}
```

三、编程题

1. 定义描述学生的类 Student，属性包括学号、姓名、年龄及 3 科成绩，方法包括：output( ) 方法用于输出学生的信息，average( ) 方法用于求学生的 3 科平均成绩。要求定义 Student 类的构造方法，完成创建对象时的初始化。在主方法中创建 Student 类的对象，计算 3 科平均成绩，并输出学生信息。

2. 编写一个图形类，该类具有长和高等属性，具有求面积的方法。编写图形类的子类矩形类，该类重写了求面积的方法，可以求矩形的面积。编写图形类的子类三角形类，该类重写了求面积的方法，可以求三角形的面积。定义柱状体（简称柱体）类，该类中定义了柱状体的高，并编写了求柱状体体积的方法，若柱状体的底面为三角形，则计算三棱柱的体积，若柱状体的底面为矩形，则计算长方体或正方体的体积。编写带有主方法的测试类，在主方法中创建柱状体的对象，并根据柱状体的不同底面分别求该柱状体的体积。

3. 声明一个公司接口，该接口有两种方法：一种是获得公司广告词的方法；另一种是获得公司名称的方法。定义该接口的实现类白云公司类，该类中有白云公司的名称和广告词。定义该接口的实现类黑土公司类，该类中有黑土公司的名称和广告词。创建一个测试类，在主方法中输出白云公司和黑土公司的名称和广告词。

4. 定义一个矩形类，在矩形类中定义内部类计算矩形的面积。

四、简答题

1. 什么是抽象方法？抽象方法有什么作用？如何定义抽象方法？

2. 一种静态方法调用一种非静态方法为什么是非法的？

第 3 章习题答案

交互篇

第4章 Java界面编程

学习目标

大多数应用程序都需要良好的人机交互界面，也就是目前应用程序广泛使用的窗体界面。Java提供了丰富的类，可以很方便地构建各种窗体界面。

本章将介绍图形界面的制作，初步介绍Java界面程序的设计步骤和在Java窗体界面中进行图形绘制的方法。目前在移动终端软件开发方面，特别是Android系统的软件开发中，中国是走在世界前列的。

教学重点

1. 掌握Java窗体界面设计的步骤。
2. 掌握在Java窗体界面中绘制文字的相关方法。
3. 掌握在Java窗体界面中绘制图形的常用方法。

4.1 第一个界面程序

4.1.1 绘制窗体

在Java中使用Frame类对象表示一个窗体，Frame类对应于java.awt.Frame，Frame是带有标题和边框的顶层窗体。Frame类的常用方法如表4-1所示。

表4-1 Frame类的常用方法

序号	返回值类型	方法名	方法作用
1	构造方法	Frame()	创建一个无标题窗口，默认布局为BorderLayout布局
2	构造方法	Frame(String s)	创建一个标题为s的窗口，默认布局为BorderLayout布局

续表

序号	返回值类型	方法名	方法作用
3	void	setBounds(int a,int b,int width,int height)	设置窗口出现在屏幕上的位置，距离屏幕左边 a 个像素，距离屏幕上方 b 个像素，窗口的宽度是 width，高度是 height
4	void	setSize(int width,int height)	设置窗口的显示范围大小，窗口在屏幕出现的默认位置为（0，0）
5	void	setTitle(String s)	为窗口设置标题
6	void	setVisible(boolean b)	设置窗口是否可见，b=true 时窗口可见，b=false 时窗口不可见，默认不可见
7	void	setResizable(boolean b)	设置窗口是否可以调整大小，默认为可以调整大小
8	void	setMenuBar(MenuBar mb)	设置菜单栏
9	void	remove(MenuComponent mc)	移除菜单栏
10	void	dispose()	撤销当前窗口，并释放窗口使用的资源

下面通过一个例子来认识 Java 界面程序。

【例 4-1】 绘制一个宽度为 300 像素、高度为 400 像素的窗体。

```
import java. awt. Frame;
public class Example4_1 {
  public static void main(String[] args){
    Frame frame=new Frame();
    frame. setSize(300,400);
    frame. setVisible(true);
  }
}
```

运行该程序，可以得到一个宽度为 300 像素、高度为 400 像素的窗体，如图 4-1 所示。

图 4-1　Example4_1 的运行结果

第 1 行“import java. awt. Frame;”引入了 Frame 系统类所在的包。第 2 行“public class Example4_1 {”声明了一个名为 Example4_1 的用户自定义类。第 4 行“Frame frame = new Frame ( );”定义了一个窗体类 Frame 的对象 frame，并通过构造方法将其初始化。第 5 行“frame. setSize (300，400) ;”设置了 frame 对象的宽度和高度两个参数，分别为 300 像素和 400 像素。第 6 行“frame. setVisible (true) ;”让 frame 对象显示到屏幕上。

4.1.2 绘制文字

例 4-1 完成了一个窗体的绘制工作，接下来介绍如何在窗体上绘制文字。这里有一个前提，Java 不允许直接将文字、图形等信息绘制在窗体上，必须先将这些信息绘制在一个所谓的面板对象上，再将该面板对象放置在窗体上。像窗体类 Frame 一样，Java 提供了面板类 Panel，但是同 Frame 类的使用方式不同，需要通过继承的方式来使用 Panel 类。面板是一个无边框容器，对应于 java. awt. Panel 类。Panel 不是顶层容器，所以不能独立存在，必须被添加到其他容器（如 Frame）中。可以将想要绘制的信息借助 Panel 绘制于指定窗体对象上。

下面改写例 4-1，在窗体上绘制一行文字“这是我的第一个窗体界面程序”。

【例 4-2】绘制一个宽度为 300 像素、高度为 400 像素的窗体，并在窗体上绘制一行文字“这是我的第一个窗体界面程序”。

```
import java. awt. Frame;
import java. awt. Graphics;
import java. awt. Panel;
class MyPanel extends Panel{
    @Override
    public void paint(Graphics g){
        g. drawString("这是我的第一个窗体界面程序",0,10);
    }
}
public class Example4_2 {
    public static void main(String[] args){
        Frame frame=new Frame();
        frame. setSize(300,400);
        MyPanel panel=new MyPanel();
        frame. add(panel);
        frame. show();
    }
}
```

运行该程序，可以得到一个宽度为 300 像素、高度为 400 像素的窗体，并在窗体上显示一行文字信息，如图 4-2 所示。

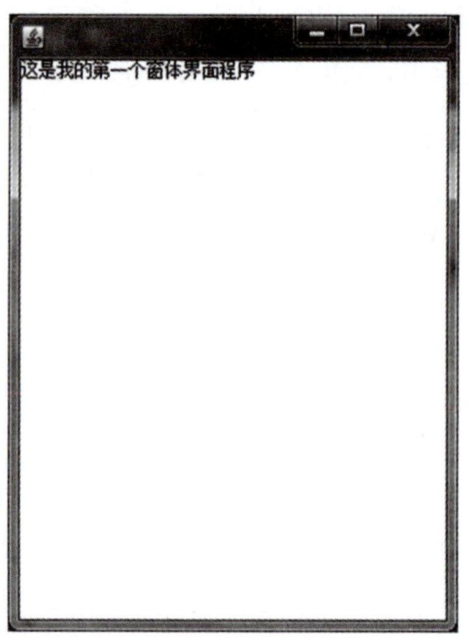

图 4-2　Example4_2 的运行结果

第 4 行 “class MyPanel extends Panel {” 定义了 Panel 类的子类 MyPanel。第 6 行 “public void paint (Graphics g) {” 覆盖了 Panel 类中的 paint( ) 方法。第 7 行 “g. drawString (" 这是我的第一个窗体界面程序", 0, 10);” 在面板的指定位置绘制文字信息。第 14 行 “MyPanel panel=new MyPanel ( );” 定义了一个 MyPanel 类的对象 panel，并将其实例化。第 15 行 “frame. add (panel);” 将 panel 对象添加到窗体对象 frame 中。

课后思考：在我们生活中，手机软件有什么作用？

手机软件在我们的衣食住行中无所不在，天猫、唯品会、美团、饿了么、携程、12306、百度地图等，这些手机软件改变着人们的日常生活习惯。

中国人的无现金支付已经成为常态，其技术领先全球。这就是中国人的力量，所以没有什么差距是不可逾越的，但是首要的前提就是相信自己，然后付出努力。

4.2 字体和颜色的设置

在例 4-2 中完成了一段文字信息的绘制工作，Java 还提供了很方便的字体和颜色设置的方法，本节将详细介绍字体和颜色的设置方法。

4.2.1 设置字体

Java 通过 Graphics 类的 setFont(Font f) 方法来进行字体的设置，根据 Font 类定义的字体对象设置字体。Font 类即字体类，位于 java. awt 包中，可以使用它来控制文本的字体及样式。

首先设置字体样式：

```
Font f = new Font ( String 字体名, int 字体风格, int 字体大小 );
```

其中，字体名是指 Java 所支持的字体，如黑体、宋体、Times New Roman 等。字体风格可以为 Font. BOLD（粗体）、Font. ITALIC（斜体）、Font. PLAIN（普通）。

再设置字体：

```
g. setFont ( f ) ;
```

举例：设置字体为 20 号、宋体、加粗。

```
Font f= new Font("宋体",Font. BOLD,20);
g. setFont(f);
```

4. 2. 2　设置颜色

Java 通过 Graphics 类的 setColor(Color c) 方法来进行颜色设置，根据 Color 类定义的颜色设置前景色。Color 类即颜色类，定义了颜色常量和方法，每种颜色都是从 RGB（红/绿/蓝）值创建出来的。一个 RGB 值有 3 个部分，都是 0~255 的整数值，分别代表着 3 种颜色的含量。

使用颜色常量设置前景色：

```
g. setColor(Color. blue);//设置前景色为蓝色
```

自己调色：

```
Color c = new Color(int red,int green,int blue);
g. setColor(c);
```

其中的 3 个参数分别代表红色、绿色、蓝色的成分多少，取值为 0~255。

【例 4-3】 将例 4-2 中显示在窗体上的文字属性设置为红色、黑体、倾斜、15 号大小。

```
import java. awt. Color;
import java. awt. Font;
import java. awt. Frame;
import java. awt. Graphics;
import java. awt. Panel;
class MyPanel extends Panel{
 @Override
 public void paint(Graphics g){
     Font f= new Font("黑体",Font. ITALIC,15);
       //设置字体属性
 g. setFont(f);                //设置字体
 g. setColor(Color. red);      //设置颜色
 g. drawString("这是我的第一个窗体界面程序",0,20);
 }
}
public class Example4_3 {
    public static void main(String[] args){
        Frame frame=new Frame();
        frame. setSize(300,400);
        MyPanel panel=new MyPanel();
        frame. add(panel);
        frame. show();
    }
}
```

Example4_3 的运行结果如图 4-3 所示。

图 4-3　Example4_3 的运行结果

课后思考：国家强大的关键是什么？

与十年前、二十年前相比，现在人们的生活在衣食住行方面，发生了翻天覆地的变化。中国天眼、跨海大桥、高铁技术已经成为中国品牌和民族骄傲。科技兴国绝不是纸上的 4 个字，只有科技强大，国家才会强大。

科技强大需要千万年轻人的奋斗，今天的青年是未来工作岗位上的骨干，未来社会最重要的资源就是人才，只有人才成长起来了，国家才能更加强大。

4.3 图形的画法

4.3.1 绘图类

Graphics 类是 java. awt 包中提供的一个专门用于绘图的类，提供了丰富的绘图方法，设计应用程序时，可以利用这些方法绘制出各种图形和文本。

使用 Java 绘制图形，采用以像素为单位的直角坐标系统。该坐标系统默认的坐标原点（0，0）在屏幕左上角，因此水平向右为 X 轴正方向，垂直向下为 Y 轴正方向，每一个坐标点的值表示屏幕上的一个像素点位置，如图 4-4 所示。

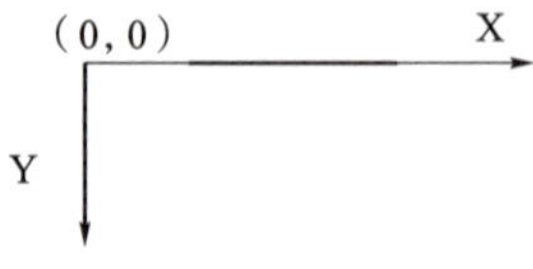

图 4-4　Java 直角坐标系统

4.3.2　绘图类的常用方法

Graphics 类中绘图的方法都是以 draw 开头的，填充的方法以 fill 开头。以下给出该类部分常用方法，更多方法的使用可以参看 Java API 文档。

1. 绘制字符串

```
drawString(String s,int x,int y)
```

表示在指定位置（x，y）上绘制字符串 s。

2. 绘制直线

```
drawLine(int x1,int y1,int x2,int y2)
```

表示在点（x1，y1）和（x2，y2）间画一条直线。

3. 绘制矩形

```
drawRect(int x,int y,int width,int height)
```

表示绘制以（x，y）为左上角，宽度为 width、高度为 height 的矩形边框。

```
fillRect(int x,int y,int width,int height)
```

表示绘制矩形并填充颜色。

```
drawRoundRect(int x,int y,int width,int height,int arcWidth,int arcHeight)
```

表示绘制圆角矩形，arcWidth 为圆角弧的横向直径，arcHeight 为圆角弧的纵向直径。

```
fillRoundRect(int x,int y,int width,int height,int arcWidth,int arcHeight)
```

表示绘制圆角矩形并填充颜色。

```
draw3DRect(int x,int y,int width,int height,boolean raised)
```

表示绘制三维矩形，raised 的值为 true 表示上凸，为 false 表示下凹。

```
fill3DRect(int x,int y,int width,int height,boolean raised)
```

表示绘制三维矩形并填充颜色。

4. 绘制椭圆

```
drawOval(int x,int y,int width,int height)
```

表示绘制以（x，y）为左上角，width 宽、height 高的矩形的内接椭圆。

```
fillOval(int x,int y,int width,int height)
```

表示绘制椭圆并填充颜色。

5. 绘制弧

```
drawArc(int x,int y,int width,int height,int startAngle,int arcAngle)
```

表示绘制以（x，y）为左上角，width 宽、height 高的矩形的内接圆的起始角度为 startAngle、终止角度为 arcAngle 的弧。

```
fillArc(int x,int y,int width,int height,int startAngle,int arcAngle)
```

表示绘制弧并填充颜色。

6. 绘制多折线

```
drawPolyline(int[] xPoints,int[] yPoints,int nPoints)
```

表示绘制多折线，xPoints 为 x 坐标数组，yPoints 为 y 坐标数组，nPoints 为点的数目。

7. 绘制多边形

```
drawPolygon(int[] xPoints,int[] yPoints,int nPoints)
```

表示绘制多边形，自动将起点和终点连起来。

```
fillPolygon(int[]xPoints,int[]yPoints,int nPoints)
```

表示绘制多边形并填充颜色。

8. 绘制图像

```
drawImage(Image img,int x,int y,int width,int height,ImageObserver observer)
```

表示绘制指定图像到指定矩形区域内部。图像绘制在此图形上、下文坐标空间的指定矩形内部，并且如果需要，则对其进行缩放。

img 为要绘制的指定图像，x 为 x 坐标，y 为 y 坐标，width 为矩形的宽度，height 为矩形的高度，observer 为当转换了更多图像时要通知的对象。

【例 4-4】 利用 Graphics 类中的绘图方法，绘制直线、圆角矩形等基本图形。

【例 4-4】程序实现

Example4_4 的运行结果如图 4-5 所示。

图 4-5　Example4_4 的运行结果

课后思考：设计中国精神元素小案例。

同学们，你们能不能用所学的知识设计出具有中国精神元素的小案例呢？例如，中国元素包括中国剪纸、中国窗花、中国结、中国茶、中国陶瓷等；中国形象包括中国制造、中国创造、中国建造等；中国文化包括琴棋书画、十大名曲、十二生肖、传统思想、传统节日、四大发明等。

拥有 5 000 多年文化传统的中国，足以让每个中国人骄傲和自豪，那么就从现在开始，努力学习，为早日实现中华民族伟大复兴的中国梦贡献自己的力量！

4.4 Java 静态界面编程案例

建立一个图形用户界面，在界面上绘制如图 4-6 所示的图片。

1. 设计思路

（1）创建窗体对象 frame，设置 frame 对象的相关属性。

（2）定义图像对象 image。

（3）将 image 对象绘制到 frame 对象上。

（4）显示 frame 对象。

2. 遇到的问题

（1）如何建立一个和图片关联的对象？

（2）如何将图片对象绘制到 frame 窗体对象上？

【解决问题 1】 通过建立 Java 的 ImageIcon 类对象和一个图片文件关联。

```
ImageIcon imgico = new ImageIcon("c://flag.jpg");
```

【解决问题 2】 Graphics 类的 drawImage( ) 方法需要的参数类型是 Image 类型，因此首先需要将 ImageIcon 类对象转换成 Image 类型对象，再将这个 Image 类型对象绘制到 Graphics 类对象上。

```
Image image=imgico. getImage();
g. drawImage(image,0,0,600,400,this);
```

3. 程序实现

Java 静态界面编程案例程序实现

程序的运行结果如图 4-6 所示。

图 4-6　程序的运行结果

课后思考：每天敲代码，实现由量变到质变。

质量互变规律是唯物辩证法的基本规律，它揭示了事物由量变到质变，再到新的量变的发展过程。

初学编程的读者一定会问：“别人的代码为什么会写得那么经典、高效？而我却不知如何下手！”那么就请先试着敲别人的代码吧！慢慢地，你会发现，每一次敲完代码，都有不一样的感受。这一次是理解了变量为何这样定义，下一次是理解了循环的执行，再下一次可能是领会了算法的真谛……当量变引起质变时，你的代码也会闪出耀眼的火花。

本章小结

本章介绍了图形界面软件的制作，初步介绍 Java 界面程序的设计步骤和在 Java 窗体界面中进行图形绘制的方法；然后介绍了 Java 中 Frame 类、Panel 类和 Graphics 类的使用方法。Frame 类对象表示一个窗体，Frame 类对应于 java. awt. Frame，Frame 是带有标题和边框的顶层窗口。Panel 类表示一个无边框容器，对应于 java. awt. Panel 类，Panel 不是顶层容器，所以不能独立存在，必须被添加到其他容器（如 Frame）中。可以将想要绘制的信息借助 Panel 绘制于指定窗体对象上。Graphics 类是 java. awt 包中提供的一个专门用于绘图的类，提供了丰富的绘图方法，设计 Java 界面程序时，可以利用这些方法绘制出各种图形和文本。

本章习题

1. 在窗口中绘制一个以（70，70）为圆心、半径为 50、边框是绿色、圆心是红色的圆。
2. 编写小程序，显示出 13 个颜色随机的彩色圆形和 3 个矩形，如图 4-7 所示。
3. 编写小程序，显示出图 4-8 所示文本和字体，前 3 行为红色，后 3 行为蓝色。

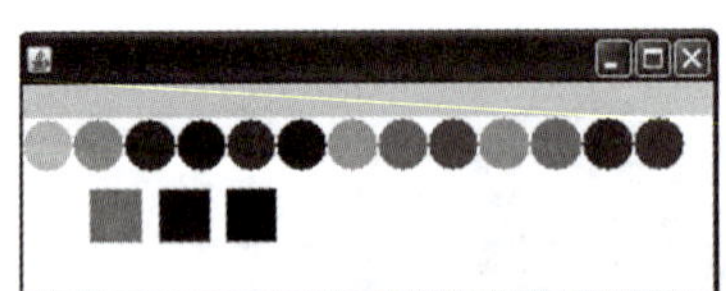

图 4-7　图形和色彩

图 4-8　文本和字体

第 4 章习题答案

第 5 章 多线程编程与异常处理

学习目标

随着计算机硬件的更新，多核计算机已经逐渐成为主流产品。为了充分发挥多核的优势，多线程编程成为编程人员必须掌握的编程方式。目前我国计算速度最快的超级计算机——“神威·太湖之光”超级计算机安装了 40 960 个中国自主研发的“申威 26010”众核处理器，中国的多核处理器的设计和制造水平正在快速接近世界先进水平。

程序设计人员编写程序时总是希望能够按照预期情况运行，得出一个正确的结果。但有时候程序会莫名中断或运行结果错误，Java 对于这种预想不到的情况采用异常处理机制来进行处理。

本章将主要介绍 Java 多线程并行程序的建立和运用，同时介绍异常的概念和异常处理机制。

教学重点

1. 掌握 Java 中线程的概念。
2. 掌握线程的生命周期。
3. 掌握两种创建线程的方法。
4. 掌握异常的概念和分类。
5. 掌握异常处理机制。

5.1 线程的概念

5.1.1 基本概念

1. 进程

在操作系统中，进程是指可以与其他程序并发执行的程序的一次执行过程，是系统进行资源分配和调度的独立单位，有时也称为活动或任务，即进程是运行中的程序，是程序的一次运行活动，具有动态性和并发性。我们通过使用计算机，可以同时进行播放音乐、处理文档、下载资源等多个任务。这是因为进程概念的引入使多个程序能够并发执行，以提高资源的利用率和系统的吞吐量。

但是，根据经验我们知道，如果打开的任务过多会使系统变慢，发生“卡机”的现象。这是因为进程是一个可拥有资源的独立单元，又是一个可独立调度和分配的基本单元。在创建、撤销和切换中，系统必须为之付出较大的时空开销。因此，系统中设置的进程的数目不宜过多，进程切换的频率也不宜过高，这也就限制了并发进程的进一步提高。

2. 线程

为了使计算机操作系统具有更好的并发性，减少程序在并发执行时所付出的时空开销，在操作系统中引入了线程的概念。线程是进程中的一个实体，是被系统调度和分配的基本单元，每个程序至少包含一个线程，也就是“主线程”。同一个程序中的多个线程可以并发执行。很多下载软件在下载资源的时候，是分多个“种子”同时进行的，每个“种子”都按照自己的顺序和速度进行，从而加快了下载任务的速度。其实这就是多个线程同时完成任务的典型例子，一个“种子”就是一个线程。

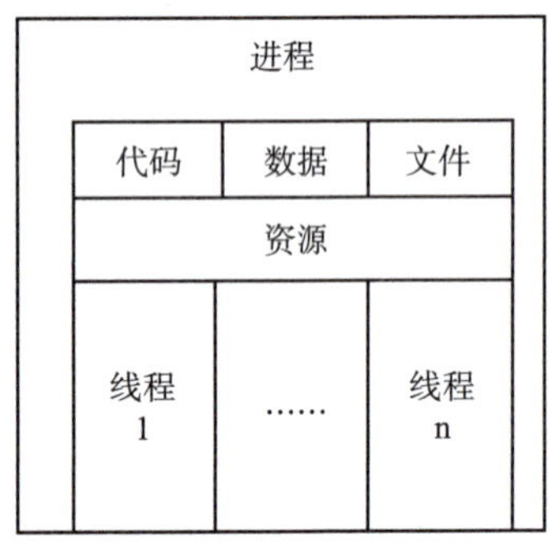

图 5-1　进程与线程之间的关系

线程自己拥有很少的资源，但是它与同属一个进程的其他线程共享该进程的全部资源，从而改善了系统资源的利用率。利用线程编程的概念称为“多线程编程”。图 5-1 表示了进程和线程之间的关系。只拥有一个线程的进程，因为所有的任务都由这个线程完成，所以也称该进程为重量级进程。而拥有多个线程的进程，因为将任务分给多个线程来执行，每个线程承担的工作量减小，所以也被称为轻量级进程。

5.1.2　多线程的优点

对于多线程机制而言，一个进程可以有多个线程，这些线程共享该进程的资源，这些线程驻留在相同的地址空间，共享数据和文件。如果一个线程修改了一个数据项，那么其他线程可以了解和使用此结果数据。使用多线程编程具有以下优点。

（1）程序的运行速度可能加快。

（2）用于创建和撤销线程的开销比创建和撤销进程的系统开销要少得多。

（3）CPU 在线程之间切换的开销远比进程之间切换的开销少。

（4）线程机制也增加了通信的有效性。线程间通信是在同一进程的地址空间内共享主存和文件，非常简单，无须内核参与。

（5）线程在一些等待的任务实现上可以释放一些珍贵的资源，如内存占用、文件读/写等。

5.2　线程的生命周期

5.2.1　线程的各种状态

一个线程在它的整个生存期中可能以几种不同的状态存在，如图 5-2 所示。尽管线程启动后处于可运行状态，但它不一定就能立即运行。单 CPU 的计算机上，同一时间只能执行一个操作。因此，线程完整的生命周期通常包括新建、可运行、运行、阻塞、死亡等 5 种状态。

1. 新建

当通过 new 关键字调用构造方法创建了一个线程时，该线程对象就处于新建状态。此时该线程可以调用 start( ) 方法进入可运行状态。

2. 可运行

当线程进入可运行状态时，说明该线程已经具备了运行的条件，等待 CPU 调用。一旦 CPU 调用该线程，线程就进入运行状态。

3. 运行

处于运行状态的线程正占用 CPU 执行任务，执行自己的 run( ) 方法。线程若在运行过程中，时间片用完，则再次回到可运行状态，等待下一次 CPU 的调用；若在运行过程中，遇到阻塞事件，如 wait( )、sleep( ) 事件，则进入阻塞状态。

4. 阻塞

在阻塞状态中，线程既不能执行，也不能再次被调用。只有当引起该线程阻塞的原因消除时，线程才能回到可运行状态，等待下一次的执行。notify( )、notifyAll( ) 等方法都可以解除线程的阻塞。

5. 死亡

线程完成了它的全部工作或被强制性地提前终止，都会死亡。死亡的线程将结束自己的生命。

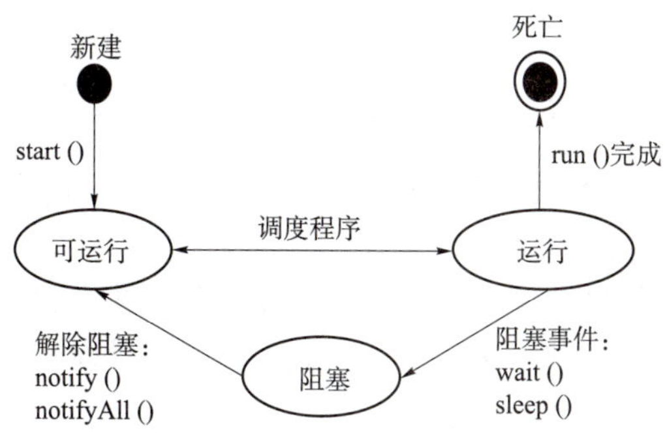

图 5-2　线程的生命周期

5.2.2　线程的各种方法

线程在生命周期的不同状态进行转换时，涉及了许多方法，表 5-1 介绍了线程的常用方法作用。

表 5-1　线程的常用方法作用

序号	返回值类型	方法名	方法作用
1	void	start( )	使该线程开始执行，Java 虚拟机调用该线程的 run( ) 方法
2	void	run( )	用户重写此方法，创建自己的线程类。Java 虚拟机调用该方法执行线程
3	void	sleep(long millis)	让当前正在执行的线程休眠指定的毫秒数

续表

序号	返回值类型	方法名	方法作用
4	void	wait()	导致当前线程等待。线程需要由 notify() 方法或 notifyAll() 方法唤醒
5	void	notify()	唤醒一个由 wait() 引起阻塞的线程，选择是任意的
6	void	notifyAll()	唤醒所有由 wait() 引起阻塞的线程
7	int	activeCount()	返回当前线程的线程组中活动线程的数目
8	int	getPriority()	返回线程的优先级
9	boolean	isAlive()	测试线程是否处于活动状态
10	void	setPriority(int Priority)	更改线程的优先级

5.2.3 线程的优先级别

在 Java 中，线程的优先级是用数字来表示的，分为 10 个级别。表 5-2 列出了线程不同优先级别的取值范围、默认值和对应的常量。

表 5-2 线程的优先级

级别	该级别的取值范围	默认值	常量
低优先级	1~4	1	Thread. MIN_PRIORITY
默认优先级	5	5	Thread. NORM_PRIORITY
高优先级	6~10	10	Thread. MAX_PRIORITY

线程在创建时若没有设置优先级，则取默认值 5。线程的优先级的值越大，优先级越高。

如果想要查看线程的优先级，可以用 int getPriority() 来获得线程的优先级。如果想要改变线程的优先级，可以用 void setPriority(int Priority) 在线程被创建后重新设置线程的优先级。

课后思考：拒绝沉迷网络，增加面对面的交流。

任何个人作为社会系统中的一个成员，总是在一定的社会群体中生活，不可能孤立地存在于社会之中，其必然要与其他人发生这样或那样的联系。作为社会的一分子，我们一定要学会组织和协调人际关系，不能沉迷于虚拟网络世界而不能自拔，特别是作为计算机从业者，团队合作是基本的职业素养，学会与人合作是未来走向成功的必由之路。

5.3 线程的创建

线程可看作由 3 部分构成：虚拟 CPU、代码和数据。代码可以被多个线程共享，独立于数据。当两个线程执行同一个类的实例代码时，这两个线程共享同样的代码。同样，数据也可以被多个线程共享，独立于代码。

在 Java 中，线程是通过 Java 的软件包 java. lang 中定义的 Thread 类来实现的。Thread 类本身只是线程的虚拟 CPU，线程所执行的功能是通过方法 run( ) 来完成的，方法 run( ) 称为线程体。在一个线程被建立并初始化以后，Java 在运行时系统就自动调用 run( ) 方法。

用户可以有两种方法构造自己的 run( ) 方法：一种是继承 Thread 类，即定义一个类，继承 Thread 线程类，重写其中的 run( ) 方法；另一种是实现 Runnable 接口，即定义一个类，实现 Runnable 接口，重写其中的 run( ) 方法，该类对象作为 Thread 类的参数。

5. 3. 1　继承 Thread 类创建线程

采用继承 Thread 类的方法创建线程的优点：run( ) 方法被包含在继承 Thread 类的类中，有助于简化程序。

Thread 类最常用的两种构造方法：

```
Public Thread()//分配新的 Thread 对象
Public Thread(Runnable target)//分配新的 Thread 对象
```

继承 Thread 类的方法创建线程的步骤如下。

（1）创建一个类，继承 Thread 类。

（2）重写其中的 run( ) 方法，将用户要实现的功能放进其中。

（3）在主方法中，创建线程，并用 start( ) 方法启动线程。

【例 5-1】 采用继承 Thread 类的方法，创建一个多线程，通过循环打印两个线程的名称，显示线程执行的顺序。

```
public class Example5_1 extends Thread{
    public Example5_1(String name)
    {   super(name);}
    public void run()         //覆盖 run()方法的线程体
    {   int i=1;
        String s=getName();
        while (i<=5)
        {   System. out. println(s+"   ");
            i++;
        }
        System. out. println(s+"   end!");
    }
    public static void main(String[] args)
    {   Example5_1 t1 = new Example5_1("Thread1");
        //创建对象
        Example5_1 t2 = new Example5_1("Thread2");
        t1. start();
        t2. start();                   //启动执行线程
         System. out. println("main find: activeCount="+activeCount());//获取当前活动的线程数
    }
}
```

Example5_1 的运行结果如图 5-3 所示。

```
Problems  Javadoc  Declaration  Console  Servers
<terminated> Example5_1 [Java Application] C:\Users\Administrator\AppData\L
main find: activeCount=3
Thread2
Thread2
Thread2
Thread2
Thread1
Thread2
Thread1
Thread2  end!
Thread1
Thread1
Thread1
Thread1  end!
```

图 5-3　Example5_1 的运行结果

结果显示，当前系统中有 3 个线程，分别是 Thread1、Thread2 和 main 线程。从结果中可以看出，虽然在程序中 t1 线程先执行 start( ) 方法，但 CPU 调用时先调用的是 t2 线程。因此，对于线程在可运行状态到运行状态的执行，程序员是没有办法控制的。

5.3.2　实现 Runnable 接口创建线程

采用实现 Runnable 接口的方法创建线程的优点：因为 Java 是单继承，如果已经扩展了某个父类，就只能用实现 Runnable 接口的方法。

实现 Runnable 接口的方法创建线程的步骤如下。

（1）创建一个类，实现 Runnable 接口。

（2）重写其中的方法 run( )，将用户要实现的功能放进其中。

（3）在主方法中，创建 Thread 类的实例，把目标对象作为参数传递给这个线程实例，并用 start( ) 方法启动线程。

【例 5-2】采用实现 Runnable 接口的方法，创建一个多线程，通过循环打印两个线程的名称，显示线程执行的顺序。

```
public class Example5_2 implements Runnable{
    String s=null;
    public Example5_2(String name){
        s=name;
    }
    public void run()          //覆盖 run()方法的线程体
    {   int i=1;
        while (i<=5)
        {  System. out. println(s+"   ");
           i++;  }
        System. out. println(s+"   end!");
    }
    public static void main (String[] args)
    {   Example5_2 Thread1 = new Example5_2("Thread1");
        Example5_2 Thread2 = new Example5_2("Thread2");
        Thread t1=new Thread(Thread1);
```

```
        Thread t2=new Thread(Thread2);
        t1. start();
        t2. start();    //启动执行线程
    }
}
```

Example5_2 的运行结果如图 5-4 所示。

```
Problems  Javadoc  Declaration  Console  Servers
<terminated> Example5_2 [Java Application] C:\Users\Administrator
Thread1
Thread2
Thread1
Thread2
Thread1
Thread1
Thread1
Thread2
Thread1  end!
Thread2
Thread2
Thread2  end!
```

图 5-4　Example5_2 的运行结果

从结果中可以看出，此程序中 CPU 调用时，先调用 t1 线程，再调用 t2 线程。

5.4 线程案例

要求用 5 个线程同时打印，输出 1~25 之间的数字。

1. 设计思路

（1）利用继承 Thread 类的方法创建类，在 run( ) 方法中完成任务。

（2）25 个数字被 5 个线程分配，每个线程完成 5 个数字的打印，循环 5 次。

（3）创建线程实例，让 5 个线程同时开始执行。

2. 遇到的问题

（1）每个线程要从第几个数字开始打印？怎么将其传递到任务中？

（2）是否每次打印的结果都是一样的？

【解决问题 1】 每个线程应有一个成员变量记录开始打印的数字，因此在类中要设定成员变量 m 作为起始值，m 的初始值由构造方法传入。

【解决问题 2】 多次执行程序，查看程序的运行结果，看是否每次打印的结果都相同。

3. 程序实现

【线程案例】 程序实现

程序第一次的运行结果和第二次的运行结果分别如图 5-5 和图 5-6 所示。

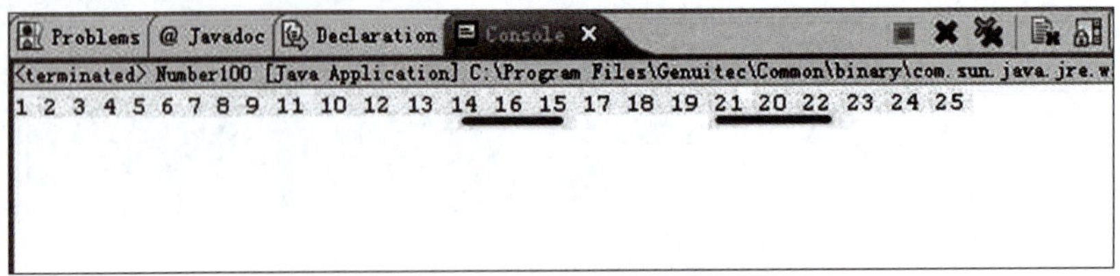

图 5-5 程序第一次的运行结果

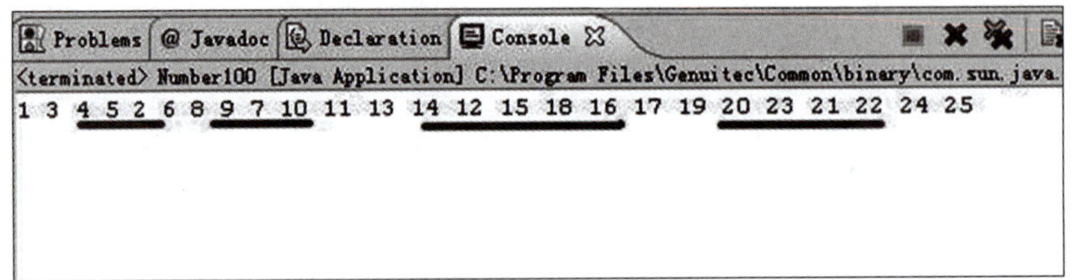

图 5-6 程序第二次的运行结果

4. 知识扩展

（1）程序两次的运行结果表明，线程在运行时，具有不确定性，因此多线程编程要确保不会产生错误才能使用。

（2）机器上 CPU 的个数会对多线程程序的结果产生影响。

课后思考：为什么编写程序要有敬畏心？

越容易犯错误的地方，人就会越谨慎，而在看似不会犯错的地方，人往往会疏忽、自大，反而容易出现问题。

在实现一些常用的底层功能时，都应该编写测试代码，看看是否能达到预期效果。在工作中出错了，不要急于推卸自己的责任，而是应当思考，如果是自己的原因，解决方案是什么，然后进行总结，记录详细的错误表现和解决方案，以防再犯。这些都体现了对编写程序的敬畏。

5.5 异常的概念与分类

5.5.1 异常的概念

一个程序得出正确结果，需要编译成功和运行无误两方面的配合。程序发生的错误一般有两种，一种是编译错误，这可以在调试时解决；另一种是在编译时通过，但在运行时得不到正确结果。

简单来说，异常是指在硬件和操作系统正常时，程序在运行时遇到的非正常情况。这种在运行时出现的非正常情况可以通过异常处理机制来及时发现和解决。

5.5.2　Java 中异常的分类

Java 用面向对象的方式来处理异常，异常以类的形式封装，图 5-7 给出了异常类的继承关系。

Throwable 类是所有异常的父类，通常使用它的一个子类来描述具体的异常。

Throwable 类包括 Error 和 Exception 两个子类。

（1）Error 类包括了一些严重的、程序不能处理的系统错误类，如内存不足、虚拟机错误、栈溢出等。这类错误主要由硬件问题引起，与程序本身无关，通常由系统处理，程序本身不用捕获和处理。

（2）Exception 类的支干上的异常都是可以处理的，本章主要围绕 Exception 类进行学习。Exception 类的子类有很多，根据编译器是否对某类异常进行检查，Exception 类的子类又分为非受检异常和受检异常两种。

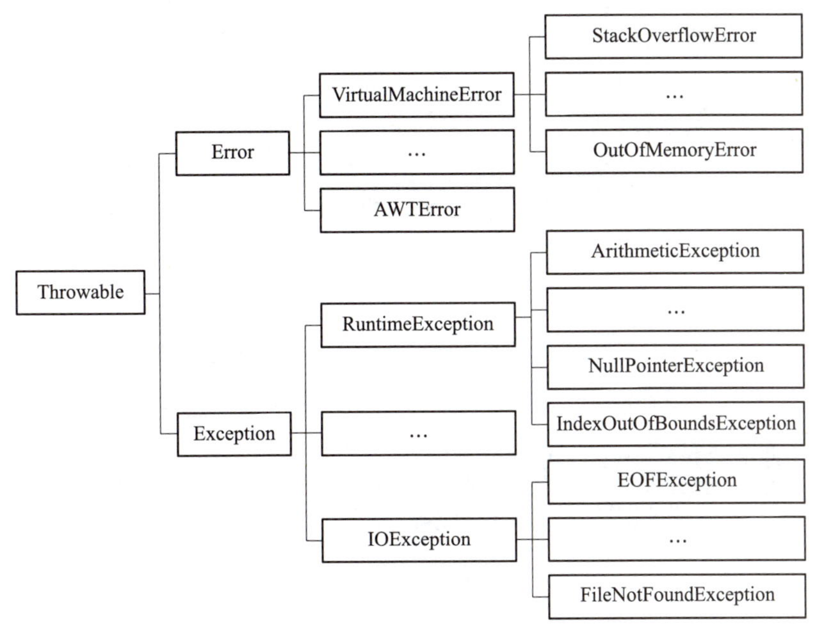

图 5-7　异常类的继承关系

①非受检异常又称运行时异常，主要是指 RuntimeException 类及其子类的异常。如果这种异常出现，则表明程序在设计或实现上有问题。例如，除数为 0 时发生的 ArithmeticException 异常；试图访问一个空对象中的变量或方法时发生的 NullPointerException 异常；尝试访问的数组元素超过数组大小时发生的 IndexOutOfBoundsException 异常；尝试加载一个不存在的类时发生的 ClassNotFoundException 异常；等等。这类异常的特点是编译器不会检查它，如果在程序中出现了这类异常，即便程序不做任何处理，也不会出现编译错误。

②受检异常是指除 RuntimeException 类及其子类外，Exception 类及其他子类的异常。例如，进行数据的输入输出时发生的 IOException 异常；试图打开磁盘中的一个文件，而文件不存在时发生的 FileNotFoundException 异常；文件结尾了还继续读文件的 EOFException 异常等等。这类异常的特点是编译器会对此类异常进行检查。也就是说，如果在程序中出现了这类异常，必须使用异常处理机制处理，否则将出现编译错误。

【例 5-3】从键盘上输入两个数进行相除运算，查看输入的除数不为 0 和为 0 时程序的编译及运行情况。

```
public class Example5_3 {
    public static void main(String[] args) {
        int a,b,c;
        a=Integer. parseInt(args[0]);
            //获得第一个输入参数,即被除数
        b=Integer. parseInt(args[1]);
            //获得第二个输入参数,即除数
        c=a/b;
        System. out. println("两数相除的结果是"+c);
        System. out. println("程序继续运行到这里"+c);
    }
}
```

程序编译能顺利通过，程序的运行结果如图 5-8 和图 5-9 所示。

（1）在控制台运行程序时输入两个参数 12 和 2，程序的第 4 行接收到第一个参数 12，作为被除数；程序的第 5 行接收到第二个参数 2，作为除数。程序的运行结果为图 5-8。

```
Problems | @ Javadoc | Declaration | Console ☒
<terminated> Example5_3 [Java Application] C:\Users\Adminis
两数相除的结果是6
程序继续运行到这里6
```

图 5-8　程序运行正常的结果

（2）在控制台运行程序时输入两个参数 12 和 0，程序的第 4 行接收到第一个参数 12，作为被除数；程序的第 5 行接收到第二个参数 0，作为除数。程序的运行结果为图 5-9。

```
Problems | @ Javadoc | Declaration | Console ☒
<terminated> Example5_3 [Java Application] C:\Users\Administrator\AppData\Local\Genuitec\Common\b
Exception in thread "main" java.lang.ArithmeticException: / by zero
        at Example5.Example5_3.main(Example5_3.java:8)
```

图 5-9　程序中断产生异常的结果

由于除数为 0，所以程序在执行第 6 行时，出现了问题，即出现了 ArithmeticException 异常，此时程序中断，之后的第 7、8 行代码不再执行。由于这个异常的出现，在程序中没有对其做任何处理，所以异常被抛出，抛向调用该程序的上一层。因为该程序由用户调用执行，所以异常说明就被抛到用户界面，也就是图 5-9 中看到的一行英文提示。本章中任何不是被程序捕获的异常最终都会被 Java 运行时系统的默认处理程序处理，都会出现一行英文提示。

上述的异常处理，导致程序意外终止，界面不友好。如果在实际编程时能考虑到输入数据的多样性，使用 if-else 语句在可能出现问题的代码处进行处理，可以避免程序的自动终止，同时避免这种不友好界面的出现。

【例 5-4】从键盘上输入两个数进行相除，使用 if-else 语句避免除数为 0 时出现不友好界面。

```
import java. io. *;
public class Example5_4{
public static void main(String[] args) {
```

```
        int a,b,c;
        a=Integer. parseInt(args[0]);
            //获得第一个输入的参数,即被除数
        b=Integer. parseInt(args[1]);
            //获得第二个输入的参数,即除数
        if(b==0){
       System. out. println("您输入的除数为 0,会导致程序运行错误,请重新输入");
        }
        else{
            c=a/b;
            System. out. println("两数相除的结果是"+c);
            System. out. println("程序继续运行到这里"+c);
        }
    }
}
```

运行程序，输入 12 和 0 两个参数，程序运行结果如图 5-10 所示，提示了除数为 0 的情况，并且出现的界面友好。

Problems @ Javadoc Declaration Console
<terminated> Example5_4 [Java Application] C:\Users\Administrato
您输入的除数为0，会导致程序运行错误，请重新输入

图 5-10　使用 if-else 语句改写后的程序运行结果

5.6 异常处理机制

在上一节的例子中，当输入的除数为 0 时，程序意外中断，且出现的界面不友好。尽管我们也希望程序能够按照正常顺序运行至结束，得出正确结果，但程序在运行时不可避免地会遇到各种异常情况。健壮性是用来衡量程序在出现异常时保持正常工作的能力。因此，为了编写健壮性较好的代码，Java 提供了异常处理机制，可为其增加 try-catch-finally 语句。

5.6.1 异常处理的格式

在 Java 中，使用 try-catch-finally 语句来捕获异常，格式如下：

```
try{
    可能出现异常的代码块;
}
catch(异常类型 1　异常对象 1){
   异常处理语句块 1;
}
catch(异常类型 2　异常对象 2){
   异常处理语句块 2;
}
…
```

```
finally{
  finally 块;无论是否出现异常,都必须执行的语句块
}
```

5. 6. 2 异常处理的步骤

当程序在运行过程中发生异常时，Java 的异常处理机制将按照以下步骤处理。

（1）当 try 部分的某条语句发生异常后，产生异常对象，并终止当前正在执行的代码，抛出异常对象。

（2）异常对象从上到下与相应的 catch 语句块匹配，若与其中一个异常的类型相同，则执行相应 catch 语句块中的异常处理语句，执行 finally 语句块；否则由 Java 运行时系统的默认处理程序处理。

（3）无论是否有异常产生，finally 后的语句块都被执行。

【例 5-5】 从键盘上输入两个数进行相除运算，使用 try-catch-finally 语句捕获异常。

```
import java. io. *;
public class Example5_5 {
    public static void main(String[] args) {
        int a,b,c;
        a=Integer. parseInt(args[0]);
            //获得第一个输入的参数,即被除数
        b=Integer. parseInt(args[1]);
            //获得第二个输入的参数,即除数
        try{
            c=a/b;
            System. out. println("两数相除的结果是"+c);
        }catch (ArithmeticException e) {
            System. out. println("捕获算数异常");
        }
        finally{
            System. out. println("程序继续运行到这里");
        }
    }
}
```

当除数为 0 时，发生 ArithmeticException 异常，该异常被 catch 语句块捕获，执行该 catch 语句块中的代码，最后执行 finally 语句块中的代码。除数为 0 时程序的运行结果如图 5-11 所示。

Problems | @ Javadoc | Declarati
<terminated> Example5_5 [Java Applica
捕获算数异常
程序继续运行到这里

图 5-11 除数为 0 时程序的运行结果

5. 6. 3 异常处理说明

在以上的异常处理格式和处理步骤中，有以下几点需要说明。

（1）try 语句块中包含的是可能出现异常的代码。

（2）catch 语句块用于捕获异常并处理异常。

（3）finally 语句块中包含的是无论是否出现异常，都必须执行的代码。

在编写程序时，有些代码是无论发生任何情况都必须执行的，如关闭打开的文件、关闭数据库的连接等。如果程序发生了异常，就必须中断正常流程，转去处理异常操作，这就使上述情况的代码没有被执行的机会，从而造成混乱，影响程序的健壮性。因此，Java 提供了 finally 语句块，无论程序是否发生异常，finally 语句块中的语句都被执行，它为程序提供了统一的出口。

5.6.4　编写程序时需要注意的问题

（1）在使用 try-catch-finally 语句时，封装每个语句块的花括号不可以省略。

（2）try 语句块中定义的变量，在 catch 语句块和 finally 语句块中不能被访问。

（3）try 语句块后面至少要有一个 catch 语句块或 finally 语句块，如果 catch 语句块和 finally 语句块同时存在，那么 finally 语句块要在 catch 语句块后面。catch 语句块和 try 语句块之间不能有其他代码。

【例 5-6】 只有 finally 语句块而没有 catch 语句块，程序可以顺利编译通过，并得出正确结果。

```
import java. io. * ;
public class Example5_6 {
    public static void main(String[] args) {
        int a=8 ;
        try{
        System. out. println(a);
        }
        finally{
        System. out. println("执行到这里了");
        }
    }
}
```

Example5_6 的运行结果如图 5-12 所示。

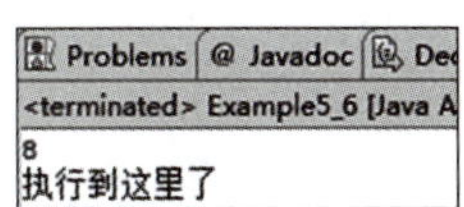

图 5-12　Example5_6 的运行结果

【例 5-7】 在 try 语句块和 catch 语句块之间有其他的代码，程序将出现编译错误。

```
public class Example5_7 {
    public static void main(String[] args) {
        int a=8,b;
        try{
            System. out. println(a);
        }
        b=10;//在 try 语句块和 catch 语句块之间加入其他语句会出现编译错误
        catch (Exception e) {
```

```
                System. out. println(e. getMessage());
            }
            finally{
                System. out. println("执行到这里了");
            }
        }
    }
```

程序编译时会出现错误，如图 5-13 所示。

```
C:\JavaProject>javac Example5_7.java
Example5_7.java:6: 错误: 'try' 不带有 'catch', 'finally' 或资源声明
            try{
            ^
Example5_7.java:10: 错误: 有 'catch', 但是没有 'try'
            catch (Exception e) {
            ^
Example5_7.java:13: 错误: 有 'finally', 但是没有 'try'
            finally{
            ^
3 个错误
```

图 5-13　try 语句块与 catch 语句块之间有其他代码时程序出现编译错误

一个 try 语句块后面可以有多个 catch 语句块与之匹配，Java 虚拟机会根据发生异常时抛出的异常对象与 catch 语句块中声明的异常类型依次进行匹配，选择相应的 catch 语句块进行处理。如果异常对象是某个异常类型或其子类的实例，就执行该 catch 语句块。当异常被一个 catch 语句块捕获后，就认为异常已经得到控制，所有余下的 catch 语句块就不再工作。因此，捕获异常的顺序与 catch 语句块书写的顺序有关。

【例 5-8】多个 catch 语句块的依次匹配。

```
import java. io. *;
public class Example5_8 {
    public static void main(String[] args) {
        try{
            File f = new File("g:\\aa. txt");

            f. createNewFile();            //在 g 盘下创建 aa. txt 文件
        }
        catch (NullPointerException e) { //catch 语句块①
            System. out. println("发生了空指针异常");
        }
        catch (Exception e) {            //catch 语句块②
            System. out. println("发生了输入输出流异常");
        }
    }
}
```

该程序中定义了两个 catch 语句块，try 语句块中的代码要在 g 盘下创建一个文件，如果运行的主机没有 g 盘，就会抛出一个 IOException 异常对象，IOException 类是 Exception 类的子类，因此 catch 语句块②处理异常。Example5_8 的运行结果如图 5-14 所示。

如果一个异常类和子类都出现在 catch 语句块中，要把子类放在前面，否则程序的执行永远不会到达子类。

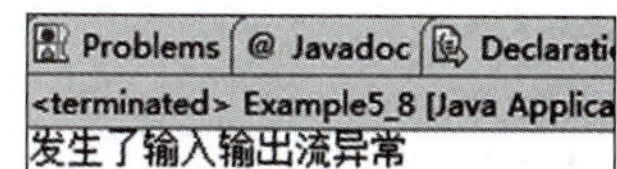

图 5-14　Example5_8 的运行结果

【例 5-9】 子类放在异常类后面，程序将出现编译错误。

```
import java. io. *;
public class Example5_9 {
    public static void main(String[] args) {
        try{
            File f = new File("g:\\aa. txt");
            f. createNewFile();  //在 g 盘下创建 aa. txt 文件
        }
        catch (Exception e) {   //catch 语句块①
            System. out. println("发生了 Exception 异常");
        }
        catch (NullPointerException e) {//catch 语句块②
            System. out. println("发生了 NullPointerException 异常");
        }
    }
}
```

由于 NullPointerException 类是 Exception 类的子类，当程序发生异常时，直接由 catch 语句块①进行了匹配，程序根本不会到达 catch 语句块②中处理，所以程序将出现编译错误，如图 5-15 所示。

```
C:\JavaProject>javac Example5_9.java
Example5_9.java:14: 错误: 已捕获到异常错误NullPointerException
                catch (NullPointerException e) {//catch块②
                ^
1 个错误
```

图 5-15　程序不会到达 catch 语句块中子类的编译错误

5. 6. 5　抛出异常

在方法中使用 try-catch-finally 语句可以处理异常，但在有些情况下，一种方法并不需要处理它所生成的异常，而是向上传递，由调用它的方法来处理异常，这时就要用到 throws 语句。throws 语句包含在方法的声明中，其语法格式如下：

```
返回类型  方法名(参数)throws  异常类名{
    语句体
}
```

其中，异常类名可以有多个，但需要用逗号隔开。

【例 5-10】 异常的抛出。

```
class Example5_10{
    static void proc(int arg) throws ArrayIndexOutOfBoundsException { //声明抛出异常
        System.out.println("情况" + arg);
```

```
            if(arg == 0) {
                System.out.println("没有捕获到任何异常");
                return;
            }
            else if (arg == 1) {
                int iArray[]=new int[8];
                iArray[10] = 3;
            }
        }
        public static void main(String[] args) {
            try {
                proc(0);
                proc(1);
            }
            catch (ArrayIndexOutOfBoundsException e) {
              System.out.println("捕获" + e);
            }
        }
    }
```

在 proc( ) 方法中生成的异常通过调用栈传递给 main( ) 方法，由 main( ) 方法进行处理。

在 Java 中，如果需要在方法中抛出异常，可以使用 throw 语句来实现。throw 语句的语法格式如下：

```
throw ThrowableObject;
```

其中，ThrowableObject 必须为 Throwable 类或其子类的对象。例如，可以用“throw new ArithmeticExcption( )”来抛出一个算术异常。

5.7 异常处理案例

在控制台上输入两个数，执行两数相除运算，将结果显示在控制台上，如果相除运算产生异常，则应以友好界面在控制台上输出产生异常的原因。无论是否发生异常，都要将输入的两个数显示在控制台上。

1. 设计思路

(1) 从控制上台依次输入两个整数并存入变量 a、b。

(2) 将 a 除以 b 的结果存入 c。

(3) 输出 c 的值。

(4) 将可能发生异常的语句放入 try 语句块。

(5) 编写 catch 语句块捕获除数为 0 异常。

(6) finally 语句块输出从控制台上输入的两个数的值。

2. 遇到的问题

(1) 如何从控制台上输入数据？

（2）从控制台上输入的数据是字符串类型还是整数类型？

（3）在控制台上输入的每一个数据采用何种方式判断输入结束？

（4）保存从控制台上输入数据的两个变量应该定义在 try 语句块的什么位置？

（5）catch 语句块中的异常类型一定要和程序发生异常的类型精确匹配吗？

【解决问题 1】 java. util 包中的 Scanner 类可以接收从控制台上输入的数据。因此，创建 Scanner 类的对象 reader，用来获取从控制台上输入的数据：

```
Scanner reader = new Scanner(System. in);
```

【解决问题 2】 从控制台上输入的数据是字符串类型，要将其转换为基本数据类型，使用 reader 对象调用 nextByte()、nextDouble()、nextFloat()、nextInt()、nextLong()、nextShort() 方法等即可。本例中，使用 reader. nextInt()。

【解决问题 3】 上述几种方法在执行时都会造成堵塞，等待用户在命令行输入数据按〈Enter〉确认，所以只要输入第一个数以后按〈Enter〉键，即表明第一个数据读取完毕。

【解决问题 4】 try 语句块中定义的变量属于局部变量，该变量在 finally 语句块中是不能被调用的，因此，保存从控制台上输入数据的变量应定义在 try 语句块之外。

```
int a,b;
try{
…
}
```

【解决问题 5】 catch 语句块中的异常类型不用和程序发生异常的类型精确匹配，子类对象可以与父类的 catch 语句块相匹配。该问题中抛出的一定是 ArithmeticException 异常，使用 ArithmeticException 类或 ArithmeticException 类的父类进行匹配均可。

3. 程序实现

【异常处理案例】程序实现

除数不为 0 和除数为 0 时的程序运行结果分别如图 5-16、图 5-17 所示。

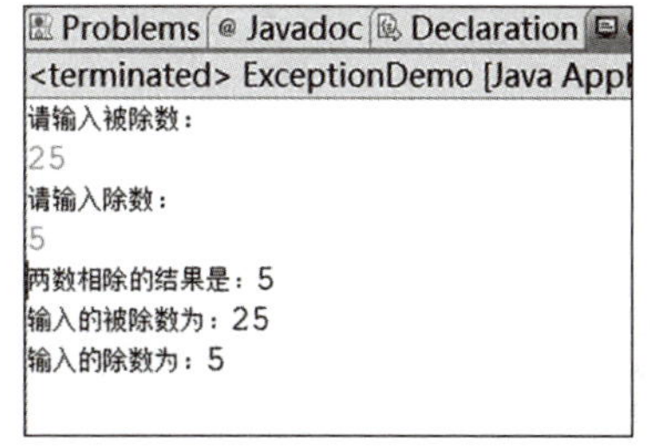

图 5-16　除数不为 0 时的程序运行结果

```
Problems  Javadoc  Declaration  Console
<terminated> ExceptionDemo [Java Application] C:\
请输入被除数：
25
请输入除数：
0
您输入的除数为0，下次输入时请您注意查证！
输入的被除数为：25
输入的除数为：0
```

图 5-17　除数为 0 时的程序运行结果

课后思考：中国的软件如何走向“一带一路”？

2013 年，习主席总书记提出建设“新丝绸之路经济带”和“21 世纪海上丝绸之路”的合作倡议。2018 年，“一带一路”软件行业论坛在北京举办，聚焦“一带一路”沿线国家的软件行业现状，助力中国软件和信息服务企业“走出去”。

软件要走向“一带一路”，要构建信息体系与信息网络产业，形成技术中心，形成生态系统，从而保证软件自身安全。对产品的评估不能光看性价比技术指标，对风险自主可控的评估要加强，坚定自主创新，补足芯片和操作系统短板，这样才能攀登世界科技高峰。

5.8 综合案例

5.8.1 绘制垂直下落的小球

在窗体中绘制一个小球，小球可以在窗体中垂直下落。

1. 设计思路

（1）创建窗体对象 frame，设置 frame 对象的相关属性。

（2）在窗体上绘制一个小球。

（3）通过循环控制小球的纵坐标在窗体高度范围内递增。

（4）引入线程，通过线程控制小球的垂直下落过程。

（5）一旦小球的纵坐标大于窗体高度，将小球的纵坐标置零。

2. 遇到的问题

（1）如何在负责绘制小球的 Panel 类的子类 MyPanel 中引入线程 run( ) 方法？

（2）如何在窗体上重新绘制不断下落的小球？

【解决问题 1】 Java 只支持类之间的单继承，因此需要在继承 Panel 类的基础上实现 Runnable 接口。

```
class MyPanel extends Panel implements Runnable{}
```

【解决问题 2】 在每次更改了小球的纵坐标之后，调用 Panel 类的 repaint( ) 方法来进行图形的重绘工作。

3. 程序实现

【绘制垂直下落的小球】程序实现

绘制垂直下落的小球程序的运行结果如图 5-18 所示。

图 5-18 程序的运行结果

5.8.2 绘制一架在天空反复巡逻的小飞机

设计一个程序运行界面，其上显示：在美丽的郊外，有一架小飞机在天空中反复巡逻。

1. 设计思路

(1) 创建窗体 Frame 类的对象 myFrame，并设置 myFrame 对象的相关属性。

(2) 在窗体上绘制一张图片 flag. jpg，该图片存储在 C 盘上。

(3) 在窗体的指定位置绘制飞机图片 J20. png，该图片存储在 C 盘上。

(4) 通过循环控制飞机的横、纵坐标变化。

(5) 引入线程控制界面不断刷新，使飞机可以变换位置。

(6) 当飞机飞到图片边界，通过改变图片和飞机位置达到巡逻效果。

绘制一架在天空反复巡逻的小飞机，程序的运行结果如图 5-19 所示。

图 5-19 程序的运行结果

2. 遇到的问题

如何在重绘图像时不发生闪烁的现象？

【解决问题】 通过重写 Panel 类的 update( ) 方法，并设置图像缓冲区的方式来防止图像重绘时频闪现象的发生。

3. 程序实现

【绘制一架在天空反复巡逻的小飞机】程序实现

课后思考：关键核心技术要不来、买不来、讨不来！

习近平总书记在中国科学院第十九次院士大会、中国工程院第十四次院士大会上指出，“中国要强盛、要复兴，就一定要大力发展科学技术”“关键核心技术是要不来、买不来、讨不来的”“不能让繁文缛节把科学家的手脚捆死了”。

关键核心技术，只能靠我们自己创造出来。为了不受制于人，只有大力发展自己的核心技术（如北斗导航系统），才是最有力的行动。

本章小结

本章介绍了以下几个部分的内容：线程的概念和引入多线程机制的优点；线程的生命周期；线程的创建；异常的概念和分类；异常处理机制；throw 语句和 throws 语句。

线程是进程中的一个实体，是被系统调度和分配的基本单元，同一个程序中的多个线程可以并发执行。

一个线程在它的整个生存期中通常要经历新建、可运行、运行、阻塞和死亡 5 种状态。线程在生命周期的不同状态进行转换时，涉及了许多不同的方法，线程的优先级是用数字来表示的，分为 10 个级别，默认值为 5。

用户有两种方法定义自己的线程：一种是继承 Thread 类，重写其中的 run( ) 方法；另一种是定义一个类实现 Runnable 接口，重写其中的 run( ) 方法，该类对象作为 Thread 类创建对象的参数。因为 Java 只支持单继承，如果该类已经继承某个父类，则可以用实现 Runnable 接口的方法创建线程。

异常是程序在运行时遇到的错误。异常类的父类 Throwable 包括 Error 和 Exception 两个子类。在程序设计过程中，只对 Exception 类及其子类进行处理。

异常处理的原则：应尽可能避免错误和异常的发生，对于不可避免、不可预测的情况，再考虑异常发生时如何处理。在 Java 中使用 try-catch-finally 语句来捕获异常，try 语句块中包含的是可能出现异常的代码，catch 语句块用于捕获和处理异常，finally 语句块中包含的是必须被执行的代码。

throw 语句用于程序主动抛出异常，而 throws 语句用于在方法头中声明程序存在异常。throw 语句和 throws 语句经常在一起使用，通常是在方法中用 throw 语句抛出一个异常对象，但是该方法并不处理，而是在方法头中用 throws 语句声明程序会抛出异常，请调用方法自己处理。

多线程编程技术在多核计算机时代已经变得越来越重要，掌握好这项技术，对开发人员技术的扩展有很大的帮助。异常处理对程序中可能出现的错误给出处理方法，保证程序能够正常退出，加强了程序的健壮性，是程序设计中必不可少的部分。

本章习题

一、选择题

1. 所有异常类的父类是（　　）类。

A. Throwable　　B. Error　　C. Exception　　D. AWTError

2. 分析下面的程序，输出的结果为（　　）。

```
public class Y {
    public static void main(String[] args) throws Exception {
        try {throw new Exception();
        }catch(Exception e){
        System. out. println("Caught in main()");
        }
    System. out. println("nothing");}
}
```

A. Caught in main( ) nothing　　B. Caught in main( )

C. nothing　　D. 没有任何输出

3. 当编译和运行下面的程序时，输出的结果是（　　）。

```
class TryTest {
    public static void main(String[] args) {
        try{int i=5/0;}
        catch(Exception e){System. out. println ("hello");}
        finally { System. out. println("Finally"); }
    }
}
```

A. 程序因为第 7 行出现运行错误

B. 程序因为第 4 行出现编译错误

C. 程序因为第 6 行出现编译错误

D. 程序可以运行，打印出 hello 和 Finally 字符串

4. 如果程序中有多个 catch 语句块，程序在发生异常的时候会（　　）。

A. 把每个 catch 语句块都执行一遍

B. 把每个符合条件的 catch 语句块都执行一次

C. 找到合适的异常类型后就不再执行其他 catch 语句块

D. 找到合适的异常类型后继续执行后面的 catch 语句块

5. 下述哪个选项为真？(　　)

A. Error 类是一个 RuntimeException 异常

B. 抛出一个 RuntimeException 异常的语句必须包含在 try 语句块内

C. 抛出一个 Error 对象的语句必须包含在 try 语句块内

D. 抛出一个 Exception 异常的语句必须包含在 try 语句块内

6. 下面哪几种对象可以用 throws 语句抛出，并需要在调用的时候捕获？(　　)

A. Error　　B. Event　　C. Object　　D. Exception

7. 如果一个类实现了 Java 提供的 Runnable 接口，那么类中需要重写以下（　　）方法。

A. run()　　B. runnable()　　C. start()　　D. init()

8. 下面哪个关键字可以实现对象互斥？(　　)

A. transient　　B. synchronized　　C. serialize　　D. static

9. 下列哪个方法可以用于创建一个可运行的线程类？(　　)

A. public class X implemtents Runnable{public void run(){}}

B. public class X implemtents Thread{public void run(){}}

C. public class X implemtents Runnable{public int run(){}}

D. public class X implemtents Thread{public int run(){}}

10. 阅读下列程序，该程序的输出结果是（　　）。

```
public class Foo implements Runable{
  public void run(Thread t){
      System. out. println("running");}
  public static void main(String[] args){
      new Thread(new Foo()). start();}}
```

A. 程序执行时抛出一个异常　　B. 程序执行后不输出任何结果

C. 在第 1 行引起编译失败　　D. 在第 2 行引起编译失败

11. 下列哪一个选项不会直接引起线程停止执行？(　　)

A. 从一个同步语句块中退出来

B. 调用一个对象的 wait() 方法

C. 调用一个输入流对象的 read() 方法

D. 调用一个线程对象的 setPriority() 方法

二、编程题

1. 设计一个程序，通过键盘输入一个整数，并将这个整数输出。如果输入的不是整数，则将抛出 InputMismatchException 异常，并提示重新输入。

2. 自定义一个异常类，异常信息提示结果超出 100。设计一个程序实现两个数的加法运算，当和大于 100 时，将抛出自定义的异常，并需要对异常进行处理。(假设两个加数已知，分别为 10 和 200。)

3. 编写一个程序，运用异常的抛出机制实现两段程序的交替执行。

4. 分别使用两种创建线程的方法，打印 1～1 000 之间的奇数和偶数。

5. 使用线程同步，设计一个火车票售票系统，该系统能够实现买票和退票功能。

三、简答题

1. 在 Java 中，创建线程有哪几种方式？试写出使用这些方式创建线程的一般模式。
2. 试说出创建线程不同方法的使用场合。
3. 线程有哪几种基本状态？试描述它们的转换关系。

第 5 章习题答案

第 6 章 数组和字符串

学习目标

数组和字符串是Java中常用的引用数据类型。本章将主要介绍一维数组和二维数组的基本概念及常用方法，几种常用的字符串类的基本概念和常用方法，并结合实例说明数组和字符串在工程中的应用。

教学重点

1. 掌握Java中数组和字符串的概念。
2. 掌握数组和字符串中的常用方法。
3. 了解几种字符串类的区别。

6.1 数组的基本概念

6.1.1 基本概念

有时候，我们需要定义多个同类型的变量，表示一组相同意义的值。例如，一个班有30个学生，该班学生的数学成绩需要定义30个变量来表示。这是很繁杂的工作，在操作的过程中也十分不方便。为了解决这样的问题，Java提供了一种数据类型——数组。数组允许用户使用同一个名称来存放一组相同类型的数据。但需要注意的是，数组是一个类，该类的作用是存放一组相同类型的变量。

1. 数组的声明

数组声明的语法格式如下：

```
类型 数组名[];
```

例如：

```
int a[];
char s[];
```

上面两行分别声明了一个整型的数组和一个字符型的数组，数组的名称分别是 a 和 s。但因为数组是类，所以 a 和 s 是数组类的引用。就算数组中存储的数据是基本数据类型，一个数组也是一个对象。

在 Java 中也允许将"[ ]"放到数组名称的前面。例如：

```
int[]  a;
```

这种方法更容易理解，声明一个整型数组，数组名称为 a。这与声明一个基本数据类型的格式是一致的。

```
int        i;        int[]      a;
数据类型   变量名    数据类型   变量名
```

2. 数组的初始化

声明一个类的引用并没有在内存中为数据开辟存储空间，需要经过初始化后才能使用。数组有两种初始化的方法：静态初始化和动态初始化。

（1）静态初始化：数组在声明的同时进行赋值初始化。例如，要定义一个有 5 个元素的整型数组，静态初始化的方法如下：

```
int a[]={1,2,3,4,5};
```

（2）动态初始化：数组在声明时，使用 new 运算符开辟存储空间，指定数组长度。同样要定义一个有 5 个元素的整型数组，动态初始化的方法如下：

```
int a[]=new int[5];
```

或

```
int a[];
a=new int[5];
```

然后对数组 a 中的 5 个元素赋值。

```
a[0]=1;
a[1]=2;
a[2]=3;
a[3]=4;
a[4]=5;
```

经过初始化后的数组，系统会在内存中为其分配一块连续的空间来存储数组元素。图 6-1 表示了整型数组 a 在分配存储空间后的情况。

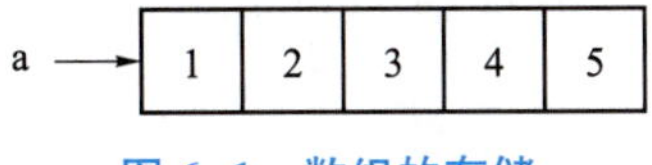

图 6-1　数组的存储

3. 数组的边界

当定义完数组并为其分配了存储空间后，就可以引用数组中的每一个元素了。数组的边界下标是从 0 开始的，一直到数组的长度减 1。

index 为数组下标，可以是整型常数或表达式，如上面提到的整型数组 a 的 5 个元素分别是 a[0]、a[1]、a[2]、a[3]、a[4]。数组的下标也可以用表达式来计算，如 a[i* 2] 等。

在 Java 中，数组有一个 length 属性是专门用于存储数组长度的。a. length 代表数组 a 的长度，它的值就是 5。

【例 6-1】 定义一个长度为 6 的数组，并为其赋值，每个元素的值就是它的下标的 2 倍，然后将数组打印出来。

```
public class Example6_1 {
   public static void main(String[] args){
      int[] a=new int[6];   //定义数组 a
      int i;
      for(i=0;i<6;i++){
         a[i]=i* 2;          //为数组 a 中的每个元素赋值
         System. out. println("a["+i+"]="+a[i]);
      }                       //打印结果
   }
}
```

Example6_1 的运行结果如图 6-2 所示。

```
a [0] =0
a [1] =2
a [2] =4
a [3] =6
a [4] =8
a [5] =10
```

图 6-2　Example6_1 的运行结果

6.1.2　数组的复制

数组是一个类的对象，当需要将一个数组里面的元素复制给另外一个数组时，直接赋值是行不通的。下面的例子说明了这个问题。

【例 6-2】 定义两个数组 a、b，将数组 a 赋值后，要求将数组 a 中元素的值一一对应赋给数组 b。改变数组 a 中元素的值，查看数组 b 的值是否发生变化。

```
public class Example6_2 {
   public static void main(String[] args){
      int a[]={1,2,3,4,5};          //定义数组 a、b
      int b[];
      b=a;                          //将数组 a 中元素的值赋给数组 b
      a[3]=100;                     //改变 a[3]的值
      for(int i=0;i<5;i++){
         System. out. println(b[i]); //打印数组 b
      }
   }
}
```

Example6_2 的运行结果如图 6-3 所示。

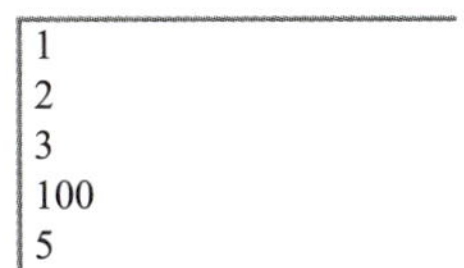

图 6-3　Example6_2 的运行结果

从结果中可以看出，数组 a 中元素值发生变化后，会直接影响数组 b 的值。这是因为“b=a;”这样的赋值语句只是将数组 b 的引用指向了数组 a 的空间，如图 6-4 所示，并没有真正地为数组 b 的空间元素赋值。由此可见，这样的赋值方法并不是我们真正想要的。

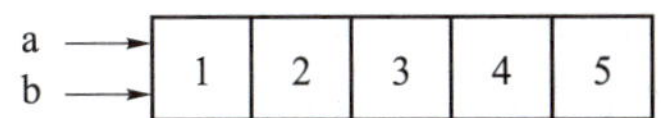

图 6-4　数组 b 的引用指向数组 a 的空间

Java 中 System 类提供了 arraycopy( ) 方法可以完成数组之间的复制。

```
public static void arraycopy(Object src,int srcPos,Object dest,int destPos,int length)
```

从指定源数组中复制一个数组，复制从指定的位置开始，到目标数组的指定位置结束。该方法有 5 个参数：src 表示引用的源数组，dest 表示引用的目标数组，srcPos 代表从源数组中第几个元素开始复制，destPos 代表复制到目标数组的第几个元素位置开始存放，length 代表复制几个元素值。

为了达到例 6-2 的目的，程序应该改写为例 6-3 的方法。

【例 6-3】 定义两个数组 a、b，将数组 a 赋值后，要求将数组 a 中元素的值一一对应赋给数组 b。改变数组 a 中元素的值，查看数组 b 的值是否发生变化。

```
public class Example6_3 {
    public static void main(String[] args){
        int a[]={1,2,3,4,5};                    //定义数组 a、b
        int b[]=new int[5];
        System. arraycopy(a,0,b,0,5);           //将数组 a 中元素的值赋给数组 b
        a[3]=100;                               //改变 a[3]的值
        for(int i=0;i<5;i++){
            System. out. println(b[i]);         //打印数组 b
        }
    }
}
```

Example6_3 的运行结果如图 6-5 所示。

```
1
2
3
4
5
```

图 6-5　Example6_3 的运行结果

【例 6-4】要求打印出函数 y=3x 在坐标轴上的 10 个坐标点。

```
public class Example6_4 {
    public static void main(String[] args) {
        Point p[]=new Point[10];//声明 10 个元素的数组
        int i;
        for(i=0;i<10;i++){
            p[i]=new Point(i);    //从原点起为数组赋值
        }
        System. out. println("函数上的 10 个坐标点为:");
        for(i=0;i<10;i++){
            System. out. print ("第"+(i+1)+"个坐标点为:");
            System. out. println("x="+p[i]. x+",y="+p[i]. y);
        }                          //打印坐标点
    }
}
class Point{                       //坐标点类
    float x;
    float y;
    public Point(float x){
        this. x=x;
        this. y=3* x;              //坐标点赋值
    }
}
```

Example6_4 的运行结果如图 6-6 所示。

```
函数上的10个坐标点为:
第1个坐标点为：x=0.0，y=0.0
第2个坐标点为：x=1.0，y=3.0
第3个坐标点为：x=2.0，y=6.0
第4个坐标点为：x=3.0，y=9.0
第5个坐标点为：x=4.0，y=12.0
第6个坐标点为：x=5.0，y=15.0
第7个坐标点为：x=6.0，y=18.0
第8个坐标点为：x=7.0，y=21.0
第9个坐标点为：x=8.0，y=24.0
第10个坐标点为：x=9.0，y=27.0
```

图 6-6　Example6_4 的运行结果

课后思考：什么是航天精神？

2023 年 10 月 26 日 11 时 14 分，搭载神舟十七号载人飞船的长征二号 F 遥十七运载火箭在酒泉卫星发射中心点火发射，10 月 26 日 17 时 46 分，神舟十七号载人飞船与空间站组合体完成自主快速交会对接。神舟十七号载人飞船的发射成功，标志着我国探索太空的脚步又迈出了关键而坚实的一步，是国家综合实力的重要体现，更是航天人充分发扬航天精神的重要体现。

航天精神，就是无怨无悔的奉献精神。

航天精神，就是精益求精的工匠精神。

航天精神，就是顽强攻坚的战斗精神。

学习航天精神，就是要学习航天人的战斗精神，勇于担当、善于担当，充分发挥自己的专长，在自己的领域做出更大的业绩。

6.2 多维数组

多维数组被看作存储数组的数组，例如二维数组是一个特殊的一维数组，其存储的每一个元素又是一个一维数组，如图 6-7 所示。三维数组是一个特殊的一维数组，其存储的每一个元素是一个二维数组。以此类推，多维数组都可以看作一个一维数组，每个元素都是一个数组。本节主要以二维数组为例来说明。

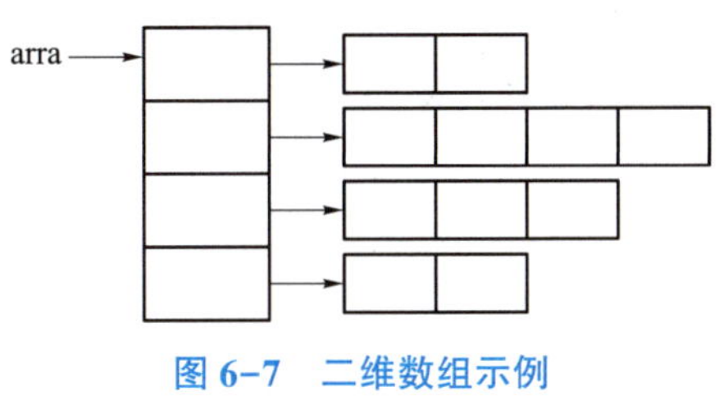

图 6-7　二维数组示例

6.2.1 基本知识

1. 声明

二维数组声明的语法格式：

```
类型  数组名[][];
int a[][];
char s[][];
```

也可以采用另一种声明方式：

```
int[][] a;
char[][] s;
```

2. 初始化

同一维数组一样，二维数组在声明后也需要进行初始化才能使用。二维数组的初始化也分为静态初始化和动态初始化。

静态初始化：数组在声明的同时进行赋值初始化。例如，初始化一个二维的整型数组，静态初始化的方法如下：

```
int a[][]={{1,2},{3,4},{5,6}};
```

这时不用指出数组每一维的大小，系统会根据初始化的值，自动计算每一维的大小。数组 a 有 3 个大元素，因此最高维的大小是 3。每个大元素里又有 2 个小元素，因此低维的大小是 2。也可以说，这是一个 3 行 2 列的数组。

动态初始化：数组在声明时，使用 new 运算符开辟空间，指定数组长度。同样要定义一个 3 行 2 列的数组，动态初始化的方法如下：

```
int a[][]=new int[3][2];
```

或

```
int a[][];
a=new int[3][2];
```

然后对数组 a 中的每一个元素赋值。

```
a[0][0]=1;
a[0][1]=2;
a[1][0]=3;
a[1][1]=4;
a[2][0]=5;
a[2][1]=6;
```

需要注意的是，Java 的多维数组允许里面每一个数组元素的长度是不同的。例如，下面是一个二维字符型数组的声明和初始化，如图 6-8 所示。

```
char c[][]=new char[3][];
c[0]=new char[3];
c[1]=new char[5];
c[2]=new char[4];
c[0][0]='e' ;
c[0][1]='g' ;
c[0][2]='g' ;
c[1][0]='t' ;
c[1][1]='o' ;
c[1][2]='u' ;
c[1][3]='c' ;
c[1][4]='h' ;
c[2][0]='m' ;
c[2][1]='o' ;
c[2][2]='o' ;
c[2][3]='n' ;
```

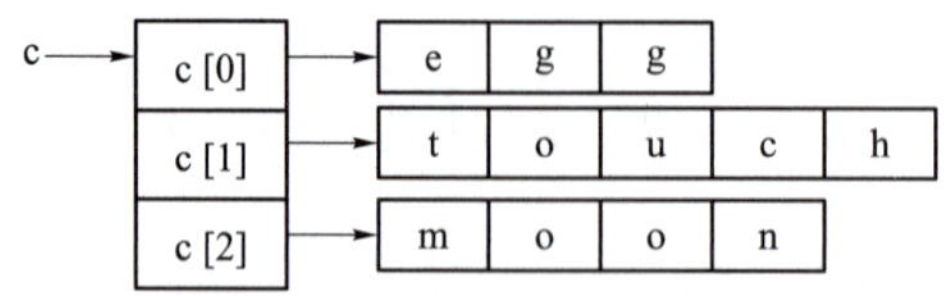

图 6-8　不等长二维数组示例

3. 下标引用

多维数组的每一维的数组边界下标都是从 0 开始的，也用 length 属性存储数组长度。a. length 代表数组 a 的最高维的长度。对于二维字符型数组 c 来说，定义变量获取它每一维的长度。

```
int x=c.length;
int x1=c[0].length;
int x2=c[1].length;
int x3=c[2].length;
```

这时，x 的值是 3，x1 的值是 3，x2 的值是 5，x3 的值是 4。

6.2.2 异类集合

前面介绍的数组，其内容都是相同类型的对象，这种对象集合被称为同类集合。Java 中也允许不同类型的对象放到一个数组中，这种对象集合被称为异类集合。Empoloyee 是员工类，Manager 是经理类，Empoloyee 是 Manager 类的父类。可以定义一个数组，将父类 Empoloyee 的对象和子类 Manager 的对象都存储在一起。

```
Object A[]=new Object[5];
A[0]=new Object();
A[1]=new Empoloyee();
A[2]=new Manager();
```

需要注意的是，这样的异类集合在声明时，一定要声明为父类的类型。例如，如上面涉及 3 个类，将 A 声明为 Object 类型的对象，这样才能存放子类的对象。

【例 6-5】 用数组存储 5 个学生的数学、英语、语文 3 科成绩，并计算每个学生的平均成绩。

【例 6-5】程序实现

Example6_5 的运行结果如图 6-9 所示。

学生	数学	英语	语文	平均分
第1个：	78.0	69.0	84.0	77.0
第2个：	69.0	67.0	88.0	74.666664
第3个：	85.0	98.0	71.0	84.666664
第4个：	66.0	73.0	65.0	68.0
第5个：	88.0	64.0	62.0	71.333336

图 6-9 Example6_5 的运行结果

6.3 String 类

在 Java 中有两种类型的字符串，一种是创建以后不能改变的字符串常量，另一种是创建以后可以进行各种修改操作的字符串变量。String 类用于存储和处理字符串常量；StringBuffer 类和 StringBuilder 类用于存储和操作字符串变量。

6.3.1 基本知识

String 类是 Java 中提供的系统类，用于表示字符串，类中已定义了字符串的构造器和常用方法。String 对象是不变的 Unicode 字符序列。String 类表示的字符串，其内容不能被修改，长度也是确定的，相当于字符串常量。它的最基本元素是字符，一个字符可以是字母、数字、标点符号或其他符号。

1. 字符串的实例化

字符串对象的实例化有两种方式，一种是直接创建字符串（即直接赋值），另一种是调用 String 类的构造方法来创建，分别说明如下。

（1）直接赋值。

字符串常量是可以用双引号引起来的一串字符串，如"Hello"，从形式上看与其他语言没有什么差别，而实际上用双引号引起来的字符串常量是被 Java 默认为创建了一个 String 类的无名对象。通过直接赋值的方式来对字符串对象进行实例化：

```
String s="Hello World!";
String name="王琳";
```

（2）调用 String 类的构造方法。

String 类的构造方法有很多，下面将举例说明我们常用的构造方法和使用每一种构造方法创建 String 对象的过程。

①String( )：无参的构造方法，用来创建一个空字符串。例如：

```
String s=new String();
```

②String(字符串参数)：用一个现有的字符串来创建新对象。例如：

```
String s = new String("abc");
String s1 = new String(s);
```

③String(char[ ])：用字符型数组作为参数来创建新对象。例如：

```
char charArray[]= {'H','e','l','l','o'};
String s1 = new String(charArray);
```

④String(char[ ],int offset,int length)：参数 offset 表示起始位置，length 表示字符个数。例如：

```
String s2 = new String({'H','e','l','l','o'});
char[] Array ={'H','e','l','l','o','J','a','v','a'};
String s3 = new String(Array,5,4);   //生成字符串"Java"
```

2. 字符串的比较

字符串的比较方式有两种，一种是使用"= ="符号进行字符串地址值的比较；另一种是使用 equals(Object anObject) 方法进行字符串内容的比较。

（1）使用"= ="符号：进行字符串地址值的比较，若符号两边的字符串地址相同，则返回值为真；否则返回值为假。例如：

```
String str1="hello";
String str2=new String("hello");
String str3=str2;
```

字符串在内存中的存储情况如图 6-10 所示。

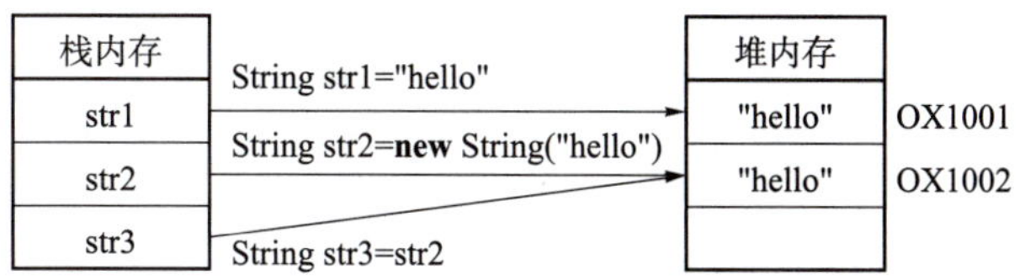

图 6-10　字符串在内存中的存储情况

【例 6-6】创建字符串对象，并使用"=="符号进行字符串的比较。

```
public class Example6_6{
public static void main(String[] args){
    String s=new String("hello");
    String s2=new String("hello");
    String s3=s2;
  if(s==s2)
    {System. out. println("s==s2 的值为真，字符串地址相同");}
  else
    {System. out. println("s==s2 的值为假，字符串地址不同");}
  if(s3==s2)
    {System. out. println("s3==s2 的值为真，字符串地址相同");}
  else
    {System. out. println("s3==s2 的值为假，字符串地址不同");}
}
}
```

Example6_6 的运行结果如图 6-11 所示。

```
s ==s2的值为假，字符串地址不同
s3 ==s2的值为真，字符串地址相同
```

图 6-11　Example6_6 的运行结果

因为字符串 s 和 s2 分别代表了不同的字符串对象，那么 s==s2 的返回值为假，而 s3==s2 的返回值为真，是因为它们指向一个内存地址。

（2）使用 equals(Object anObject) 方法：该方法比较的是字符串的内容是否相同。该方法是将此字符串对象与指定的参数对象进行比较，当且仅当该参数不为 null，并且是与此字符串对象表示相同字符序列的 String 对象时，该方法的结果才为 true。也就是说，对字符串的值进行比较，若值相同，则返回值为真；否则返回值为假。例如：

```
String str1 = "hello";
String str2 = new String("hello");
String str3 = str2;
```

那么表达式 str1. equals(str2)、str1. equals(str3)、str3. equals(str2)的返回值都为真，因为它们都存储了"hello"这个字符串的值。

3. 字符串对象两种实例化方式的区别

（1）使用直接赋值的方式创建字符串对象，当对象的值相同时，地址一定相同，即表示同一个字符串对象。例如：

```
String str1 = "hello";
String str2 = "hello";
String str3 = "hello";
```

这 3 个字符串对象的值相同，代表了同一个字符串对象，所以无论使用“= =”符号还是 equals(Object anObject) 方法进行比较，返回值都为真。直接赋值创建的字符串对象的存储如图 6-12 所示。

直接赋值给字符串的方式，需要引入字符串池的相关知识。在 Java 虚拟机中存在着一个字符串池，其中保存着很多 String 对象，并且可以被共享使用，因此它提高了效率。由于 String 类是 final 的，它的值一经创建就不可改变，所以我们不用担心 String 对象共享而带来程序的混乱。我们在使用语句给字符串直接赋值的时候，Java 虚拟机首先在字符串池中查找是否已经存在了值完全相等的对象，它的判断依据是 String 类 equals(Object obj) 方法的返回值。若有，则不再创建新的对象，直接返回已存在对象的引用；若没有，则先创建这个对象，然后把它加入字符串池，再将它的引用返回。例如语句“String str1 = "hello";”，当执行这条语句的时候，如果在字符串池中已经存在字符串“hello”，就把“hello”的引用直接赋值给 str1，如果不存在该串，就创建新串，并把它加入字符串池，再将它的引用返回给字符串的引用 str1。因此，表达式 str1 = = str2 和 str1. equals(str2) 的返回值都为真。

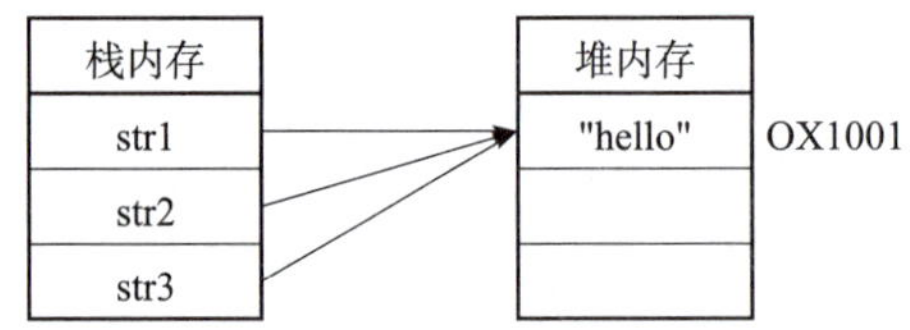

图 6-12　直接赋值创建的字符串对象的存储

(2) 通过 new 关键字调用构造方法来创建字符串对象，每创建一个字符串对象都开辟了新的内存空间，所以字符串对象的地址不相同，但是其可以存储相同的字符串值。例如：

```
String str =new String("hello");
```

表示关键字 new 调用了 String 类的有一个字符串型参数的构造方法创建了一个字符串对象，并把该对象的地址放到了 String 类的引用 str 中。当我们再次写出代码“String str = new String ("hello");”时，表示再次在内存中开辟一段空间，存储新的字符串对象，如图 6-13 所示。

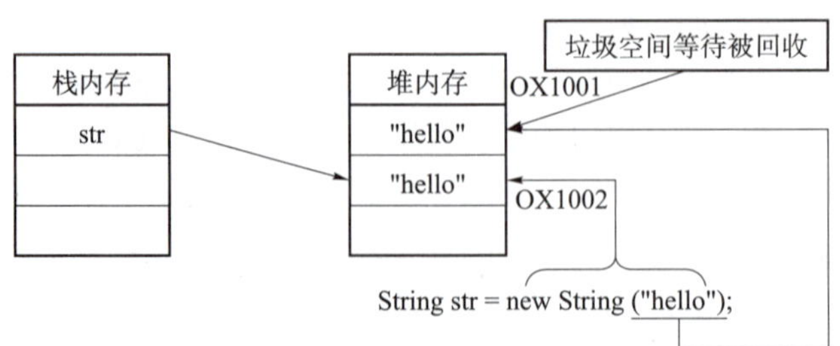

图 6-13　调用构造方法创建的字符串对象的存储

因此，使用 new 关键字创建字符串对象，即使字符串的值相等，字符串的地址也不相同。

【例 6-7】调用构造方法创建 String 对象，使用“= =”符号和 equals( ) 方法进行字符串比较。

```
public class Example6_7{
    public static void main(String[] args) {
        String str1 = "hello";
        String str2 = "hello";
        String str3 = new String("hello");
        String str4 = new String("hello");
        System. out. println("(str1==str2) = " +(str1==str2));
        System. out. println("(str2==str3) = " +(str2==str3));
        System. out. println("(str3==str4) = " +(str3==str4));
        System. out. println("str1. equals(str2)= "
                    + (str1. equals(str2) ));
        System. out. println("str2. equals(str3)= "
                    + (str2. equals(str3)));
        System. out. println("str3. equals(str4)= "
                    + (str3. equals(str4)));
    }
}
```

Example6_7 的运行结果如图 6-14 所示。

```
str1 ==str2= true
str2 ==str3= false
str3 ==str4= false
str1 .equals <str2>= true
str2 .equals <str3>= true
str3 .equals <str4>= true
```

图 6-14　Example6_7 的运行结果

6. 3. 2　String 类的常用方法

String 类中提供了很多方法，下面列出了字符串的常用方法。

1. 常用的字符串方法

String 类的常用方法如表 6-1 所示。

表 6-1　String 类的常用方法

序号	返回值类型	方法名	方法作用
1	int	length( )	获取字符串长度
2	int	indexOf(String str)	从头开始查找指定的字符串位置
3	int	indexOf(String str, int fromIndex)	从指定位置开始查找指定的字符串位置
4	String	trim( )	清除左、右两端的空格
5	String	substring(int beginIndex)	从指定位置开始，一直到末尾进行字符串的截取
6	String	substring(int begin, int end)	指定截取字符串的开始点和结束点
7	String	toUpperCase( )	将一个字符串全部变为大写字母

续表

序号	返回值类型	方法名	方法作用
8	String	toLowerCase( )	将一个字符串全部变为小写字母
9	boolean	equals(String str)	判断两个字符串内容是否相等
10	boolean	equalsIgnoreCase(String str)	不区分大小写比较两个字符串是否相等
11	String	replaceAll(String regex, String replacement)	字符串的替换
12	int	indexOf(char ch)	返回值为检索到的 ch 所在的位置，如果没有检索到，则返回值为-1
13	String	concat( )	实现两个字符串的连接

2. “+” 运算符

“+” 运算符可以用于字符串与其他数据类型数据的连接。例如：

```
String s="Result =" + 3;
```

s 的值为字符串 “Result=3”。字符串与其他数据类型的数据使用 “+” 运算符进行连接的时候，其他数据类型的数据直接转换为字符串，例如 “System. out. println ("输出为:"+5+6);” 的结果为字符串 “输出为：56”，而不是字符串 “输出为：11”。

3. 字符串的不变性

字符串的内容一旦声明则不可改变，改变的只是字符串的引用。例如：

```
String str = "hello"; //创建字符串
str=str+"world!"; //str 与字符串"world!"进行连接,然后赋值给 str
```

字符串的连接操作如图 6-15 所示。

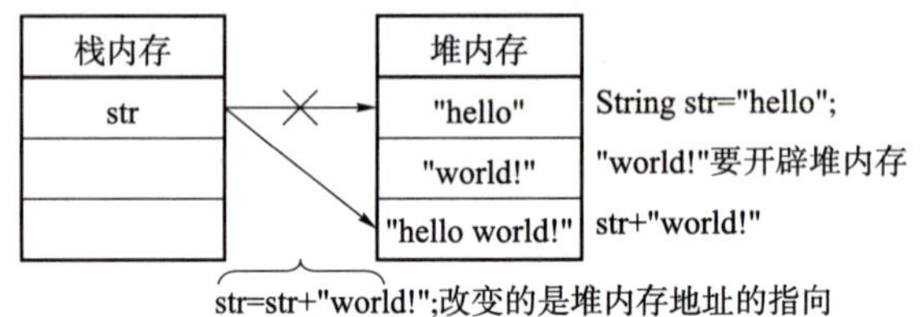

图 6-15　字符串的连接操作

通过图 6-15 我们可以发现，在进行 str+"world!" 操作的时候,"hello"和" world!"这两个字符串本身并没有发生任何变化，变化的只是 str 不再引用字符串"hello"，而是引用了新的字符串"hello world!"。因此，字符串本身没有发生变化，只是 str 引用本身发生了变化。

```
String str = "hello";//创建字符串
str. concat("world!");//调用连接的方法
```

执行上述两条语句之后，分析 str 的最终引用是字符串"hello"，还是新的字符串"hello world!"？答案是 str 的最终引用仍是字符串"hello"。这是因为当我们声明 “String str = "hello";的时候，在字符串池中创建一个新字符串"hello"，而当我们执行 “str. concat ("world!");” 的时候，由于 String 类是一个不变的字符串，可知字符串本身不发生变化，而是在字符串池中产生一个原字符串的副本，对这个副本进行操作生成了新的字符串"hello world!"，而 str 引用的仍旧是原来的字符串，所以 str 的值仍为字符串" hello"。如果想使 str

引用的值是连接之后的新值，则需要重新赋值，即将语句改写成：

```
str= str. concat("world!");
```

同样的道理，字符串的很多方法并没有直接修改当前字符串，而是返回一个新字符串例如，“"hello". toUpperCase( )” 将生成一个新字符串" HELLO"，但是并没有修改原来的字符串。

【例 6-8】 字符串常用方法的调用与字符串不变性的测试。

【例 6-8】程序实现

Example6_8 的运行结果如图 6-16 所示。

```
Length of s is 12
welcome you JAVA WORLD.
true
WELCOME YOU
   java world.
```

图 6-16　Example6_8 的运行结果

6.3.3　字符串与基本类型数据的相互转换

1. 将字符串转换成基本类型数据

将字符串转换成基本类型数据是指把字符串类型的数值，转换成其他的基本数据类型的数据。例如，把字符串" 3. 14" 转换成真正的数值 3. 14。在 Java 中，各个基本数据类型有相应的 Wrapper 类，通过各个基本数据类型的类方法 parseXXX( ) 来实现转换。该方法的格式是“类名 . parse 类名 （String 类数值)”，如果字符串表示的不是合法的数字，就会出错。下面列举将字符串转换成基本类型数据的语句：

```
byte result = Byte. parseByte("24");
short result = Short. parseShort("- 234");
int result = Integer. parseInt("456");
long result = Long. parseLong("123456");
float result = Float. parseFloat("2. 15");
double result = Double. parseDouble("3. 14159265");
```

2. 将基本类型数据转换成字符串

将基本类型数据转换成字符串是指把基本数据类型的数据，直接转换成字符串类型的数值。例如，把数值 3. 14，转换成字符串"3. 14" 。这个转换需要通过 String 类的 valueOf( ) 方法来实现，该方法有多个重载，一般形式为 “s. valueOf （parament);”，其中参数 parament 可以是各种基本数据类型。例如：

```
String s= String. valueOf(3. 14);
```

【例 6-9】将基本类型数据转换成字符串。

```
public class Example6_9 {
    public static void main(String[] args) {
    byte a= Byte. parseByte("24");
    short b = Short. parseShort("- 234");
    int c = Integer. parseInt("456");
    long d = Long. parseLong("123456");
    float e  = Float. parseFloat("2. 15");
    double f = Double. parseDouble("3. 14159265");
    System. out. println("Result =" + a+" " + b+" "+ c+" ");
    System. out. println("Result =" + d+" "+ e+" " +f );
    }
}
```

Example6_9 的运行结果如图 6-17 所示。

```
Result =24  -234  456
Result =123456  2.15  3.14159265
```

图 6-17　Example6_9 的运行结果

【例 6-10】当用户打开 QQ 应用程序，输入密码时，若这个密码与正确口令一致，则登录成功；否则，提示密码错误。

【例 6-10】程序实现

Example6_10 的运行结果如图 6-18 所示。

```
please Input password:
123
密码错误!
```

```
please Input password:
1234
成功登录!
```

图 6-18　Example6_10 的运行结果

课后思考：中国人正在计算机技术领域迎头赶上。

计算机不是中国人发明的，中国的计算机研制起步也很晚，但是我们一直在努力追赶世界的脚步，从硬件上来说，从 20 世纪 50 年代开始研制电子管计算机，到 20 世纪 70 年代末的“757”计算机，再到今天的“神威·太湖之光”和“天河”系列计算机，中国制造正在迎头赶上。

6.4 数组案例

数组是程序设计中经常使用的类型，本节将通过一个案例展示数组的使用方法。建立一个图形用户界面，在界面上绘制漫天飞舞的雪花。

1. 设计思路

（1）创建窗体对象，设置窗体对象的相关属性。

（2）定义两个整型数组，分别用来存储雪花的坐标。

（3）在合适的位置用随机数初始化两个数组。

（4）通过绘图方法将雪花绘制在窗体的指定位置。

（5）利用线程让雪花在窗体中徐徐下落。

2. 遇到的问题

（1）如何存储显示在窗体上的数百个雪花的坐标？

（2）在代码的什么地方初始化雪花的坐标最合适？

【解决问题 1】 通过建立两个整型数组来分别存储数百个雪花的横坐标 x 和纵坐标 y，有效避免了需要同时声明数百个不同名称的变量的尴尬。

```
private int[] x=new int[Count];
private int[] y=new int[Count];
```

【解决问题 2】 如果在 paint( ) 方法中初始化 x 和 y 这两个坐标数组，就需要通过设置标志位的方式来避免每次调用 repaint( ) 方法的时候都要重新初始化这两个坐标数组。如果定义一个新的方法专门用来初始化这两个坐标数组，又会使代码不规范。因此，选择在负责绘图的面板类的构造方法中完成数组的初始化工作。

```
public MyPanel(){//构造方法
    for(int i=0;i<Count;i++){//该循环用来初始化坐标数组
        x[i]=(int)(Math. random()* 1024);
        y[i]=(int)(Math. random()* 768);
    }
}
```

3. 程序实现

程序的运行结果如图 6-19 所示。

图 6-19　程序的运行结果

【数组案例】程序实现

课后思考：保护网络环境，不发布不良信息。

倡导文明健康的网络环境，作为计算机从业者，要从自我做起，不做虚假、不健康等不良信息的制造者、传播者。要保持清醒的头脑，绝不能听到片言碎语就不加识别地将其发布于网上，成为谣言的制造者。要善于鉴别不良信息，不做不良信息的跟随者、传播者。要互相监督，坚决抵制网络不良信息。

本章小结

本章介绍了 4 个部分的内容：数组的基本概念、多维数组的应用、String 类和可变字符串。

数组用于存放一组相同类型的变量，下标从 0 开始，一直到数组的长度减 1。多维数组被看作数组的数组，二维数组的应用较广泛。

数组存储的内容都是相同类型的数据，异类集合存储的是由同一个父类派生出不同子类的对象。

Java 提供两种类型的字符串：一种是创建后不能改变的字符串常量 String 类，另一种是创建后可以进行修改操作的字符串变量 StringBuffer 类和 StringBuilder 类。

String 类中提供了很多方法，可以用来实现字符串之间的比较、截取、索引、查找、替换等功能，但这些方法都不能修改字符串本身，而是生成一个新的字符串。字符串和基本类型数据可以进行互相转换。

StringBuffer 类是可变字符串类，创建 StringBuffer 类的对象后可以随意修改字符串的内容。每个 StringBuffer 类的对象都能够存储指定容量的字符串，如果字符串的长度超过了 StringBuffer 类对象的容量，那么该对象的容量会自动扩大。StringBuilder 类是 StringBuffer 类的一个替换，在单线程使用的时候，它的运行速度比 StringBuffer 类的运行速度快一些。

数组和字符串是 Java 中常用的引用数据类型，熟练掌握它们的各种方法有助于编写简洁、合理的程序。

本章习题

一、选择题

1. 下列哪些表达式的结果为真？（　　）

A. "john" == "John"　　B. "john".equals("john")

C. "john" = "john"　　D. "john".equals(new Button("john"))

2. 当编译运行下面程序时，输出的结果是（　　）。

```
public class Test{
  public static void main(String[] args){
    int[] i = new int[5];
    System.out.println(i[5]);
    }
}
```

A. 出现编译时错误　　B. 出现运行时错误

C. 输出 0　　D. 输出 null

3. 以下哪个选项是正确的数组声明或初始化？（　　）

A. Array sizes = new Array(4);

B. double[]sizes = {1,2,3,4};

C. int[4] sizes;

D. long sizes[]= new[4] long;

4. 下列哪条语句不能通过编译？（　　）

A. String s="join"+"was"+"here";

B. String s="join"+3;

C. int a=3+5;

D. float f=5+5. 5;

5. 编译运行下列程序，输出的结果是（　　）。

```
public static void main(string[] args)
{String s;
System. out. println("s="+s) ;
}
```

A. 出现编译时错误

B. 编译通过，但出现运行时错误

C. 正常运行，输出 s=null

D. 正常运行，输出 s=

6. 读程序后判断，下列哪个选项填入第 6 行后，不能输出 true？（　　）

```
class Person{
 public static void main(String[] args) {
    String x = new String("hello");
    String y = new Person("hello");
    String z = x ;
    if (______ )System. out. println("true");
 }
}
```

A. x==z　　B. x==y　　C. y. equals(z)　　D. x. equals(y)

二、读程序

1. 读下面的程序，写出运行结果。

```
public class X {
   public static void main(String[] args) {
      String s = new String("Hello");
      modify(s);
      System. out. println(s);
```

```
    }
    public static void modify(String s)  {
        s += "world!";
    }
}
```

2. 读下面的程序，写出运行结果。

```
public class TestPassArray{
  public static void main(String[] args){
      int[] a = {1,2};
      System. out. println("Before invoking swap");
      System. out. println("array is {" + a[0] + "," + a[1] +"}");
      swap(a[0],a[1]);
      System. out. println("After invoking swap");
      System. out. println("array is {" + a[0] + "," + a[1] +"}");
      System. out. println("Before invoking swapFirstTwoArray");
      System. out. println("array is {" + a[0] + "," + a[1] +"}");
      swapFirstTwoInArray(a);
      System. out. println("After invoking swapFirstTwoArray");
      System. out. println("array is {" + a[0] + "," + a[1] +"}");
  }
  public static void swap(int n1, int n2){
      int temp = n1;
      n1 = n2;
      n2 = temp;
  }
  public static void swapFirstTwoInArray(int[] array){
      int temp = array[0];
      array[0] = array[1];
      array[1] = temp;
  }
}
```

3. 读下面的程序，写出运行结果。

```
public class Test{
    public static void main(String[] args){
        String str="ABCDE";
        str. substring(3);
        System. out. println(str);
    }
}
```

三、编程题

1. 编写程序，输入 6 个整数，找出其中最大的数并统计其在数组中出现的次数。

2. 编写程序，接收输入的两个字符串，输出字符串的长度，并判断其中一个字符串是否为另一个字符串的子字符串。

3. 输入一个包含数字、字母、符号的字符串，编写程序，分别统计出字符串中的数字、大写字母、小写字母、符号的个数。

第 6 章习题答案

第 7 章

图形用户界面

学习目标

图形用户界面（Graphics User Interface，GUI）是为应用程序提供的一个图形化界面，使用户与应用程序之间的交互更加简单、有效。因此，图形用户界面的设计与开发已经成为软件开发中的一项重要工作。

本章将介绍图形用户界面的制作，目前在移动终端软件开发方面，特别是 Android 系统上的应用软件的开发，中国人是走在世界前列的。

教学重点

1. 掌握事件处理机制和主要的事件类。
2. 掌握布局管理器的应用。
3. 掌握 AWT 组件和 Swing 组件。
4. 了解 Swing 特殊组件的应用。

7.1 事件处理机制

前面编写的程序只是单纯地显示图形，根本没有用户和程序的交互，即使单击了“关闭”按钮，程序也没有任何反应。在 Java 中，程序和用户的交互是通过响应各种事件来实现的。例如，移动鼠标、单击按钮、选中一个选项，图形用户界面都会接收到相应的事件。每当一个事件发生时，Java 虚拟机就会将事件的消息传递给程序，由程序中的事件处理方法对该事件进行处理。如果程序中没有编写处理事件的方法，程序就不能和用户进行交互。下面就来学习如何编写处理事件的方法。

7.1.1　Java 的事件处理模型

Java 中的事件处理采用基于委托的事件处理模型，这种模型定义了标准一致的机制去产生和处理事件。

委托事件处理模型包含 4 个重要概念：事件、事件源、监听器、事件处理器。

事件：处理用户在界面上的一个操作，通常用鼠标或键盘来完成。当一个事件发生时，该事件用一个事件对象来表示。事件对象有对应的事件类，事件类包含在 java. awt. event 和 javax. swing. event 包中。不同的事件类描述不同类型的用户动作，如鼠标事件 MouseEvent、窗口事件 WindowEvent。

事件源：能够产生事件的组件，如按钮、文本框、菜单、窗口等。

监听器：程序如何得知一个事件源上发生了某个事件呢？这就需要为事件源注册一个监听器对象。一旦监听器对象监听到某个事件源发生事件，就立刻通知程序对该事件进行处理。

可以通过下述方法为事件源注册监听器对象，其中 Xxx 对应相应的事件类。

```
事件源 . addXxxListener(监听器对象);
```

事件处理器：负责接收事件对象并进行相应处理。监听器对象是由事件处理器类创建的，因此当监听器监听到事件源上发生的事件时，就交由事件处理器负责处理执行。事件处理器类必须实现事件监听器接口或继承事件监听器适配器类。事件监听器接口中定义了处理某事件必须实现的方法。事件监听器适配器类是对事件监听器接口的简单实现，减少了编程的工作量。两者也都包含在 java. awt. event 和 javax. swing. event 包中。

Java 的事件处理机制如图 7-1 所示。

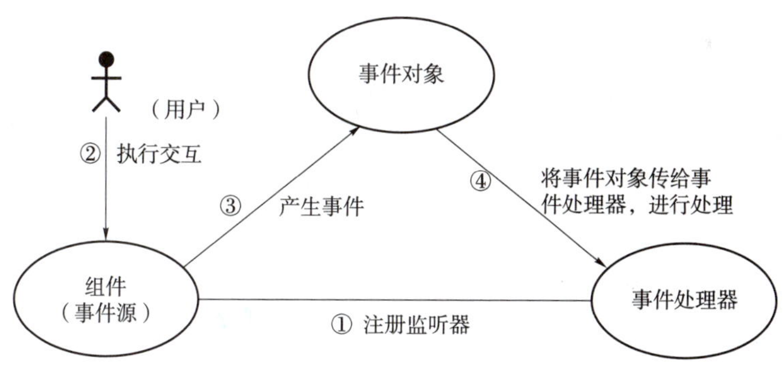

图 7-1　Java 的事件处理机制

1. 事件处理编程步骤

事件处理编程的基本步骤如下。

第一步：程序加入 java. awt. event 包。

```
import java. awt. event. * ;
```

第二步：编写一个事件处理器类，该类实现 XxxListener 接口。假设事件处理器类为 Handle，在 Handle 类的相应事件处理方法中编写事件处理代码，实现对应接口中的全部方法。

```
public class Handle implements XxxListener{
    …//实现对应接口中的全部方法
}
```

第三步：为事件源注册监听器。

```
事件源 . addXxxListener(new Handle());
```

其中，new Handle( ) 是事件处理器类的对象。

经过以上的 3 个步骤，如果在某个组件上注册了监听器，该监听器就可以监听 XxxEvent 事件。一旦这个事件发生，监听器就会 Handle 类找到合适的处理方法对该事件进行处理。

【例 7-1】 界面上有一个按钮，当单击该按钮后，窗口颜色由黄色变为红色。单击按钮的事件是 ActionEvent，它对应的接口为 ActionListener，ActionListener 中仅有一个 actionPerformed(ActionEvent) 方法需要实现。

```
import java.awt.*;
import java.awt.event.*;
public class Example7_1{//创建公共类
    public static void main(String[] args) {
        new ButtonPress();
    }
}
class ButtonPress implements ActionListener{//创建事件处理器类
    Frame f =new Frame("第一个事件处理示例");
    Button b =new Button("请按下");
    public ButtonPress(){                      //设计图形用户界面
        f.setSize(300,200);
        f.setBackground(Color.yellow);
        f.setLayout(new FlowLayout());
        f.add(b);
        b.addActionListener(this);             //为按钮注册监听器
        f.setVisible(true);
    }
    public void actionPerformed(ActionEvent e) {
    //事件处理器类实现的方法,当单击按钮时,窗口颜色由黄色变为红色
        f.setBackground(Color.red);
    }
}
```

Example7_1 的运行结果如图 7-2 和图 7-3 所示。

图 7-2　界面为黄色

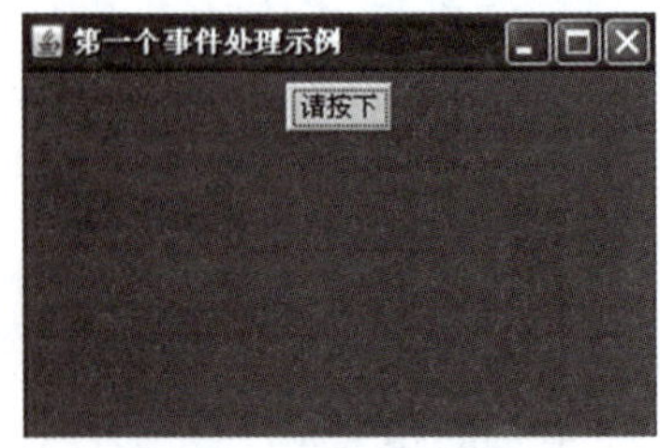

图 7-3　界面为红色

在上例中，创建了两个类，一个是专门用来进行程序执行的 Example7_1 类，一个是用来设计图形用户界面同时负责事件处理的 ButtonPress 类。在 ButtonPress 类中，通过构造方法，

设计图形用户界面。由于单击按钮触发的是 ActionEvent 事件，所以事件处理器类应该实现对应的 ActionListener 接口，进而实现该接口中的 actionPerformed(ActionEvent e) 方法。actionPerformed() 方法中编写的代码应该是单击按钮后程序执行的动作，即让窗口变为红色。当事件处理器类编写好后，就要给按钮注册监听器，因此组件 b 调用 addActionListener() 方法进行注册。该方法中的参数为事件处理器类的对象，即 this。

通过上面的例子可以看出，只要知道在某个组件上发生的事件类型、这种事件对应的接口，编写相应程序实现该接口的方法就可以实现用户与界面的交互。

2. Java 的事件类

Java 的主要事件类如表 7-1 所示。事件类及其对应的事件监听器接口如表 7-2 所示。

表 7-1　Java 的主要事件类

序号	事件类	事件说明	事件的触发条件
1	ActionEvent	动作事件	单击按钮、选择菜单项、选择列表项、文本域内输入回车符等
2	AdjustmentEvent	调整事件	调整滚动条
3	FocusEvent	焦点事件	组件得到或失去焦点
4	ItemEvent	项目事件	选择列表项
5	KeyEvent	键盘事件	键盘按键被按下或释放
6	MouseEvent	鼠标事件	移动、拖动鼠标或鼠标键被按下、释放，或者单击
7	WindowEvent	窗口事件	窗口被激活、关闭、图标化、恢复等

表 7-2　事件类及其对应的事件监听器接口

序号	事件类	监听器接口	监听器接口定义的抽象方法
1	ActionEvent	ActionListener	actionPerformed(ActionEvent e)
2	AdjustmentEvent	AdjustmentListener	adjustmentValueChanged(AdjustmentEvent e)
3	FocusEvent	FocusListener	focusGained(FocusEvent e) focusLost(FocusEvent e)
4	ItemEvent	ItemListener	itemStateChangeed(ItemEvent e)
5	KeyEvent	KeyListener	keyType(KeyEvent e) keyPressed(KeyEvent e) keyReleased(KeyEvent e)
6	MouseEvent	MouseListener	mouseClicked(MouseEvent e) mouseEntered(MouseEvent e) mouseExited(MouseEvent e) mousePressed(MouseEvent e) mouseReleased(MouseEvent e)
		MouseMotionListener	mouseDragged(MouseEvent e) mouseMoved(MouseEvent e)

续表

序号	事件类	监听器接口	监听器接口定义的抽象方法
7	WindowEvent	WindowListener	windowActivated(WindowEvent e) windowClosed(WindowEvent e) windowClosing(WindowEvent e) windowDeactivated(WindowEvent e) windowDeiconified(WindowEvent e) windowIconified(WindowEvent e) windowOpened(WindowEvent e)

7.1.2 主要事件的详细介绍

1. ActionEvent 事件

ActionEvent 是动作事件，主要包括单击按钮、选择菜单项、选择列表项、文本域内输入回车符等。

ActionEvent 类对应的监听器接口为 ActionListener，监听器接口定义的抽象方法只有一个，即 actionPerformed(ActionEvent e) 方法。事件源通过 addActionListener() 方法获得监听器对象。

ActionEvent 类的常用方法如表 7-3 所示。

表 7-3 ActionEvent 类的常用方法

序号	返回值类型	方法名	方法作用
1	Object	getSource()	返回事件源对象
2	String	getActionCommand()	返回事件源的标签
3	int	getModifiers()	返回事件发生时功能控制键的状态，它们可能是功能控制键常数 SHIFT_MASK、CTRL_MASK、ALT_MASK。如果返回值不等于这些常数中的任何一个，则说明发生事件时没有按住功能控制键不放

【例 7-2】 文本的动作事件。

【例 7-2】程序实现

Example7_2 的运行结果如图 7-4 所示。

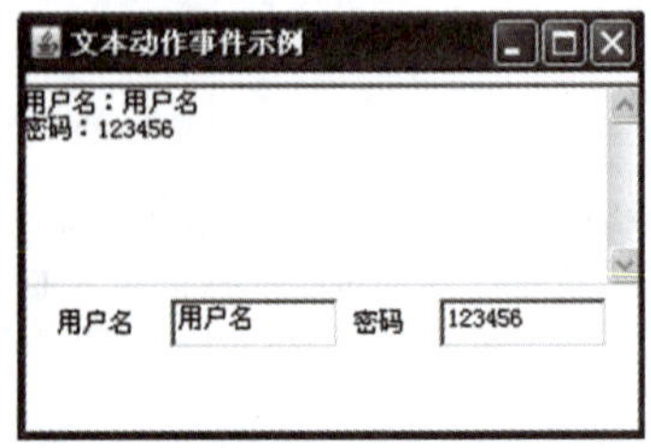

图 7-4 Example7_2 的运行结果

2. ItemEvent 事件

ItemEvent 是项目事件，主要发生在单击单选按钮或勾选复选框而改变选项时。ItemEvent 类对应的监听器接口为 ItemListener。监听器接口定义的抽象方法只有一个，即 itemStateChanged（ItemEvent e）方法。事件源通过 addItemListener( ) 方法获得监听器对象。该事件对象除可以使用 getSource( ) 方法返回 ItemEvent 事件的事件源外，还有以下几个常用的方法，如表 7-4 所示。

表 7-4　ItemEvent 类的常用方法

序号	返回值类型	方法名	方法作用
1	ItemSelectable	getItemSelectable( )	返回事件源对象
2	int	getStateChange( )	返回常量 SELECTED 或 DESELECTED，表示是否选中
3	Object	getItem( )	返回引发事件的事件源标识

3. WindowEvent 事件

WindowEvent 是窗口事件，凡是 Window 子类创建的对象都可以发生该事件。当一个窗口被激活、关闭、图标化、恢复等时，就触发了窗口事件。

WindowEvent 类对应的监听器接口为 WindowListener。WindowEvent 创建的事件对象调用 getWindow( ) 方法可以获取发生事件的窗口。事件源通过 addWindowListener( ) 方法获得监听器对象。WindowListener 接口中的方法有 7 个，如表 7-5 所示。

表 7-5　WindowListener 接口中的方法

序号	返回值类型	方法名	方法作用
1	void	windowActivated(WindowEvent e)	窗口从非激活状态到激活状态，监听器调用该方法
2	void	windowClosed(WindowEvent e)	窗口被关闭后，监听器调用该方法
3	void	windowClosing(WindowEvent e)	窗口正在被关闭时，监听器调用该方法
4	void	windowDeactivated(WindowEvent e)	窗口从激活状态到非激活状态时，监听器调用该方法
5	void	windowDeiconified(WindowEvent e)	窗口撤销图标化时，监听器调用该方法
6	void	windowIconified(WindowEvent e)	窗口被图标化时，监听器调用该方法
7	void	windowOpened(WindowEvent e)	窗口被打开时，监听器调用该方法

【例 7-3】 窗口中对“关闭”按钮☒的响应。

```
import java.awt.*;
import java.awt.event.*;
public class Example7_3 {
    public static void main(String[] args) {
        new WindowEventDemo();
    }
}
class WindowEventDemo extends Frame implements WindowListener{
    Frame f =new Frame("窗口事件");
```

```
    public WindowEventDemo(){
        f. setSize(300,200);
        f. setVisible(true);
        f. addWindowListener(this);
    }
    public void windowActivated(WindowEvent e) {}
    public void windowClosed(WindowEvent e) {}
    public void windowClosing(WindowEvent e) {
        System. exit(0);//退出系统
    }
    public void windowDeactivated(WindowEvent e) {}
    public void windowDeiconified(WindowEvent e) {}
    public void windowIconified(WindowEvent e) {}
    public void windowOpened(WindowEvent e) {}
}
```

从这个例子可以看出，在 WindowListener 接口的 7 个抽象方法中，要实现关闭窗口的功能，只需要在 windowClosing( ) 方法中编写代码。但我们知道，当一个类实现一个接口时，即使不准备处理某种方法，也必须给出接口中所有方法的实现，所以这个程序显得冗余。为了消除这种现象，Java 提供了适配器来代替接口处理事件。每个拥有超过一种方法的接口都配有适配器。适配器是一个类，它为相应接口的每个方法提供了一种默认的方法（一般是不做任何事情的空方法），这样在编写程序时，就可以简单地继承适配器并只对需要覆盖的方法进行编写，而不必实现接口中的每种方法。使用适配器的目的仅仅是简化编程。

【例 7-4】采用适配器实现窗口中对“关闭”按钮☒的响应。

```
import java. awt. *;
import java. awt. event. *;
public class Example7_4 {
    public static void main(String[] args) {
        new WindowAdapterDemo();
    }
}
class WindowAdapterDemo extends WindowAdapter{//继承窗口适配器
    Frame f =new Frame("窗口适配器");
    public WindowAdapterDemo(){
        f. setSize(300,200);
        f. setVisible(true);
        f. addWindowListener(this);//注册窗口监听器
    }
    public void windowClosing(WindowEvent e) {
        System. exit(0);//退出系统
    }
}
```

4. MouseEvent 事件

MouseEvent 是鼠标事件，当移动、拖动鼠标或鼠标按键被按下、释放，或者单击时产生鼠标事件。MouseEvent 类除 getSource( ) 方法获得产生事件的事件源对象以外，还有如下几个常用方法，如表 7-6 所示。

表 7-6　MouseEvent 类的常用方法

序号	返回值类型	方法名	方法作用
1	int	getClickCount( )	以一个整数返回单击的次数
2	Point	getPoint( )	以一个 Point 对象返回在该组件内单击处的 x、y 坐标
3	int	getX( )	获取鼠标在事件源坐标系中的 x 坐标
4	int	getY( )	获取鼠标在事件源坐标系中的 y 坐标

MouseEvent 类对应的监听器接口为 MouseListener。事件源通过 addMouseListener( ) 方法获得监听器对象。MouseListener 接口中需要实现的方法如表 7-7 所示。

表 7-7　MouseListener 接口中需要实现的方法

序号	返回值类型	方法名	方法作用
1	void	mouseClicked(MouseEvent e)	在组件上单击时调用
2	void	mouseEntered(MouseEvent e)	鼠标进入组件上时调用
3	void	mouseExited(MouseEvent e)	鼠标离开组件时调用
4	void	mousePressed(MouseEvent e)	鼠标按键在组件上被按下时调用
5	void	mouseReleased(MouseEvent e)	鼠标按键在组件上被释放时调用

5. KeyEvent 事件

KeyEvent 是键盘事件，当键盘按键被按下或释放时触发键盘事件。任何组件都可以产生键盘事件。KeyEvent 类的对象除可以调用 getSource( ) 方法获得产生事件的事件源以外，还可以通过 getKeyCode( ) 方法和 getKeyChar( ) 方法判断哪个按键被按下、敲击或释放。

KeyEvent 类对应的监听器接口为 KeyListener。事件源通过 addKeyListener( ) 方法获得监听器对象。KeyListener 接口中需要实现的方法如表 7-8 所示。

表 7-8　KeyListener 接口中需要实现的方法

序号	返回值类型	方法名	方法作用
1	void	keyPressed(KeyEvent e)	键盘上某个按键被按下时调用
2	void	keyTyped(KeyEvent e)	键盘上的某个按键被按下又被释放时调用(敲击)
3	void	keyReleased(KeyEvent e)	键盘上某个按键被释放时调用

6. FocusEvent 事件

FocusEvent 是焦点事件。当组件从无输入焦点变成有输入焦点或从有输入焦点变成无输入焦点都会触发焦点事件。

FocusEvent 类对应的监听器接口为 FocusListener。事件源通过 addFocusListener( ) 方法获得监听器对象。FocusListener 接口中需要实现的方法如表 7-9 所示。

表 7-9 FocusListener 接口中需要实现的方法

序号	返回值类型	方法名	方法作用
1	void	focusGained(FocusEvent e)	获得焦点时调用
2	void	focusLost(FocusEvent e)	失去焦点时调用

7. AdjustmentEvent 事件

AdjustmentEvent 是调整事件，当使用滚动条组件上的箭头时会发生调整事件。

AdjustmentEvent 类对应的监听器接口为 AdjustmentListener。方法 adjustmentValueChanged (AdjustmentEvent e) 是该接口中唯一的方法。事件源通过 addAdjustmentListener() 方法获得监听器对象。AdjustmentEvent 类的常用方法如表 7-10 所示。

表 7-10 AdjustmentEvent 类的常用方法

序号	返回值类型	方法名	方法作用
1	int	getValue()	返回一个代表着滚动条值的整数
2	int	getAdjustmentType()	判断用户移动滚动条的方式，该方法返回以下 5 个值之一： UNIT_INCREMENT：单位增量调整类型； UNIT_DECREMENT：单位减量调整类型； BLOCK_INCREMENT：块增量调整类型 BLOCK_DECREMENT：块减量调整类型； TRACK：绝对跟踪调整类型

7.1.3 内部类实现监听事件

Java 支持在一个类中声明另一个类，这样的类被称为内部类，包含内部类的类被称为外部类。使用内部类的优点是既可以使用适配器避免多重继承的限制，又可以在内部类中访问外部类的成员变量。

内部类实现事件处理的编程方式如下：

```
public class MyClass extends Frame{
        //MyClass 不能再继承 XxxAdapter
        …
        事件源 . addXxxListener();
        Class Handler implements XxxListener{
        //实现监听器的内部类
            …//实现具体的事件处理方法
        }
}
```

匿名类是内部类的特殊情形，即省略类声明，可以直接用类体创建对象。匿名类实现事件处理的编程方式如下：

```
public class MyClass extends Frame{//MyClass 不能再继承 XxxAdapter
…
```

```
事件源.addXxxListener(new XxxListener(){
…//实现具体的事件处理方法
    });
}
```

【例 7-5】在文本框中输入一个数字，单击“平方”按钮计算该数字的平方值，单击“立方”按钮计算该数字的立方值，并对窗口的“关闭”按钮进行监听。

【例 7-5】程序实现

Example7_5 的运行结果如图 7-5 所示。

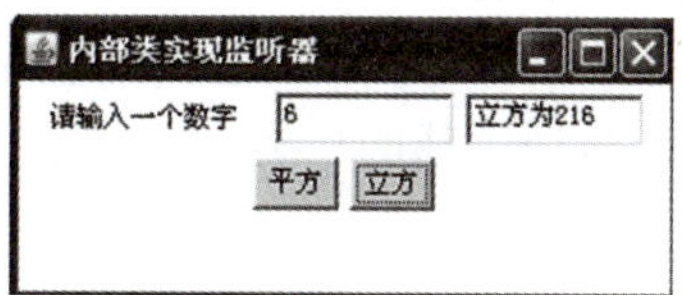

图 7-5　Example7_5 的运行结果

课后思考：工资与读书投入真的可以计算性价比吗？

在社会上，有的人大学毕业后月入才几千元，而有的人初中毕业却能够买车买房，所以，有的同学认为读书投入了时间和学费，却不能得到更高的回报。

为什么要多读书，人民日报给出了最好的答案：读书的意义是使人虚心通达，不固执、不偏执；书中未必有黄金屋但一定有更好的自己；读书让你哪怕身陷泥泞也依然可以仰望星空；书或许不能解决眼下的难题但它会给你冲破困难的力量；读书就是让自己变得辽阔的过程。

读书学习就是读经验、学知识，就是学习社会的运转逻辑，更深刻地理解整个社会。学习可以扩充我们的知识面，帮助我们打开通往成功的大门。我们不能增加生命的长度，但是能通过读书增加生命的宽度和厚度。

7.2 事件处理机制案例

7.2.1　鼠标拖动小球游戏

建立如图 7-6 所示的图形用户界面。界面上有一个红色小球，当用户在小球上按下鼠标左键并拖动时，小球会随着鼠标箭头移动，如图 7-7 所示。

图 7-6　小球出现界面

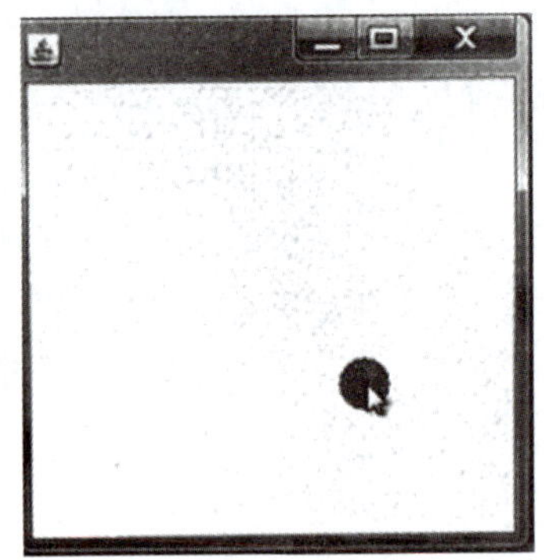
图 7-7　小球随着鼠标移动的界面

1. 设计思路

（1）创建窗体对象 f、面板类对象 p，显示一个直径为 30 像素的红色小球。

（2）为小球注册鼠标监听器类。

（3）创建一个鼠标监听器类实现鼠标监听器接口。

（4）在鼠标监听器的鼠标移动方法中，获取鼠标箭头当前位置，然后在鼠标箭头的位置处重新将小球画出来，实现鼠标拖动小球的功能。

2. 遇到的问题

（1）如何注册鼠标监听器？

（2）如何判断当前鼠标箭头的位置？

【解决问题 1】 首先让面板类实现鼠标监听器接口，然后为面板类对象 p 注册一个鼠标拖动的监听器，也就是自身。

```
p. addMouseMotionListener(p);
```

【解决问题 2】 在鼠标监听器中，有固定的方法获取鼠标箭头当前位置。鼠标事件 e 通过 getX( ) 方法，可以获得鼠标箭头当前位置的 x 轴坐标；鼠标事件 e 通过 getY( ) 方法，可以获得鼠标箭头当前位置的 y 轴坐标。因此，鼠标的当前位置（x，y）可以由以下方法得到。

```
x=e. getX();
y=e. getY();
```

3. 程序实现

【鼠标拖动小球游戏】程序实现

7.2.2　弹球游戏

建立如图 7-8 所示的图形用户界面，每当小球到达底端时，需要用木棒接住小球，小球才可以弹起，否则小球落地，游戏结束，如图 7-9 所示。

图 7-8　游戏开始界面

图 7-9　游戏结束界面

1. 设计思路

（1）创建窗体对象，在窗体上绘制一个小球。

（2）通过循环控制小球的横、纵坐标在窗体的宽度和高度范围内按当前移动方向变化。

（3）引入线程，通过线程控制小球的移动，在小球撞墙的那一刻，改变小球移动的方向。

（4）当小球撞击界面的下边缘时，判断木棒是否接住了小球。如果接住了，则小球正常弹回；如果没有接住，则游戏结束。

2. 遇到的问题

（1）如何画一个木棒？

（2）如何判断木棒是否接住了小球？

（3）如何结束程序，显示“game over”？

【解决问题 1】 通过绘制一个矩形，实现在界面上画出一个木棒。设置矩形的宽度和高度，显示木棒的长短和粗细。

```
g.fillRect(xp,yp,w,h);
```

【解决问题 2】 通过设置一个布尔型的变量 flag，判断每次小球撞击界面下边缘的位置是否在木棒出现的区域内。如果正好在木棒出现的区域内，说明木棒接住了小球，flag 为真；否则，木棒没有接住小球，flag 为假。

```
if (小球左边界+直径 >= 木棒的起始位置 && 小球左边界 <= 木棒的右边界)
{小球正常弹回;}
else {
    flag=false;
    break;
}
```

【解决问题 3】 在 paint( ) 方法中，每次判断 flag 的值是否为假，如果为假，则显示字符串"game over"。

```
if(flag == false){
    g.setFont(new Font("",Font.BOLD,40));
    g.drawString("game over",50,50);
}
```

3. 程序实现

【弹球游戏】程序实现

课后思考：中国人要敢于正视差距，但更要自信。

美国断芯可能会给中兴带来困难，甚至造成中兴倒闭，然而对于拥有世界上最完整工业体系的中国来说，岂是谁断货就能休克得了的。

从空间站、探月、北斗导航、通信卫星、高清探测遥感卫星、气象卫星、广播电视卫星、量子通信卫星、鹊桥号中继星，悟空暗物质探测卫星，到洲际弹道导弹、东风 26 航母杀手、舰舰导弹、空地导弹、反导系统、反隐身雷达及水下飞行器；从歼 20、运 20、直 20、预警机、察打一体无人机、全球首款第六代无人隐身战斗机，到战略导弹核潜艇、万吨级驱逐舰、航母、深潜技术、电磁炮、电磁推进和电磁弹射技术、深潜技术、乘波体高超声速飞行器及现代化的两弹；凡是世界上有的主要工业产业，中国都有，而且大部分都已经达到或接近世界先进水平。

我们既要承认差距，也要充满自信，既要树立远大目标，也要脚踏实地从当下做起。

7.3 AWT 工具集和 Swing 组件

7.3.1 AWT 工具集简介

Java 的抽象窗口工具包（Abstract Window Toolkit，AWT）是建立图形用户界面的工具集，由 java. awt 包提供，该包中有许多用来设计图形用户界面的类和接口，用于 Java Application 和 Java Applet 的图形用户界面设计。java. awt 包中类的层次关系如图 7-10 所示。

一个图形用户界面的设计主要包含组件、容器、布局管理器、事件 4 个概念。

1. 组件

组件（Component）是 Java 的图形用户界面最基本的组成部分。Java 把 Component 类的子类或间接子类创建的对象称为一个组件，如 Button、List、TextField、Label 等。组件以图形化的方式显示在屏幕上，并能通过对不同事件的响应来完成和用户的交互或组件之间的交互。组件不能单独地显示出来，必须将组件放在一定的容器中才可以显示。

2. 容器

容器（Container）也是一个类，Java 把 Container 的子类或间接子类创建的对象称为一个容器。由于 Container 是 Component 的子类，所以容器本身也是一个组件，具有组件的所有性质，但容器最主要的功能是容纳其他组件和容器。

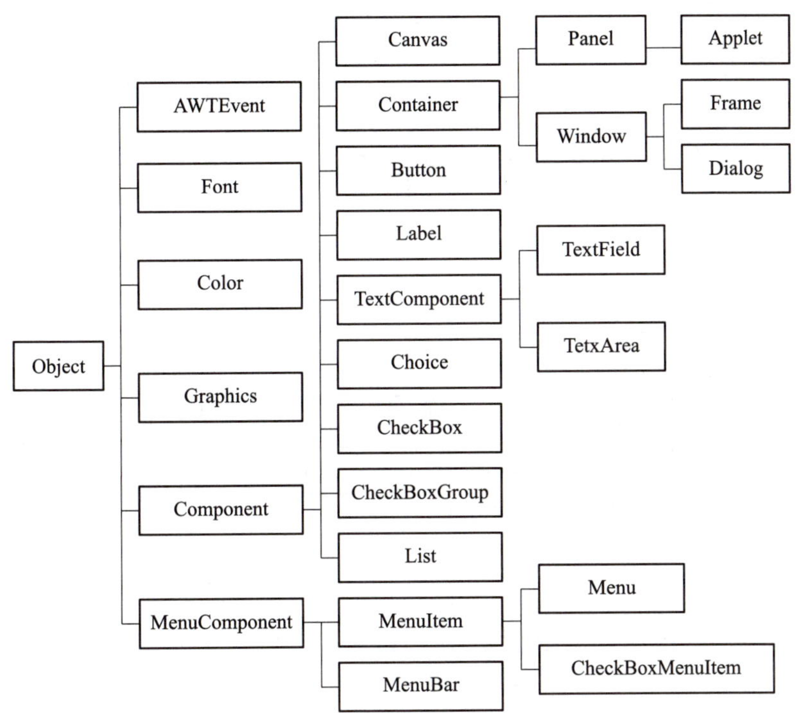

图 7-10　java. awt 包中类的层次关系

3. 布局管理器

布局管理器（LayoutManager）对应着 java. awt 包中的一个类，可以为每一个容器设置一个布局管理器，从而为该容器中的组件进行定位。

4. 事件

事件（Event）是 java. awt 包中的类。在 Java 中，程序和用户的交互是通过响应各种事件来实现的。当用户单击一个按钮时，意味着一个按钮事件的发生；用户在文本框中输入文本后按〈Enter〉键，意味着一个动作事件的发生。每当事件发生时，Java 虚拟机就会将事件的消息传递给程序，由程序中的事件处理方法对该事件进行处理。

由上述的 4 个概念可知，设计一个图形用户界面应包括以下 4 个步骤。

（1）创建容纳组件的容器。

（2）为容器设置布局管理器。

（3）将组件按照布局的方式添加在容器中。

（4）处理组件上发生的事件。

7.3.2　Swing 组件简介

AWT 可用于 Java Application 和 Java Applet，采用底层技术实现。AWT 的优点是简单、稳定、兼容于任何一个 JDK 版本；缺点是依赖本地操作系统的图形用户界面样式。也就是说，采用 AWT 组件创建的图形用户界面在不同的操作系统中会有不同的外观。

由于上述问题，Sun 公司于 1997 年推出了 Swing，它是在 AWT 的基础上构建的一套新的图形用户界面系统，采用纯 Java 语言编写，包含 AWT 所提供的所有功能。这些 Swing 组件位于 javax. swing 包中，成为 JDK 基础类库的一部分。它不依赖本地操作系统的图形用户界面样式，可以做到跨平台运行。绝大多数的 Swing 组件派生自 JComponent 类，Swing 的类层次结构如图 7-11 所示。

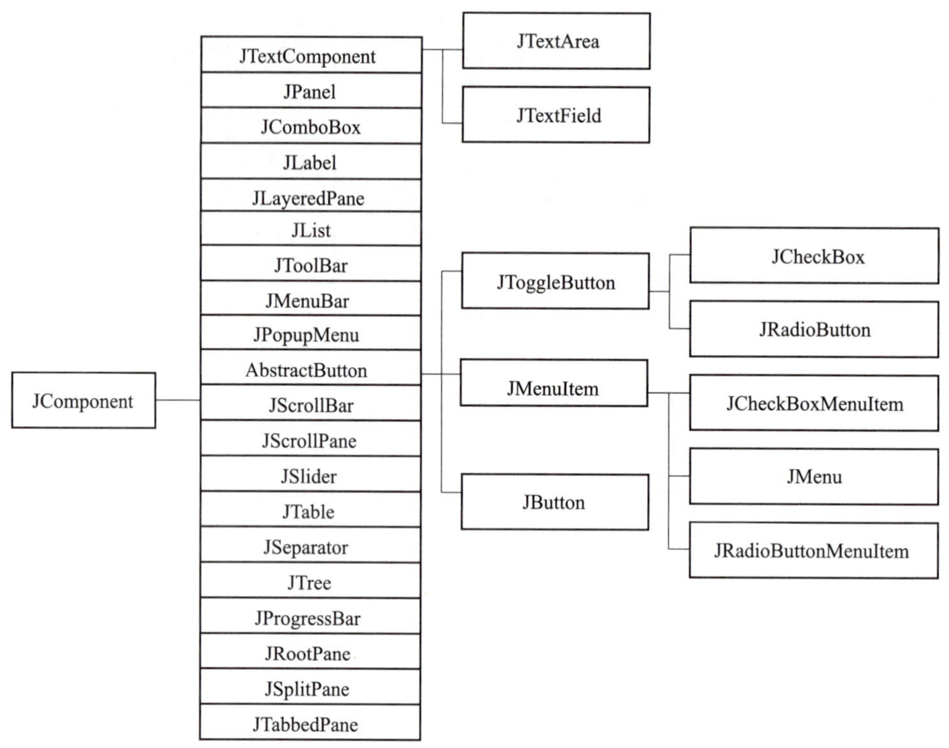

图 7-11　Swing 的类层次结构

由图 7-11 可以看出，多数 Swing 组件类都以大写字母“J”开头，除 JFrame 以外，其余的组件都继承自 JComponent 类。使用 Swing 时必须导入 javax. swing 包。有时为了能更好地使用 Swing，还经常要导入 java. awt 包和 java. awt. event 包。下面将介绍 Swing 组件的基本用法。

7. 3. 3　Swing 中的容器

Swing 包含容器和组件两个部分。Swing 比 AWT 更强调容器的概念。容器是一种特殊类型的组件，容器中可以再放置容器，也可以放置组件，各容器使用时应设置布局。Swing 中的容器有很多，主要包含两类：顶层容器和中间容器。

1. 顶层容器

顶层容器包括 JFrame、JApplet、JDialog。

（1）JFrame。

JFrame 类用于创建 Swing 窗口对象，它的用法与 Frame 类似。两者最大的区别是，JFrame 不能直接通过 add( ) 方法加入组件，也不能直接通过 setLayout( ) 方法设置布局。

每个 JFrame 都有一个与之关联的内容面板（contentPane），只能针对这个面板设置布局及添加组件。JFrame 可以通过调用 getContentPane( ) 方法来获得面板，也可以通过 setContentPane(Container contentPane) 方法来重新设置面板内容。

JFrame 类的常用方法如表 7-11 所示。

表 7-11　JFrame 类的常用方法

序号	返回值类型	方法名	方法作用
1	无	JFrame( )	创建一个简单的窗口，默认为不可见
2	无	JFrame(String title)	创建一个带有标题的窗口
3	void	setBounds(int x, int y, int w, int h)	设置窗口的位置和尺寸。其中，(x，y) 为窗口的左上角位置，w、h 分别为窗口的宽度和高度
4	void	setVisible(boolean b)	显示/隐藏窗口，参数为 true 时显示窗口，否则隐藏窗口
5	void	setDefaultCloseOperation(int operation)	参数为 JFrame 中预定义的静态常量，可选值如下： DO_NOTHING_ON_CLOSE：什么也不做 HIDE_ON_CLOSE：隐藏窗体 DISPOSE_ON_CLOSE：隐藏并释放窗体 EXIT_ON_CLOSE：结束程序
6	void	setSize(int w, int h)	设置窗口的尺寸
7	void	setTitle(String title)	设置窗口的标题
8	void	pack( )	根据组件调整窗口的大小
9	void	setLocation(int x, int y)	设置窗口的位置
10	void	setResizable(boolean)	允许或禁止窗口缩放

在空白窗口中添加组件的步骤如下。

第一步：获取窗口的内容面板。

```
JFrame jf = new JFrame();
Container c = jf. getContentPane();
```

第二步：对内容面板设置布局（Container 的默认布局是 BorderLayout）。

```
c. setLayout(new FlowLayout());//设置顺序布局
```

第三步：将组件加入内容面板。

```
JButton jb = new JButton("ok");
c. add(jb); //加入一个按钮
```

【例 7-6】 JFrame 窗口示例。

```
import javax. swing. * ;
import java. awt. * ;
import java. awt. event. * ;
public class Example7_6 {
    JFrame jf =new JFrame("第一个 Swing 窗口示例");
    JButton jb =new JButton("我是一个按钮");
    public Example7_6 (){
        jf. setBounds(100,100,300,200);//设置窗口的位置和尺寸
        jf. setDefaultCloseOperation(jf. EXIT_ON_CLOSE);//设置窗口的“关闭”按钮为可响应的
        Container c = jf. getContentPane();//获取内容面板
        c. setLayout(new FlowLayout());//设置内容面板布局
```

```
            c. add(jb);//在内容面板中添加按钮组件
            jf. setVisible(true);
            //jf. pack();//若有此句则窗口为紧缩模式
        }
        public static void main(String[] args) {
        new Example7_6 ();
        }
    }
```

Example7_6 的运行结果如图 7-12 所示，若采用紧缩窗口，则如图 7-13 所示。

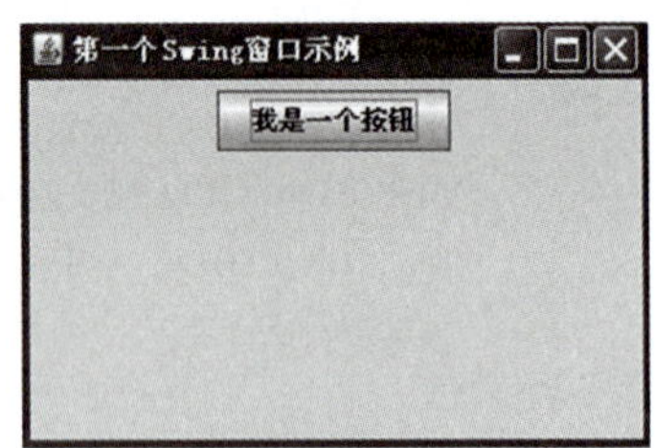

图 7-12　Example7_6 的运行结果

图 7-13　紧缩窗口

（2）JApplet。

javax. swing. JApplet 是 java. awt. Applet 的子类，是用来建立 Java 应用小程序的。JApplet 和 JFrame 一样，都要获取内容面板，为内容面板设置布局方式，将组件放置在内容面板中。

【例 7-7】JApplet 窗口示例。

```
    import javax. swing. * ;
    import java. awt. * ;
    public class Example7_7 extends JApplet{
        JButton jb =new JButton("我是一个按钮");
        public void init(){//JApplet 和 Applet 一样没有 main()方法
            this. setSize(300,200);
            Container c = this. getContentPane();
            //为 JApplet 获取内容面板
            c. setLayout(new FlowLayout());
            c. add(jb);
            c. setCursor(new Cursor(Cursor. HAND_CURSOR));
            //鼠标设置为手形
        }
    }
```

Example7_7 的运行结果如图 7-14 所示。

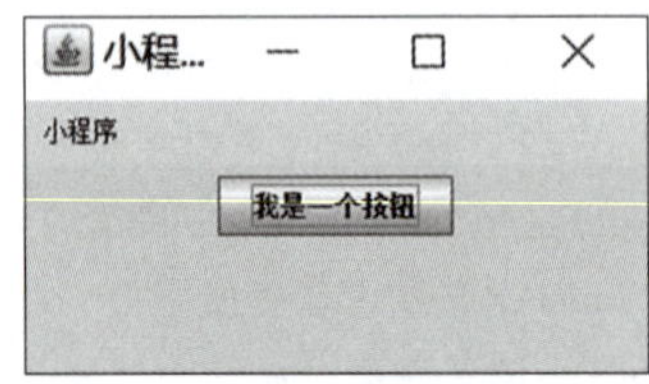

图 7-14　Example7_7 的运行结果

（3）JDialog。

JDialog 是对话框类，是从一个窗口中弹出的窗口。对话框是应用广泛的组件之一，它不能作为应用程序的主窗口，也没有“最小化”“最大化”按钮，不能设置菜单栏。

JDialog 类及其子类创建的对象必须依附于一个 JFrame 对象。对话框会随着窗口的关闭而关闭、窗口的最小化而隐藏、窗口的复原而再次显示。

对话框的模式分为有模式和无模式两种。有模式对话框是指当对话框处于激活状态时，只让程序响应对话框内部的事件，程序不能再激活它所依赖的窗口或组件，并堵塞其他线程的执行。无模式对话框是指即使对话框处于激活状态，程序仍能激活它所依赖的窗口或组件，也不堵塞其他线程的执行。JDialog 类的常用方法如表 7-12 所示。

表 7-12　JDialog 类的常用方法

序号	返回值类型	方法名	方法作用
1	无	JDialog(Frame f, String title)	创建一个具有指定标题和指定所有者窗体的无模式对话框
2	无	JDialog(Frame f,String title,boolean modal)	创建一个具有指定标题和指定所有者窗体的有模式或无模式对话框
3	String	getTitle()	获取对话框的标题
4	void	setTitle(String title)	设置对话框的标题
5	void	setModal(boolean)	设置对话框的模式
6	void	setSize(int w,int h)	设置对话框的尺寸
7	void	setVisible(boolean b)	显示或隐藏对话框

【例 7-8】 JDialog 窗口示例。

【例 7-8】 程序实现

运行程序，有模式对话框如图 7-15 所示，无模式对话框如图 7-16 所示。

图 7-15　有模式对话框

图 7-16　无模式对话框

除了可以使用 JDialog 类创建自定义的对话框，也可以调用 javax. swing. JOptionPane 类中的多个方法构造各种标准对话框，其常用方法如表 7-13 所示。

表 7-13 JOptionPane 类的常用方法

序号	返回值类型	方法名	方法作用
1	无	JOptionPane( )	创建一个带有测试消息的 JOptionPane
2	无	JOptionPane(Object message, int messageType, int optionType, Icon icon, Object[ ]options, Object initialValue)	在指定最初选择的选项的前提下，创建一个显示消息的 JOptionPane 的实例，使其具有指定的消息类型、图标和选项

各参数说明如下。

Object message：对话框中显示的信息，可以为字符串或组件。

int messageType：对话框要显示的消息类型，包括 ERROR_MESSAGE（错误信息）、INFORMATION_MESSAGE（提示信息）、WARNING_MESSAGE（警告信息）、QUESTION_MESSAGE（问题信息）、PLAIN_MESSAGE（普通信息）。

int optionType：定义在对话框的底部显示的选项按钮的集合，包括 DEFAULT_OPTION、YES_NO_OPTION、YES_NO_CANCEL_OPTION、OK_CANCEL_OPTION。

Icon icon：表示要显示的图标。

Object[] options：列出用户可以选择的选项。

Object initialValue：默认选项。

使用 JOptionPane 类时通常不用上述的构造方法来构造对象，而是直接使用其中的几个静态方法来显示不同种类的对话框，包括信息确认框、信息输入框、信息显示框、信息选择框。

①信息确认框。

使用下列方法可以创建一个信息确认框：

```
showConfirmDialog(Component parentComponent, Object message, String title, int optionType, int messageType, Icon icon)
```

各参数说明如下。

Component parentComponent：指明信息确认框所在的容器，若为 null 则为当前窗口。

String title：信息确认框的标题。

其余参数同 JOptionPane 类的构造方法。

②信息输入框。

信息输入框会询问一个问题，并用一个文本字段来存储对它的响应。使用下列方法可以创建一个信息输入框：

```
showInputDialog(Component parentComponent, Object message, String title, int messageType, Icon icon, Object[] selectionValues, Object initialSelectionValue)
```

各参数说明如下。

Objetct [ ] selectionValues：列出被选择变量，由用户选择。

Objetct initialSelectionValue：默认的被选择变量的值。

其余参数同 JOptionPane 类的构造方法。

③信息显示框。

信息显示框是一个用来显示信息的简单窗口，使用下列方法可以创建一个信息显示框：

```
showMessageDialog(Component parentComponent, Object message, String title, int messageType, Icon icon)
```

参数说明同上。

④信息选择框。

信息选择框是最为复杂的对话框，它集成了所有其他对话框的特性。使用下列方法可以创建一个信息选择框：

```
showOptionDialog(Component parentComponent, Object message, String title, int optionType, int message-
Type, Icon icon, Object[] options, Object initialValue)
```

参数说明同上。

【例 7-9】信息确认框示例。

【例 7-9】程序实现

运行程序，初始界面如图 7-17 所示。

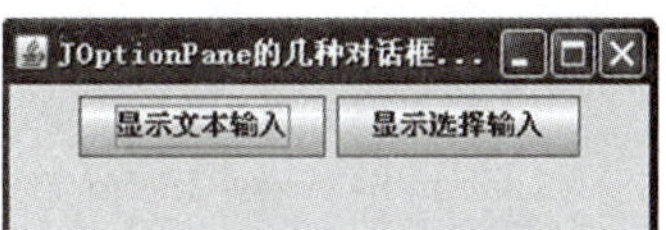

图 7-17　初始界面

当单击“显示文本输入”按钮时，出现如图 7-18 所示的界面，单击“确定”按钮后，出现如图 7-19 所示的界面。单击“确定”按钮后，返回到图 7-17 的初始界面。

当单击“显示选择输入”按钮时，出现如图 7-20 所示的界面，选择选项 yellow，出现如图 7-21 所示的界面。单击“确定”按钮后，返回到图 7-17 界面。

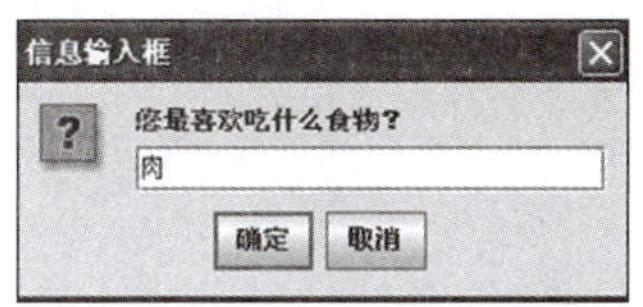

图 7-18　信息输入框

图 7-19　信息显示框 1

图 7-20　信息选择框

图 7-21　信息显示框 2

2. 中间容器

中间容器不能作为顶层容器，必须包含在其他容器中，包括 JPanel、JScrollPane、JTabbedPane、JToolBar。

面板 JPanel 是最灵活、最常用的中间容器，用于容纳其他组件，对应于 javax. swing. JPanel 类。面板可以方便地布局，实现嵌套。面板的大小由它所包含的组件决定，默认布局是 FlowLayout。JPanel 类的常用方法如表 7-14 所示。

表 7-14　JPanel 类的常用方法

序号	返回值类型	方法名	方法作用
1	无	JPanel( )	创建一个默认布局为顺序布局的面板
2	无	JPanel(LayoutManager layout)	创建一个指定布局的面板
3	void	add(Component comp)	向面板中添加组件
4	void	setLayout(LayoutManager layout)	设置面板的布局

【例 7-10】JPanel 示例。

```
import javax. swing. * ;
import java. awt. * ;
import java. awt. event. * ;
public class Example7_10 {
    JFrame jf =new JFrame("JPanel 示例");
    JPanel jp1 =new JPanel();
    JPanel jp2 =new JPanel();
    JButton b1 =new JButton("ok");
    JButton b2 =new JButton("cancel");
    JButton b3 =new JButton("ok");
    JButton b4 =new JButton("cancel");
    public Example7_10(){
        jf. setSize(300,150);
        Container c = jf. getContentPane();
        c. setLayout(new FlowLayout());
        c. add(jp1);
        c. add(jp2);
        jp1. setBackground(Color. cyan);
        jp2. setBackground(Color. red);
        jp1. add(b1);
        jp1. add(b2);
        jp2. add(b3);
        jp2. add(b4);
        jf. setVisible(true);
    }
    public static void main(String[] args) {
        new Example7_10 ();
    }
}
```

Example7_10 的运行结果，如图 7-22 所示。

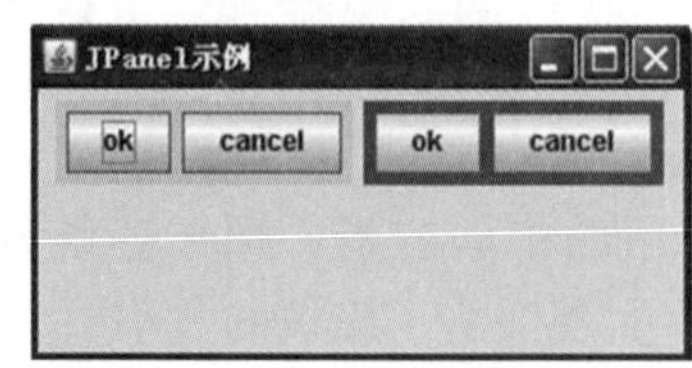

图 7-22　Example7_10 的运行结果

JScrollPane 与 JPanel 类似，是一个嵌有滚动条的面板，可以在大的组件或可扩展组件周围提供滚动条；JTabbedPane 包含多个组件，但一次只显示一个组件，用户通过单击具有给定标题或图标的选项卡在组件之间方便地切换；JToolBar 按行或列排列一组组件（通常是一组按钮）。

7.3.4　Swing 中的组件

1. JComponent 类

JComponent 类是除顶层容器外所有 Swing 组件的父类。该类的常用方法如表 7-15 所示。

表 7-15　JComponent 类的常用方法

序号	返回值类型	方法名	方法作用
1	无	JComponent( )	调用 Container 构造方法
2	int	getHeight( )	返回此组件的当前高度
3	int	getWidth( )	返回此组件的当前宽度
4	int	getX( )	返回组件当前位置的 x 轴坐标
5	int	getY( )	返回组件当前位置的 y 轴坐标
6	void	setVisible(boolean b)	根据参数 b 的值使该组件可见或不可见
7	void	setEnabled(boolean b)	根据参数 b 的值设置是否启用此组件。已经启用的组件可以响应用户的输入，而未启用的组件则无法响应用户的输入
8	void	setBackground(Color g)	设置组件的背景色
9	void	setForeground(Color g)	设置组件的前景色
10	void	setFont(Font font)	设置组件的字体
11	void	update(Graphics g)	清除 paint( ) 方法以前所画的内容，再调用 paint( ) 方法
12	void	setCursor(Cursor c)	设置指向组件时的光标形状

2. 标签 JLabel

JLabel 是一个用户组件，提供文本或图像信息，对应于 javax. swing. JLabel 类。标签不能被编辑，也不能对输入事件做出反应，因此它无法获得键盘焦点。JLabel 类的常用方法如表 7-16 所示。

表 7-16　JLabel 类的常用方法

序号	返回值类型	方法名	方法作用
1	无	JLabel(String text)	创建带有指定文本的标签
2	无	JLabel(Icon imaget)	创建带有指定图像的标签
3	无	JLabel(String text, Icon icon, int horizontalAlignment)	创造带有指定文本、图标和对齐方式的标签，对齐方式为 LEFT、CENTER、RIGHT
4	void	setText(String s)	设置标签的文字
5	String	getText( )	获取标签的文字
6	void	setIcon(Icon icon)	设置标签的图片
7	void	setFont(Font font)	设置字体
8	void	setForeground(Color c)	设置前景色

【例 7-11】利用标签显示文本和图片。

```
import java.awt.*;
import javax.swing.*;
public class Example7_11 {
    JFrame jf =new JFrame("标签示例");
    JLabel jl1 =new JLabel("圣诞快乐");//生成文本标签
    JLabel jl2 =new JLabel(new
        ImageIcon("f:\\chapter7\\Christmas.gif"));//生成图片标签
    public Example7_11 (){
        jf.setSize(300,200);
        Container c = jf.getContentPane();
        c.setLayout(new FlowLayout());
        jl1.setFont(new Font("黑体",Font.BOLD,40));//设置字体
        c.add(jl1);
        c.add(jl2);
        jf.setVisible(true);
    }
    public static void main(String[] args) {
        new Example7_11 ();
    }
}
```

Example7_11 的运行结果如图 7-23 所示。

图 7-23 Example7_11 的运行结果

3. 按钮 JButton

按钮 JButton 是常见组件，按钮上允许有图片或文本，也可以两者兼有，最常见的操作是单击按钮，对应于 javax.swing.JButton 类。JButton 类的常用方法如表 7-17 所示。

表 7-17 JButton 类的常用方法

序号	返回值类型	方法名	方法作用
1	无	JButton()	创建一个没有标签的按钮
2	无	JButton(String s)	创建一个指定显示文本的按钮
3	无	JButton(Icon imaget)	创建一个图片按钮
4	无	JButton(String s, Icon icon)	创建一个兼有文本和图片的按钮

4. JTextField、JPassword、JTextArea

（1）JTextField（单行文本框）。

单行文本框 TextField，允许编辑或输入单行文本，对应于 javax. swing. JTextField 类。该类的常用事件是 ActionEvent 和 FocusEvent，常用方法如表 7-18 所示。

表 7-18 JTextField 类的常用方法

序号	返回值类型	方法名	方法作用
1	无	JTextField( )	创建一个文本框，初始内容为 null
2	无	JTextField(String s)	创建一个初始内容为 s 的文本框
3	无	JTextField(int columns)	创建一个具有指定列数的空文本框
4	无	JTextField(String s, int columns)	创建一个初始内容是 s、列数是 columns 的文本框

（2）JPassword（密码框）。

密码框 JPassword 是 JTextField 的子类，组件与文本框组件类似，区别在于密码框回显字符一律以特定符号显示。其常用事件为 ActionEvent，构造方法同 JTextField，增设了几种常用方法，如表 7-19 所示。

表 7-19 JPassword 类的常用方法

序号	返回值类型	方法名	方法作用
1	char[ ]	getPassword( )	返回口令
2	char	getEchoChar( )	返回回显字符，默认值为 '*'
3	void	setEchoChar(char c)	设置密码框的回显字符

【例 7-12】密码框组件的使用。在界面的密码框中输入密码，以“#”显示，按〈Enter〉键后，在界面上显示刚才输入的密码。

```
import java. awt. *;
import java. awt. event. *;
import javax. swing. *;
public class Example7_12 {
    JFrame jf =new JFrame("密码框示例");
    JPasswordField jpf =new JPasswordField(8);
    JLabel jl =new JLabel();
    public Example7_12(){
        jf. setSize(300,100);
        Container c = jf. getContentPane();
        c. setLayout(new FlowLayout());
        jpf. setEchoChar(' #' );
        c. add(jpf);
        c. add(jl);
        jpf. addActionListener(new Handler());
        jf. setVisible(true);
    }
    class Handler implements ActionListener{
```

```
            public void actionPerformed(ActionEvent e) {
                jl. setText("您输入的密码是:"+jpf. getText());
            }
        }
        public static void main(String[] args) {
            new Example7_12 ();
        }
    }
```

运行程序，输入密码后，按〈Enter〉键，如图 7-24 所示。

图 7-24　Example7_12 的运行结果

（3）JTextArea（多行文本区）。

多行文本区 JTextArea 与文本框类似，区别是多行文本区组件可以显示多行文本。其常用事件为 ActionEvent，常用方法如表 7-20 所示。

表 7-20　JTextArea 类的常用方法

序号	返回值类型	方法名	方法作用
1	无	JTextArea( )	创建一个多行文本区
2	无	JTextArea(String s)	创建一个初始内容为 s 的多行文本区
3	无	JTextArea(int rows, columns)	创建一个多行文本区，行数为 rows，列数为 columns
4	无	JTextArea(String s, int rows, columns)	创建一个多行文本区，指定初始化文本和行数、列数
5	void	setLineWrap( )	设置换行状态
6	void	setRows(int rows)	设置行数
7	void	setColumns(int columns)	设置列数
8	void	insert(String str, int pos)	将指定文本 str 插入指定位置 pos
9	void	append(String str)	将给定文本 str 追加到文档结尾
10	void	copy( )	将多行文本区选中的内容复制到系统剪贴板
11	void	paste( )	将系统剪贴板的内容粘贴到多行文本区
12	void	cut( )	将多行文本区选中的内容剪切到系统剪贴板
13	void	selectAll( )	选择多行文本区中的所有文本

5. 复选框 JCheckBox、单选按钮 JRadioButton

（1）JCheckBox。

复选框 JCheckBox 是一个小框，当选择某个复选框后，里面就有了一个小对号。因此，通常用“勾选”来表达选择某个复选框。复选框的名称不仅可以是字符串，也可以是一个图标，常用事件是 ItemEvent。JCheckBox 类的常用方法如表 7-21 所示。

表 7-21　JCheckBox 类的常用方法

序号	返回值类型	方法名	方法作用
1	无	JCheckBox()	创建一个无文本、无图标且最初未被勾选的复选框
2	无	JCheckBox(Icon icon)	创建一个有图标、最初未被勾选的复选框
3	无	JCheckBox(Icon icon, boolean selected)	创建一个带图标的复选框，指定最初是否处于勾选状态。selected=true 表示初始复选框被勾选，selected=false 表示初始复选框未被勾选
4	无	JCheckBox(String s)	创建一个带文本的、最初未被勾选的复选框
5	无	JCheckBox(String s,boolean selected)	创建一个带文本的复选框，并指定其最初是否处于勾选状态
6	无	JCheckBox(String s,Icon icon)	创建一个带有指定文本和图标的、最初未被勾选的复选框
7	无	JCheckBox(String s,Icon icon,boolean selected)	创建一个带文本和图标的复选框，指定文本 s、图像 icon 和选择状态 selected

（2）JRadioButton。

单选按钮 JRadioButton 和复选框很类似。不同的是，在若干个复选框中可以同时勾选多个，而一组单选按钮在同一时刻只能有一个被选中。当创建了若干个单选按钮后，应该使用 ButtonGroup（）方法再创建一个对象，然后利用这个对象把这若干个单选按钮归组。单选按钮的常用事件为 ItemEvent。

【例 7-13】 单选按钮和复选框的使用。在界面中选择个人信息，单击“确定”按钮后，显示用户刚才的选择。

【例 7-13】程序实现

Example7_13 的运行结果如图 7-25、图 7-26 所示。

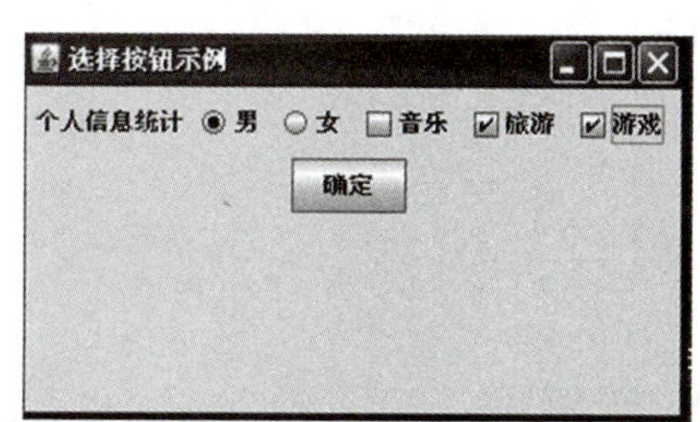

图 7-25　初始界面

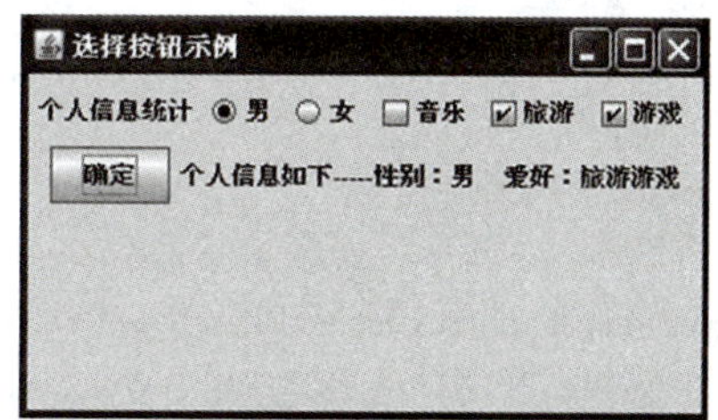

图 7-26　选择个人信息后的界面

6. 下拉列表框 JComboBox、列表框 JList

（1）JComboBox。

下拉列表框 JComboBox，可以给出若干选项，只允许用户选择其中的一项。下拉列表框能节省空间，使界面更加紧凑。下拉列表框的常用事件为 ActionEvent 和 ItemEvent。JComboBox 类的常用方法如表 7-22 所示。

表 7-22　JComboBox 类的常用方法

序号	返回值类型	方法名	方法作用
1	无	JComboBox( )	创建一个默认数据项的下拉列表框
2	无	JComboBox(Object[ ] items)	创建一个包含指定数组各元素的下拉列表框
3	void	addItem(Object obj)	为下拉列表框添加列表项
4	Object	getSelectedItem( )	返回当前选项
5	int	getSelectedIndex( )	返回下拉列表框所选项的索引
6	Object	getItemAt(int index)	返回指定索引的列表项
7	int	getItemCount( )	返回下拉列表框的项数
8	boolean	isEditable( )	如果下拉列表框可编辑则返回 true，否则返回 false，默认为不可编辑

【例 7-14】下拉列表框示例。

```
import java. awt. * ;
import javax. swing. * ;
import java. awt. event. * ;
public class Example7_14 implements ItemListener {
    String select[]= {"香蕉","菠萝","苹果","柚子"};
                //下拉列表框选项数组
    JFrame jf =new JFrame("下拉列表框示例");
    JComboBox jcb =new JComboBox(select);                    //创建下拉列表框
    JLabel title =new JLabel("请选择您喜欢的水果:");
    JLabel jl =new JLabel();
    public Example7_14 (){
        jf. setSize(300,200);
        Container c = jf. getContentPane();
        c. setLayout(new FlowLayout());
        title. setFont(new Font("黑体",Font. BOLD,28));          //设置字体
        c. add(title);
        c. add(jcb);
        jcb. addItemListener(this);                           //为下拉列表框注册监听器
        c. add(jl);
        jf. setVisible(true);
    }
    public void itemStateChanged(ItemEvent e) {               //实现监听器
        jl. setText("您选择的是:"+jcb. getSelectedItem(). toString());  //获取选项
    }
    public static void main(String[] args) {
        new Example7_14();
    }
}
```

Example7_14 的运行结果如图 7-27、图 7-28 所示。

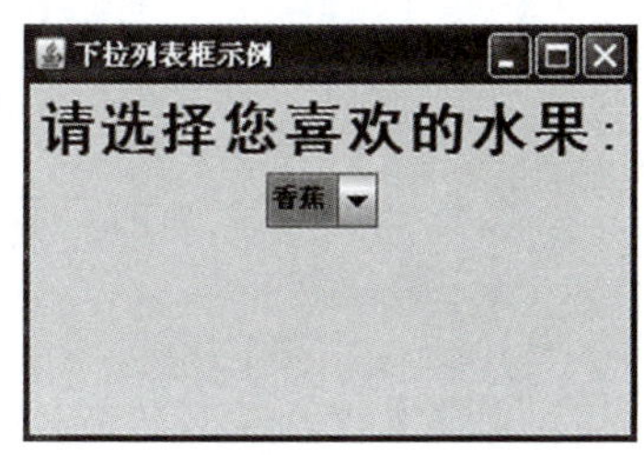

图 7-27　初始界面

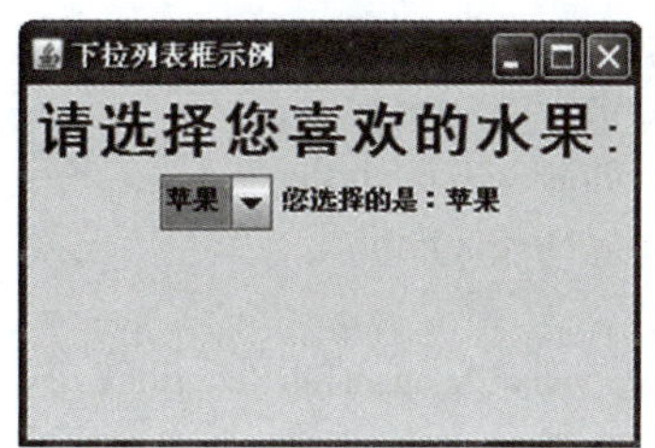

图 7-28　选择选项后的界面

（2） JList。

列表框 JList，与下拉列表框有许多不同之处，支持单项选择和多项选择。如果选项特别多，可以把 JList 放在 JScrollPane 面板上，提供有滚动条的列表。当用户在列表框中选择一些选项时，将触发 ListSelectionEvent 事件（该事件在 javax. swing. event 包中），ListSelectionListener 监听器负责处理该事件，实现的方法为 public void valueChanged(ListSelectionEvente)。JList 类的常用方法如表 7-23 所示。

表 7-23　JList 类的常用方法

序号	返回值类型	方法名	方法作用
1	无	JList( )	创建一个空的、只读模型的列表
2	无	JList（ListModel model）	创建一个包含指定数组各元素的列表框
3	void	addItem(Object obj)	为列表框添加列表项
4	Object	getSelectedItem( )	返回当前选项
5	Object[ ]	getSelectedValues( )	返回所选项的一组值
6	int	getSelectedIndex( )	返回列表框所选项的索引
7	Object	getItemAt(int index)	返回指定索引的列表项
8	int	getItemCount( )	返回列表框的项数
9	boolean	isEditable( )	如果列表框可编辑则返回 true，否则返回 false，默认为不可编辑

【例 7-15】 列表框示例。

```
import java. awt. *;
import javax. swing. *;
import javax. swing. event. *;//事件所在包
public class Example7_15 implements ListSelectionListener{
    JFrame jf =new JFrame("列表框示例");
    String select[]= {"香蕉","菠萝","苹果","柚子"};
    JLabel jl1 =new JLabel("请选择您喜欢的水果:");
    JLabel jl2 =new JLabel();
    JList jlist =new JList (select);
        //创建列表框,列表项来自 select 数组
    public Example7_15(){
        jf. setSize(300,200);
        Container c = jf. getContentPane();
        c. setLayout(new FlowLayout());
        c. add(jl1);
```

```
        c. add(jlist);
        c. add(jl2);
        jlist. addListSelectionListener(this);//为列表框注册监听器
        jf. setVisible(true);
    }
    public void valueChanged(ListSelectionEvent e) {
        StringBuffer s = new StringBuffer();//创建缓冲字符串
    Object obj[];
    obj = jlist. getSelectedValues();
        //获得多个选项,返回值为 object 数组
        for(int i=0;i<obj. length;i++){
        s. append(obj[i]. toString()+"     ");
        //将数组值逐个取出转为 String 类型,然后逐个追加
        }
        jl2. setText("您选择了:"+s);
    }
    public static void main(String[] args) {
        new Example7_15();
    }
}
```

Example7_15 的运行结果如图 7-29 和图 7-30 所示。

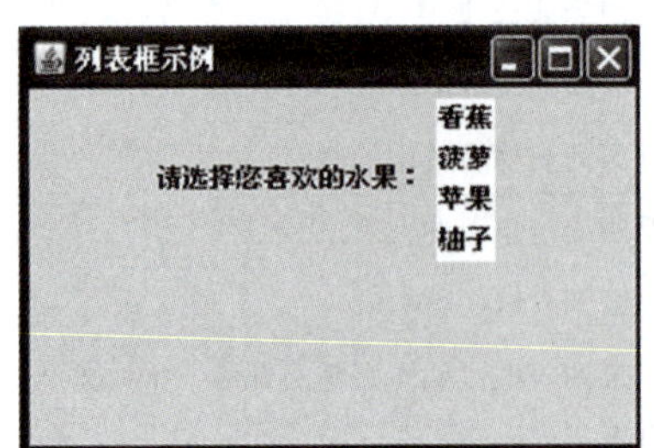

图 7-29 初始界面

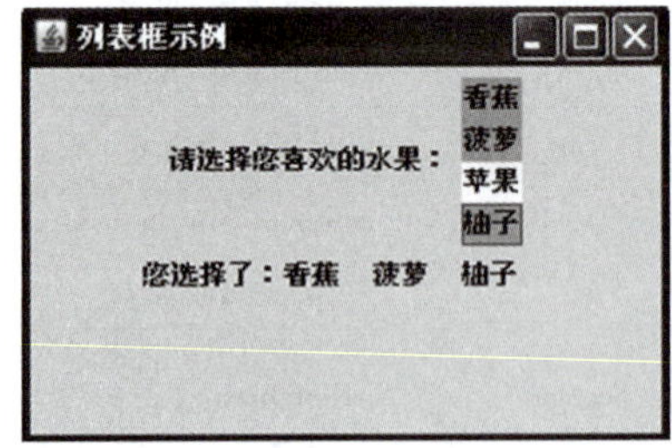

图 7-30 选择了 3 个选项后的界面

7. 菜单 JMenu

菜单是图形用户界面中常用的一种组件，主要有两种形式：一种是基于菜单条的，即菜单条菜单，一般加在 JFrame 组件上；另一种是右击后弹出的弹出式菜单。

（1）菜单条菜单。

菜单条菜单由 3 部分组成：菜单（JMenu）、菜单条（JMenuBar）、菜单项（JMenuItem）。上述 3 者的关系是，JMenu 必须放在一个 JMenuBar 上，JMenuItem 必须放在一个 JMenu 上，JMenu 的子项可以是 JMenu、JMenuItem 和分隔符。JMenuBar 类的常用方法如表 7-24 所示，JMenu 类的常用方法如表 7-25 所示，JMenuItem 类的常用方法如表 7-26 所示。

表 7-24 JMenuBar 类的常用方法

序号	返回值类型	方法名	方法作用
1	无	JMenuBar( )	创建一个菜单条
2	Menu	add(JMenu menu)	将指定的菜单加入菜单条

表 7-25　JMenu 类的常用方法

序号	返回值类型	方法名	方法作用
1	无	JMenu( )	创建一个菜单
2	无	JMenu(String label)	以指定标签创建一个菜单
3	JMenuItem	add(JMenuItem item)	增加一个菜单项
4	JMenuItem	add(String label)	与 add(new MenuItem(label)) 等价
5	void	insertSeparator(int index)	在指定的位置插入分隔符
6	void	addSeparator( )	在菜单中添加分隔符
7	void	setMnemonic(int mnemonic)	为菜单设置快捷键

表 7-26　JMenuItem 类的常用方法

序号	返回值类型	方法名	方法作用
1	无	JmenuItem( )	创建一个菜单项
2	无	JmenuItem(String label)	以指定标签创建一个菜单项
3	void	setLabel(String Label)	设置菜单项的标签
4	void	setAccelerator(KeyStroke keyStroke)	为菜单项设置快捷键

用户选择一个菜单项时对应一个功能的操作，菜单项应该是能交互接收事件并做出响应的，当用户选择一个菜单项时，该菜单项将发生 ActionEvent 事件。

【例 7-16】菜单示例。

【例 7-16】程序实现

当为“文件”菜单设置快捷键以后，按〈Alt+A〉组合键即可打开该菜单，当为 red 菜单项设置快捷键以后，按〈Ctrl+R〉即选择了 red 菜单项，可以使界面变为红色。Example7_16 的运行结果如图 7-31 和图 7-32 所示。

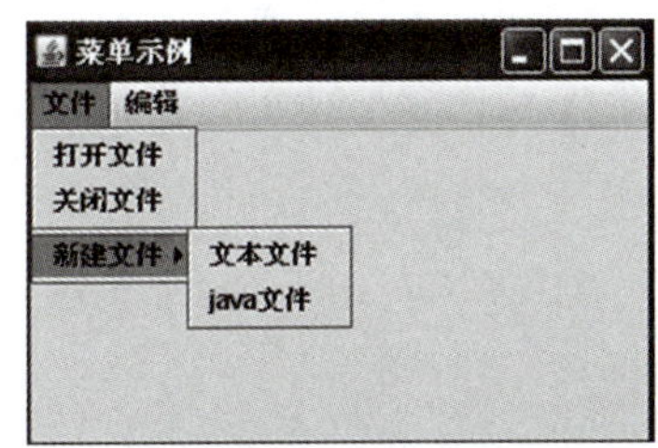

图 7-31　菜单示例

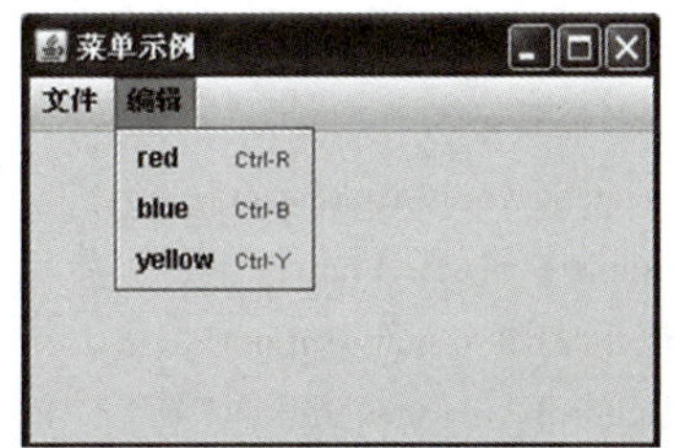

图 7-32　快捷键示例

(2) 弹出式菜单 JPopupMenu。

弹出式菜单是一种特殊形式的菜单，其性质与菜单几乎相同。但是弹出式菜单并不固定在窗口的任何一个位置，而是由鼠标和系统判断决定。弹出式菜单发生在用户按下或松开鼠标右键时触发 MouseEvent 事件，在处理单击方法 mouseClicked( ) 中编写显示弹出式菜单的代码：

```
public void mouseClicked(MouseEvent e){
    if(e. getModifiers()= =e. BUTTON3_MASK)//判断右击
    弹出式菜单 . show(this,e. getX(),e. getY()); //在单击处显示弹出式菜单
}
```

7.4 图形用户界面布局管理

当把组件添加到容器中时，希望控制组件在容器中的位置，这就需要学习容器的布局设计。使用容器的 setLayout( ) 方法可以改变容器的布局，本节将介绍 5 种布局方式。

7.4.1 顺序布局

顺序布局（FlowLayout）是最基本的一种布局方式，对应于 java. awt. FlowLayout 类。Panel 及其子类的默认布局方式均为顺序布局。

顺序布局是指根据显示区域的大小，把组件按照从左到右的顺序排列，一行排满后就转到下一行继续排列，直到把所有组件都显示出来。在顺序布局方式下，组件使用容器的 add( ) 方法将自己加入容器。顺序布局的功能有限，只适合用于组件较少的情况。FlowLayout 类的常用方法如表 7-27 所示。

表 7-27　FlowLayout 类的常用方法

序号	返回值类型	方法名	方法作用
1	无	FlowLayout( )	创建一个居中对齐的顺序布局对象
2	无	FlowLayout(int align)	按照指定对齐方式创建一个顺序布局对象，其中 align 可以取以下几个值：FlowLayout. LEFT（左对齐）、FlowLayout. RIGHT（右对齐）、FlowLayout. CENTER（居中对齐）
3	无	FlowLayout(int align, int hgap, int vgap)	指定对齐方式、水平间距和垂直间距，创建一个顺序布局对象

【例 7-17】 使用顺序布局放置 5 个按钮组件。

```
import java. awt. *;
public class Example7_17 {
    public static void main(String[] args) {
        Frame f = new Frame("顺序布局示例");
        Button b1 = new Button("按钮 1");
        Button b2 = new Button("按钮 2");
        Button b3 = new Button("按钮 3");
        Button b4 = new Button("按钮 4");
        Button b5 = new Button("按钮 5");
        f. setSize(300,200);
        f. setLayout(new FlowLayout());//设置窗口的布局为顺序布局
```

```
        f. add(b1);
        f. add(b2);
        f. add(b3);
        f. add(b4);
        f. add(b5);
        f. setVisible(true);
    }
}
```

Example7_17 的运行结果如图 7-33 所示。

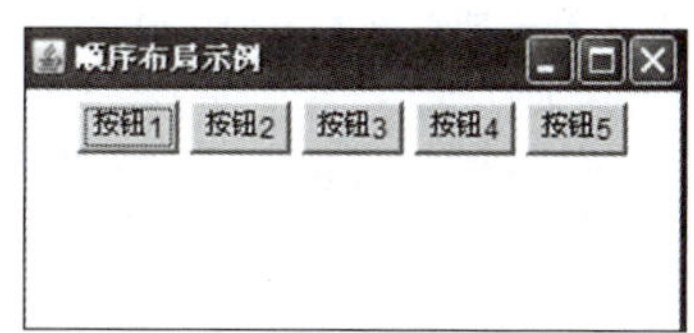

图 7-33　Example7_17 的运行结果

7.4.2　边界布局

边界布局（BorderLayout）是一种简单的布局方式，对应于 java. awt. BorderLayout 类。Window 及其子类（Frame、Dialog）的默认布局方式均为边界布局。

边界布局将一个容器分为 5 个部分：东、南、西、北、中。这几部分的分布规律是“上北下南，左西右东”。东、南、西、北 4 个边界内的组件占据了它们所需的尽可能多的空间，中间区域则占据了剩余的空间。每加入一个组件都应该指明把这个组件加在哪个区域中，区域由 BorderLayout 中的静态常量 CENTER、NORTH、SOUTH、WEST、EAST 表示。因为只有 5 个区域，所以最多只能容纳 5 个组件，如果容器中需要加入的组件数超过 5 个，就必须使用容器的嵌套或改用其他布局方式。BorderLayout 类的常用方法如表 7-28 所示。

表 7-28　BorderLayout 类的常用方法

序号	返回值类型	方法名	方法作用
1	无	BorderLayout( )	构造一个组件之间没有间距的边界布局
2	无	BorderLayout(int hgap,int vgap)	用指定的组件之间的水平间距构造一个边界布局

可以使用 add( ) 方法将一个组件 b 添加到设置了边界布局的容器的东部区域：

```
add(b,BorderLayout. EAST);
```

或

```
add(BorderLayout. EAST,b);
```

或

```
add("East",b);
```

【例 7-18】 使用边界布局放置 5 个按钮组件。

```
import java. awt. *;
public class Example7_18 {
```

```
    public static void main(String[] args) {
        Frame f = new Frame("边界布局示例");
        f. setSize(300,200);
        Button east = new Button("东");
        Button south = new Button("南");
        Button west = new Button("西");
        Button north = new Button("北");
        Button center = new Button("中");
        BorderLayout bor = new BorderLayout();//创建边界布局对象
        f. setLayout(bor);//为窗口设置边界布局
        //将 5 个按钮按照方向依次放入窗口对应的 5 个区域
        f. add("East",east);
        f. add("South",south);
        f. add("West",west);
        f. add("North",north);
        f. add("Center",center);
        f. setVisible(true);
    }
}
```

Example7_18 的运行结果如图 7-34 所示。

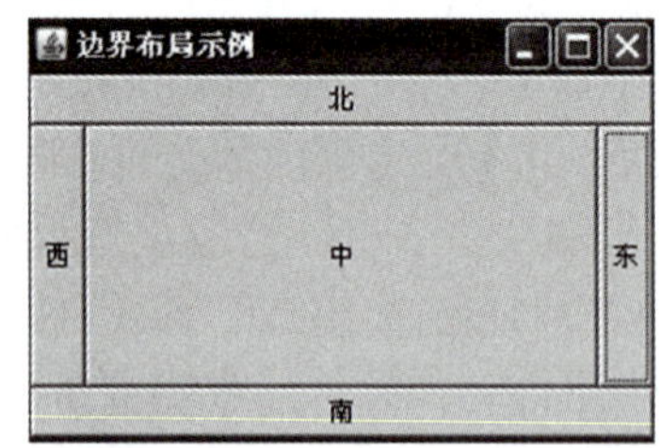

图 7-34　Example7_18 的运行结果

7.4.3　网格布局

网格布局（GridLayout）是一种使用较多的布局方式，对应于 java. awt. GridLayout 类。

网格布局是指将一个容器分成若干个网格，将组件放到网格的行和列中。组件首先被添加到网格的第一行的第一个单元，依次向右排列。当第一行内所有的单元都被占满时，下一个组件被添加到网格的第二行的第一个单元，以此类推。网格布局比较灵活，需要划分的网格数由程序自由控制。GridLayout 类的常用方法如表 7-29 所示。

表 7-29　GridLayout 类的常用方法

序号	返回值类型	方法名	方法作用
1	无	GridLayout( )	构造一个具有默认值的网格布局，即每个组件占据一行一列
2	无	GridLayout(int rows,int cols)	构造具有指定行数和列数的网格布局
3	无	GridLayout(int rows,int cols,int hgap,int vgap)	构造一个具有指定行数和列数、组件之间具有指定垂直间距和水平间距的网格布局

【例 7-19】创建一个具有 3 行 3 列的网格布局。

```
import java.awt.*;
public class Example7_19 {
    public static void main(String[] args) {
        Frame f = new Frame("网格布局示例");
        GridLayout gri = new GridLayout(3,3);//3 行 3 列的网格
        f.setSize(300,200);
        f.setLayout(gri);
        for(int i=1;i<=9;i++){
            f.add(new Button("按钮"+i));
        }
        f.setVisible(true);
    }
}
```

Example7_19 的运行结果如图 7-35 所示。

上例中如果创建一个具有 3 行 3 列的网格，在水平方向和垂直方向上的间距都是 10 个像素，即将第 5 行代码改为 “GridLayout gri = new GridLayout(3,3,10,10);”，则程序的运行结果如图 7-36 所示。

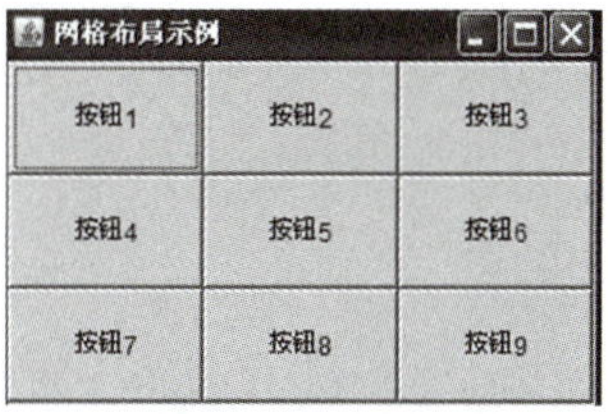

图 7-35　网格布局示例

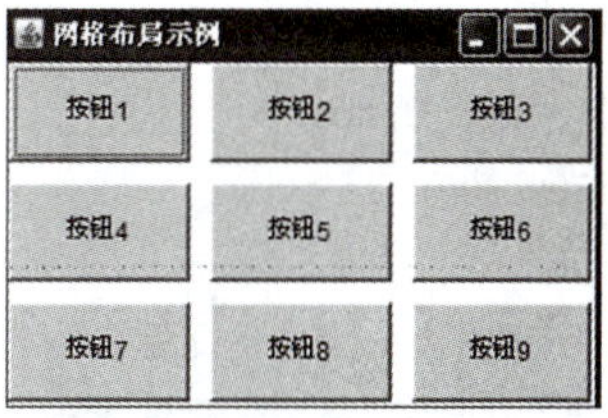

图 7-36　带有水平间距和垂直间距的网格布局

7.4.4　卡片布局

卡片布局（CardLayout）可以容纳多个组件，对应于 java.awt.CardLayout 类。

卡片布局是指将组件像卡片一样叠放起来，在任何时候只有一张卡片是可见的，就像一叠“扑克牌”一样，这个被显示的组件将占据容器的整个空间。CardLayout 类的常用方法如表 7-30 所示。

表 7-30　CardLayout 类的常用方法

序号	返回值类型	方法名	方法作用
1	无	CardLayout()	创建一个间隙为 0 的卡片布局
2	无	CardLayout(int hgap,int vgap)	创建一个水平间距是 hgap、垂直间距是 vgap 的卡片布局
3	void	show(Container parent,String name)	显示容器 parent 指定 name 的卡片
4	void	first(Container parent)	显示容器中的第一张卡片
5	void	last(Container parent)	显示容器中的最后一张卡片
6	void	next(Container parent)	显示当前正在被显示的卡片的下一张卡片
7	void	previous(Container parent)	显示当前正在被显示的卡片的前一张卡片

假设有容器 f，使用 CardLayout 的步骤如下。

（1）创建 CardLayout 对象作为布局，例如：

```
CardLayout card= new CardLayout();
```

（2）容器使用 setLayout( ) 方法设置布局，例如：

```
f. setLayout(card);
```

（3）容器调用 add(String s,Component b) 方法将组件 b 加入容器。其中，s 是该组件的代号。

```
f. add("按钮 1",b);
```

（4）使用 CardLayout 提供的 show( )、first( ) 等方法，显示组件。

【例 7-20】 创建一个卡片布局，并显示第二张卡片。

```
import java. awt. * ;
public class Example7_20 {
    public static void main(String[] args) {
        Frame f = new Frame("卡片布局");
        CardLayout card = new CardLayout(10,5);//设置卡片布局,水平间距为 10,垂直间距为 5
        Button b1 = new Button("1 号卡片");
        Button b2 = new Button("2 号卡片");
        Button b3 = new Button("3 号卡片");
        f. setSize(300,200);
        f. setLayout(card);
        f. add("1",b1);//将 b1 加入 f,设置代号为“1”
        f. add("2",b2);//将 b2 加入 f,设置代号为“2”
        f. add("3",b3);//将 b3 加入 f,设置代号为“3”
        card. show(f,"2");//卡片布局显示第二张卡片
        f. setVisible(true);
    }
}
```

Example7_20 的运行结果如图 7-37 所示。

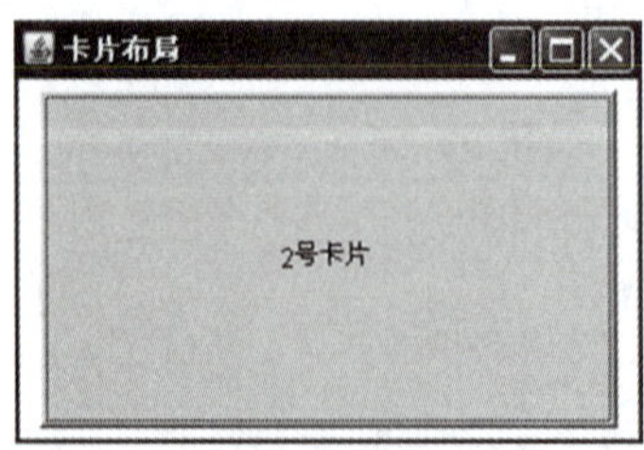

图 7-37　Example7_20 的运行结果

7.4.5　自定义布局

自定义布局就是把一个容器的布局设置为 null，通过 setBounds( ) 方法准确地定位组件在容器中的位置和大小。这种布局方式应用广泛，编写程序时可以不考虑布局，只需要注意

组件的位置即可。

假设有容器 f，设置自定义布局的步骤如下。

（1）将容器的布局设置为 null，例如：

```
f. setLayout(null);
```

（2）向容器 f 中添加一个组件，例如：

```
f. add(b);
```

（3）使用 setBounds(int x, int y, int width, int heigh) 方法确定组件本身的大小和在容器中的位置。其中 x，y（参数）是被添加的组件 b 的左上角在容器中的位置坐标，width、height 是组件 b 的宽度和高度。

【例 7-21】 创建一个空布局，在界面上显示 2 个大小为 80 像素×40 像素的按钮，第一个按钮出现的位置为（100，50），第二个按钮出现的位置为（200，100）。

```
import java. awt. * ;
    public class Example7_21 {
        public static void main(String[] args) {
        Frame f = new Frame("空布局示例 ");
        Button b1 = new Button("按钮 1");
        Button b2 = new Button("按钮 2");
        f. setSize(300,200);
        f. setLayout(null);//设置容器为空布局
        f. add(b1);
        f. add(b2);
        b1. setBounds(100,50,80,40);//设置按钮 b1 的位置和大小
        b2. setBounds(200,100,80,40);//设置按钮 b2 的位置和大小
        f. setVisible(true);
    }
}
```

Example7_21 的运行结果如图 7-38 所示。

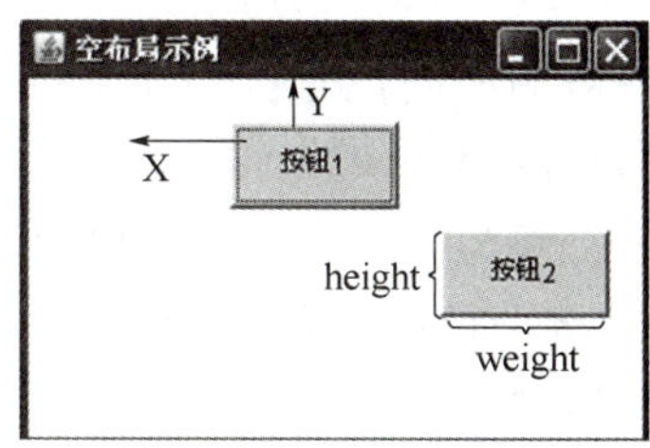

图 7-38　Example7_21 的运行结果

7.5 图形用户界面案例

从现在开始，我们要编写一个类似于 QQ 聊天工具的网络通信工具。用户先进行登录，

通过服务器的验证，登录到服务器上。登录后在聊天界面中会显示当前在线的用户，如图 7-40 的左下角的下拉列表框所示。在下拉列表框中双击某个用户名，可以与该用户互相发送信息和文件。当某个用户退出登录后，该用户从下拉列表框中消失。

在本案例中，我们先搭建登录、聊天的界面，如图 7-39～图 7-41 所示。在登录界面中输入用户名和密码，按“登录”按钮进入系统。

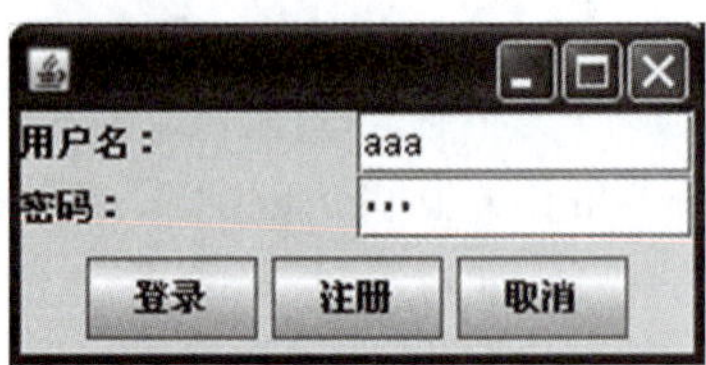

图 7-39　登录界面

图 7-40　用户 a1 的聊天界面

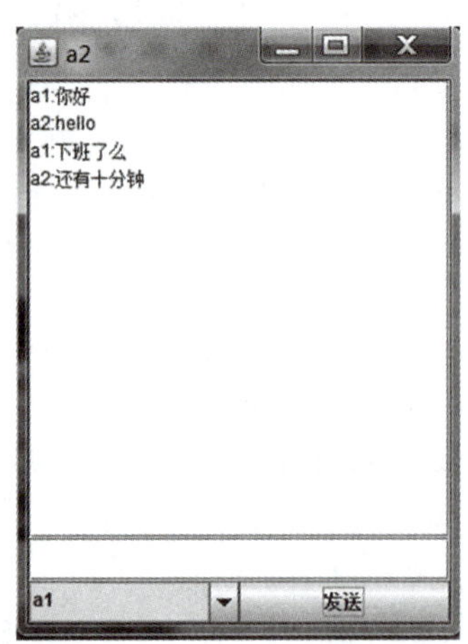

图 7-41　用户 a2 的聊天界面

1. 设计思路

（1）在工程的 src 文件夹中创建 p1 文件夹，然后在 p1 文件夹中分别创建两个 Java 文件：登录界面文件 Chat_Login. java、聊天界面文件 Chat_Main. java。

（2）登录界面 Chat_Login 的窗体整体采用边界布局，用户名、密码组件放在第一个面板 Jtext 中，并将面板 Jtext 放在窗体的中间位置；将 3 个按钮放在第二个面板 Jbutton2 中，并将面板 Jbutton2 放在窗体边界布局的南部区域。

（3）为 3 个按钮注册监听器，并编写“登录”和“取消”两个按钮的监听程序。当单击“登录”按钮时，将用户名、密码与先前设定的值进行比较，若能匹配则显示成功信息，否则显示失败信息。当单击“取消”按钮时，退出系统。

（4）聊天界面 Chat_Main 的窗体整体采用边界布局，中间部分放一个 JTextArea 组件，南部区域放一个面板 panbig。面板 panbig 采用网格布局，2 行 1 列。在第一行放置一个文本框组件，第二行放置一个面板 pansmall。面板 pansmall 采用 1 行 2 列的网格布局，两列中分别放置下拉列表框和按钮组件。

2. 遇到的问题

（1）单击“登录”按钮后，如果登录成功，如何显示聊天界面？

（2）用户是如何添加到下拉列表框中的？

【解决问题 1】因为没有使用数据库，先用固定用户名 aaa 和密码 111 设置登录成功。当登录成功后，创建聊天界面 Chat_Main 的对象 fmain，设置该对象可见，同时让登录界面不可见。

```
if(user. equals("aaa")&&password. equals("111")){
        System. out. println("登录成功");
            //如果用户名是 aaa、密码是 111,则登录成功
        Chat_Main fmain=new Chat_Main();
        fmain. setLocation(300, 300);
        fmain. setName(user);                //设置窗体的用户
        fmain. setVisible(true);             //窗体可见
        this. setVisible(false);             // 登录界面消失
```

【解决问题 2】正常情况下，在数据库中提取已经登录的用户名，在这里我们先添加一个固定的用户名 a2，使界面看起来完整：

```
clist. addItem("a2");  //在下拉列表框中添加一个用户名 a2
```

3. 程序实现

【图形用户界面案例】程序实现

本章小结

本章介绍了 3 个部分的内容：图形用户界面的基本知识、AWT 工具集和 Swing 组件。

图形用户界面设计主要包含组件、容器、布局管理器、事件 4 个概念。

布局管理器的功能是确定容器中组件的排列位置。它的实现类中经常使用顺序布局、边界布局、网格布局、卡片布局和自定义布局 5 种布局方式。

事件是程序与用户发生的交互行为。Java 采用的是委托事件处理模型，当一个事件发生时，事件源自己不处理事件，而是将事件委托给监听器处理。事件处理包含 4 个重要概念：事件、事件源、监听器、事件处理器。

AWT 组件和 Swing 组件均提供容器和组件，两种类型的组件响应相同的布局管理和事件。Swing 组件是在 AWT 基础上构建的一套新的图形用户界面系统，包含 AWT 组件提供的所有功能，不依赖本地操作系统的图形用户界面，做到跨平台运行。因此，Swing 组件受到更广泛的使用。

本章只介绍了 AWT 组件中的容器、标签、文本框和按钮类，详细介绍了 Swing 组件中的容器、标签、按钮、文本框、选择按钮、列表类和菜单类。

本章的知识对于设计和开发 JavaSE 应用程序是非常重要的，但是对于 JavaEE 和 JavaME 的编程人员而言，了解即可。

本章习题

一、选择题

1. 以下关于 Java 中菜单的说法，错误的是（　　）。

A. 一个 JFrame 中最多只能添加一个 JMenuBar

B. 一个 JFrame 中最多只能添加一个 JMenu

C. 一个 JMenu 上可以添加多个 JMenuItem

D. 一个 JMenu 上可以添加多个 JMenu

2. 以下事件监听接口有适配器的是（　　）。

A. ActionListener　　B. ItemListener

C. WindowListener　　D. AdjustmentListener

3. 以下方法可以用在 JFrame 中加入 JMenuBar 的是（　　）。

A. setJMenu( )　　B. setJMenuBar( )

C. add( )　　D. addJMenuBar( )

4. 下列布局中将组件从上到下、从左到右依次摆放的是（　　）。

A. BorderLayout　　B. GridLayout

C. CardLayout　　D. FlowLayout

5. 怎样创建一个监听类，使当移动鼠标时，它可以接收事件？（　　）

A. 通过继承 MouseListener 接口　　B. 通过实现 MouseListener 接口

C. 通过继承 MouseMotionListener 接口　　D. 通过实现 MouseMotionListener 接口

6. 容器被重新设置大小后，哪种布局管理器的容器中的组件大小不随容器大小的变化而改变？（　　）

A. CardLayout　　B. FlowLayout　　C. BorderLayout　　D. GridLayout

二、编程题

1. 编写一个界面应用程序，在界面中输入一个整数，提示该整数是奇数还是偶数。

2. 设计如图 7-42 所示的计算器（只实现界面）。

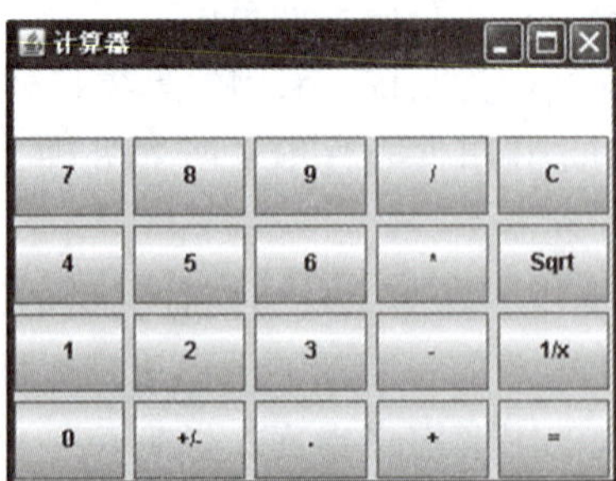

图 7-42　计算器界面

3. 创建如图 7-43 所示的图形用户界面，并完成通讯录的功能。在界面右侧分别填写编号、姓名，选择性别，在下拉列表框中选择省份，根据省份显示出不同的城市，单击 Add 按钮，将信息添加到左侧的多行文本区中。

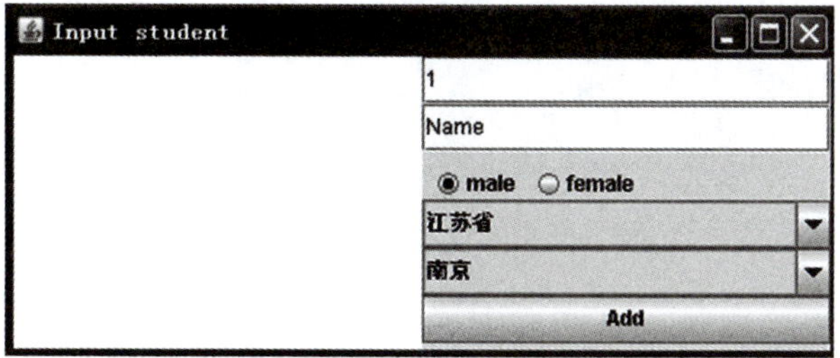

图 7-43　图形用户界面

第 7 章习题答案

第 8 章 文件和流

学习目标

输入/输出处理是程序设计中非常重要的部分，Java 程序设计使用流类进行输入/输出处理，java. io 包中提供了许多输入流和输出流类，以完成程序和外部设备的交互。

教学重点

1. 掌握 File 类和文件管理。
2. 掌握主要字节流与字符流的使用。
3. 了解特殊字节流与字符流的使用。

8.1 File 类

作为输入/输出技术的初学者，从读/写文件开始学习输入/输出操作是一个不错的选择。读/写文件是程序员进行输入/输出编程的一个基本能力。

8.1.1 基本知识

1. 文件的定义

文件是计算机中一种基本的数据存储形式，在实际存储数据时，如果对于数据的读/写速度要求不是很高，存储的数据量不是很大，则使用文件作为一种持久数据存储的方式是比较好的选择。

2. File 类

Java 中的文件管理包括获取路径，读取或设置文件的各种属性，文件和目录操作，目录遍历等。Java 对于文件的操作和管理都是通过 File 类来实现的。

File 类位于 java. io 包中，该类通过简易的方法封装了复杂的、与平台无关的文件及目录，因此 File 类提供了管理文件或目录的方法。我们可以通过 File 类来建立与文件系统的联系。创建的一个 File 对象代表真实文件系统中的一个文件或目录。

（1）File 类的构造方法。

创建一个 File 对象的构造方法有以下 3 种。

①File(String pathname) 通过将给定路径名字符串转换成抽象路径名来创建一个新的 File 对象，该方法可以创建一个文件，也可以创建一个目录。描述一个路径时，因为字符“\”有转义作用，所以需要用“\\”表示“\”。

例如：

```
File d = new File("f:\\chapter8");
```

表示创建一个 File 对象 d，指向 f 盘的 chapter8 目录。

```
File f = new File("f:\\chapter8\\a. txt");
```

表示创建一个 File 对象 f，指向 f 盘 chapter8 目录下的 a. txt 文件。

②File(String parent,String child) 根据 parent 路径名字符串和 child 路径名字符串创建一个新的 File 实例。

例如：

```
File f1 = new File("f:\\chapter8","a. txt");
```

表示创建一个 File 对象 f1，指向 f 盘 chapter8 目录下的 a. txt 文件。

③File(File parent,String child) 根据 parent 抽象路径名和 child 路径名字符串创建一个新的 File 实例。

例如：

```
File f2 = new File(d,"a. txt");
```

表示创建一个 File 对象 f2，指向 d 盘 chapter8 目录下的文件 a. txt。

（2）File 类的常用方法。

File 类常用的成员方法如表 8-1 所示，限于篇幅，读者在使用时可以参考 Java API 文档中对这些方法的详细说明。

表 8-1　File 类常用的成员方法

序号	返回值类型	方法名	方法作用
1	boolean	createNewFile()	创建一个新文件
2	boolean	canWrite()	判断文件是否可被写入
3	boolean	canRead()	判断文件是否可读
4	boolean	delete()	删除指定的文件
5	boolean	exists()	判断文件是否存在
6	String	getAbsolutePath()	获取文件的绝对路径
7	String	getName()	获取文件的名称
8	String	getParent()	获取文件的父目录
9	File	getPath()	获取文件所在路径

续表

序号	返回值类型	方法名	方法作用
10	boolean	isAbsolute( )	判断路径名是否是绝对路径
11	boolean	isDirectory( )	判断文件是否是目录
12	boolean	isFile( )	判断文件是否是一个正常文件,而不是目录
13	boolean	isHidden( )	判断文件是否是隐藏文件
14	long	lastModified( )	返回文件最后被修改的时间（与 1970 年 1 月 1 日 00:00:00 GMT 的时间差）
15	long	length( )	返回文件的长度（bytes）
16	String[ ]	list( )	用字符串形式返回目录下的全部文件
17	File[ ]	listFiles( )	用 File 对象形式返回目录下的全部文件
18	boolean	mkdir( )	建立一个目录
19	boolean	mkdirs( )	建立一个目录。如果该目录的父目录不存在，也创建它
20	String	toString( )	返回文件名字符串

【例 8-1】 创建 File 对象指向相应磁盘下的文件，显示文件信息。

```
import java. io. *;
public class Example8_1 {
    public static void main(String[] args) {
        File f = new File("f:\\chapter8","Example8_1. java");
        System. out. println("文件名:"+f. getName());
        System. out. println("文件路径:"+f. getPath());
        System. out. println("f1 是否存在?"+f. exists());
    }
}
```

Example8_1 的运行结果如图 8-1 所示。

```
文件名：Example8_1.java
文件路径：f:\chapter8\Example8_1.java
f1是否存在？ false
```

图 8-1　Example8_1 的运行结果

3. FilenameFilter 类

File 类的 list( ) 和 listFiles( ) 方法都会返回当前 File 对象下的所有文件或目录，如果仅希望得到满足某种条件的子目录和文件清单，可以使用 java. io 包中的文件名过滤器类 FilenameFilter，用来过滤不符合规格的文件名，并返回合格的文件。

使用 FilenameFilter 时，要创建一个类实现 FilenameFilter 接口，实现该接口下的 accept( ) 方法。

以下是常用的实现 FilenameFilter 接口的创建类的方式：

```
class MyFilter implements FilenameFilter{
    private String type;    //type 为需要过滤的条件
    public MyFilter(String type){//构造方法
```

```
        this. type = type;
    }
    public boolean accept(File dir,String name){
    //dir 表示文件的当前目录,name 表示文件名
        …//此处代码实现 accept()方法
    }
}
```

【例 8-2】返回当前目录下的所有以 . java 结尾的文件。

```
import java. io. * ;
public class Example8_2 {
    public static void main(String[] args)throws Exception {
        File dir=new File("d:\\chapter8"); //定义目录
        MyFilter filter =new MyFilter(". java");
            //定义过滤方式,选择以 . java 结尾的文件,以下逐个显示文件
        String[] files = dir. list(filter);
        int i=0;
        System. out. println("该目录下有"+files. length+"个文件");
        while(i<files. length){
        System. out. println("第"+(i+1)+"个文件是:"+files[i]);
        i++;
        }
    }
}
class MyFilter implements FilenameFilter{
    private String type;
    public MyFilter(String type){
        this. type = type;
    }
    public boolean accept(File dir,String name){
        return name. endsWith(type);
    }
}
```

Example8_2 的运行结果如图 8-2 所示。

```
该目录下有12个文件
第1个文件是：Example8_1.java
第2个文件是：Example8_10.java
第3个文件是：Example8_11.java
第4个文件是：Example8_12.java
第5个文件是：Example8_2.java
第6个文件是：Example8_3.java
第7个文件是：Example8_4.java
第8个文件是：Example8_5.java
第9个文件是：Example8_6.java
第10个文件是：Example8_7.java
第11个文件是：Example8_8.java
第12个文件是：Example8_9.java
```

图 8-2　Example8_2 的运行结果

【例 8-3】创建磁盘文件 d:\chapter8\a. txt 和 d:\chapter8\b. txt，测试文件的各种属性信息。

【例 8-3】程序实现

Example8_3 的运行结果如图 8-3 所示。

```
文件创建成功
文件a.txt可读么？ true
文件a.txt可写么？ true
文件a.txt存在么？ true
文件a.txt是文件么？ true
文件a.txt的绝对路径是：d:\chapter8\a.txt
文件a.txt的父目录是：d:\chapter8
文件a.txt是目录吗？ false
文件a.txt是文件么？ true
文件a.txt最后被修改的时间是：1550027831789
文件a.txt的长度是：42
文件b.txt的长度是：0
文件path的名字是：chapter8
文件path的路径名是d:\chepter8
第1个文件是：a.txt
第2个文件是：b.txt
```

图 8-3　Example8_3 的运行结果

8. 1. 2　知识扩展

本小节中使用 File 类创建的 File 对象，不会影响到真实的文件系统，只是在对象与真实的文件或目录之间建立一个关联。

在上述案例中，a. txt 和 b. txt 文件通过 createNewFile( ) 方法已经真实创建在 d 盘的 chapter8 文件夹下了，所以在调用 file1. exists( ) 方法时显示的是 true，即文件存在。如果在上述程序中，使用如下语句：

```
File file3 =new File(path,"c. txt");
System. out. println(file3. exists());
```

由于 File 类创建了一个抽象文件 c. txt，此文件并没有在硬盘上真实存在，所以输出的结果为 false。

文件只能对文件自身的属性进行操作，并不能对文件内容进行读取和更改。如果要对文件的内容进行读取和更改，则应该使用输入/输出流。

课后思考：什么是知识产权？

知识产权的客体是人的智力成果，是一种无形资产，保护知识产权体现了对人的智力成果的尊重。信息时代的竞争就是科技与人才的竞争，而科技与人才的竞争最终体现在知识产权的竞争上，谁掌握某一领域关键的知识产权，谁就能在这个领域取得控制权。作为计算机从业人员，既要尊重其他人的知识产权，也要保护自己的知识产权。

8.2 流的简介

在程序设计中经常遇到这样的输入/输出问题，例如，从键盘上输入一些数据，并将这些数据存储在磁盘文件中；将一个文件的内容复制到另一个文件中；将一个文件的内容显示在屏幕上等。从这些数据的传输过程中会发现数据有不同的传输方向。在 Java 中，所有数据都是使用流来写入和读出的。Java 中的流就如同水流一样，可以将数据从一个地方带到另一个地方。

1. 输入流和输出流

一个流是程序中数据途经的一条路径。有些时候数据需要从数据源（如文件、内存、磁盘）向程序中流动，这个流动的通道被称为输入流；而有些时候，数据需要从程序流向目的地（文件、内存、控制台），这个流动的通道被称为输出流，如图 8-4 所示。因此，在编写程序时只要根据要求，弄清数据的流向，选择合适的输入流或输出流就能进行数据的传输。

Java 技术支持流中两种类型的数据：字节和字符。字节流按字节处理数据，字符流按字符处理数据。更具体地说，字节输入流由 InputStream 类及其子类实现；字节输出流由 OutputStream 类及其子类实现，字符输入流由 Reader 类及其子类实现；字符输出流由 Writer 类及其子类实现。

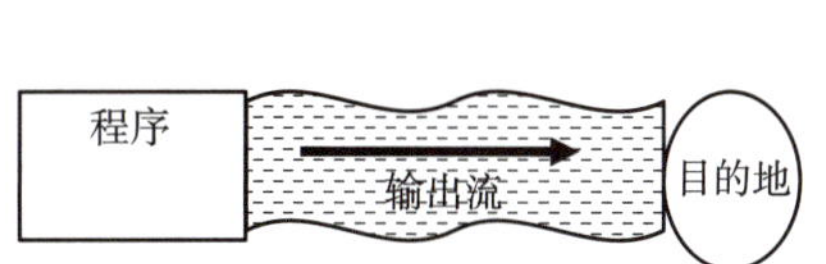

图 8-4　输入/输出流示意

2. 标准输入/输出

标准输入/输出是指在命令行下的输入/输出方式。用键盘输入数据是标准输入，将数据显示在屏幕上是标准输出，还有以屏幕为对象的标准错误输出。Java. lang 包中的 System 类实现了标准输入/输出功能。

（1）标准输入流。

System. in 表示标准输入流，默认的数据源为键盘，它是 InputStream 类的一个对象，使用以下两个方法可以从键盘上读入数据。

①int read( ) 方法将读入的一个字节作为整数返回，如果没有字节，则返回-1。

②int read(byte[ ] b) 方法读入若干字节到缓冲字节数组 b 中，返回实际读入的字节数。

这两个方法均抛出 IOException 异常，编写程序时要特别注意，将方法用 try-catch 语句处理异常，或者使用 throws 语句转移异常。在后面的章节中，遇到类似情况均要进行异常处理，此后不再赘述。

（2）标准输出流。

System. out 表示标准输出流，默认的目的地是屏幕。它是 PrintStream 类的一个对象，使用以下两种方法向屏幕输出数据。

①void print(输出参数) 方法用来输出一行数据。

②void println(输出参数) 方法用来输出一行数据并换行。

（3）标准错误输出流。

System. err 表示标准错误输出流，默认的目的地是屏幕。它是 PrintStream 类的一个对象，程序可通过它输出运行时的错误信息。

以上 3 种标准输入/输出流都是 Java 虚拟机创建的，这些流始终处于打开状态，在程序运行的任何时候都可以通过它们来输入或输出数据，除非程序显式地关闭它们。

【例 8-4】 使用标准输入/输出流从键盘上输入一个字符并将其显示在控制台上。

```
import java. io. *;
public class Example8_4 {
    public static void main(String[] args) {
        char c ;
        System. out. println("请输入一个字符:");
        try{
            c = (char)System. in. read();
            //从键盘上读入一个字节,将该字节转换成字符形式,然后输出
            System. out. print("您输入的字符是:"+c);//向屏幕输出
        }catch (IOException e) {
            System. out. println("产生异常");
        }
    }
}
```

Example8_4 的运行结果如图 8-5 所示。

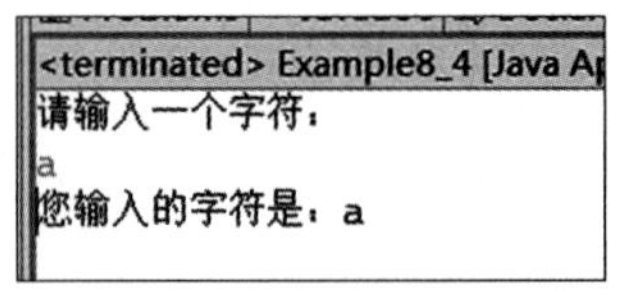

图 8-5 Example8_4 的运行结果

【例 8-5】 从键盘上输入一系列字符，将其显示在控制台上。

```
import java. io. *;
public class Example8_5 {
    public static void main(String[] args) {
    int b;
    System. out. println("请输入字符");
    try{
        while((b=System. in. read())! =- 1){
            //通过 while 循环控制输入流到结尾

        System. out. print(""+(char)b);
    }
    }catch (IOException e) {
        System. out. println("输入输出错误");
    }
    }
}
```

Example8_5 的运行结果如图 8-6 所示。

```
请输入字符
asdfgfhjk
asdfgfhjk
```

图 8-6　Example8_5 的运行结果

8.3 字节流

字节流是由字节组成的。也就是说，在这个通道中流动的都是字节数据。它是 Java 中最基本的流，主要处理二进制数据。抽象类 InputStream 和 OutputStream 是所有 Java 字节流的父类。图 8-7 和图 8-8 分别是 InputStream 类和 OutputStream 类的层次结构。

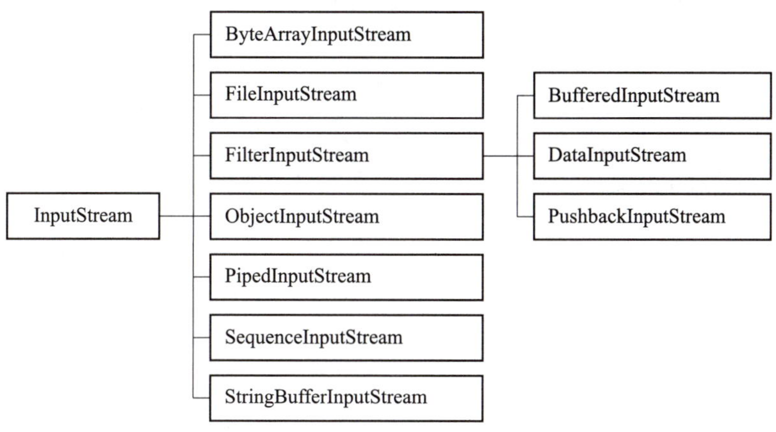

图 8-7　InputStream 类的层次结构

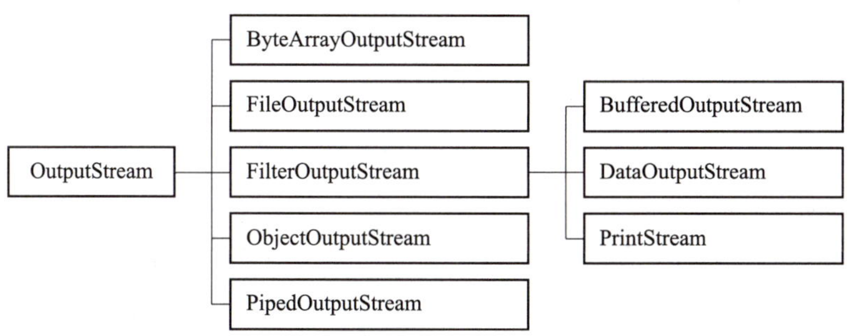

图 8-8　OutputStream 类的层次结构

从图 8-7 和图 8-8 中可以看出，字节输入/输出流的种类繁多，表 8-2 对这些字节输入/输出流做了简要介绍。

表 8-2　常见的字节输入输出流

操作对象	类	含义
文件流	FileInputStream	从文件中读取数据的输入流
	FileOutputStream	向文件写入数据的输出流

续表

操作对象	类	含义
对象流	ObjectInputStream	对象输入流
	ObjectOutputStream	对象输出流
数据流	DataInputStream	包含读取 Java 标准数据类型方法的输入流
	DataOutputStream	包含编写 Java 标准数据类型方法的输出流
字节数组流	ByteArrayInputStream	从字节数组中读取的输入流
	ByteArrayOutputStream	向字节数组写入数据的输出流
过滤流	FilterInputStream	过滤输入流
	FilterOutputStream	过滤输出流
管道流	PipedInputStream	管道输入流
	PipedOutputStream	管道输出流
缓冲流	BufferedInputStream	缓冲输入流
	BufferedOutputStream	缓冲输出流
顺序输入流	SequenceInputStream	把几个输入流转换为一个输入流
字符串输入流	StringBufferInputStream	把字符串转换为输入流，该类已被废弃，通常使用 StringBufferReader 取代
回压输入流	PushbackInputStream	把读取的一个字节压回到缓冲区中
格式化输出流	PrintStream	包含 print() 和 println() 方法的输出流

8.3.1 字节流的父类

InputStream 和 OutputStream 是字节输入流、字节输出流的父类，是抽象类，不能创建对象，所以没有构造方法，本小节将介绍这两个类的主要方法。

1. InputStream 字节输入流

InputStream 类的主要方法如表 8-3 所示。

表 8-3 InputStream 类的主要方法

序号	返回值类型	方法名	方法作用
1	int	read()	从输入流中读取一个字节数据，-1 表示到达文件结尾
2	int	read(byte[] b)	从输入流中读取一定数量的字节并将其存储在缓冲字节数组 b 中，返回读出的字节数
3	int	read(byte[] b,int off,int len)	将输入流中最多 len 个字节读入缓冲字节数组 b 字节，并从 b 的 off 位置开始存放
4	long	skip(long n)	跳过和放弃此输入流中的 n 个字节数据
5	void	close()	关闭此输入流并释放与该流关联的所有系统资源
6	int	available()	返回流中可读的有效字节数

2. OutputStream 字节输出流

OutputStream 类的主要方法如表 8-4 所示。

表 8-4　OutputStream 类的主要方法

序号	返回值类型	方法名	方法作用
1	void	write(int b)	将指定的字节写入此输出流
2	void	write(byte[ ] b)	将 b.length 个字节从缓冲字节数组 b 写入此输出流
3	void	write(byte[ ] b, int off, int len)	将指定字节数组中从偏移量 off 开始的 len 个字节写入此输出流
4	long	skip(long n)	跳过和放弃此输出流中的 n 个字节数据
5	void	close()	关闭此输出流并释放与该流关联的所有系统资源
6	void	flush()	刷新此输出流并强制写出所有缓冲的输出字节

字节输入流和字节输出流的所有方法均抛出 IOException 异常

使用字节输入/输出流处理数据时，通常使用它们的子类。这些子类会继承 InputStream、OutputStream 类中相应的方法来读/写数据。因此，在下面的各种子类中，不再重复介绍本小节已经介绍的父类方法，只给出子类特有的方法。

8.3.2　文件字节流

1. FileInputStream 文件字节输入流

FileInputStream 是 InputStream 类派生出来的简单输入类，使用它可从文件系统的某个文件中获取字节，用于读取诸如图像数据之类的原始字节流。该类除了包含从 InputStream 类继承来的方法，还有以下两种构造方法，如表 8-5 所示。

表 8-5　FileInputStream 类的构造方法

序号	返回值类型	方法名	方法作用
1	无	FileInputStream(String filename)	使用给定的文件名 filename 创建一个 FileInputStream 对象
2	无	FileInputStream(File filename)	使用 File 对象创建一个 FileInputStream 对象

以上两种方法均抛出 FileNotFoundException 异常。

【例 8-6】 从磁盘上读取文件，并将其显示在控制台上。

```
import java.io.*;
public class Example8_6 {
    public static void main(String[] args) {
    byte b[]= new byte[1024];//定义缓冲字节数组
    try{
        File f = new File("d:\\chapter8","Example8_6.java");
        //创建一个文件
        FileInputStream in =new FileInputStream(f);
        //创建文件的字节输入流
        int n=0;
        while((n=in.read(b))! =-1){
          //按照数组长度读取文件,直至结尾
```

```
                System. out. println(new String(b));
                  //转成字符串后显示
            }
            in. close();
            }catch (IOException e) {
            e. printStackTrace();
            }
        }
    }
```

Example8_6 的运行结果如图 8-9 所示。

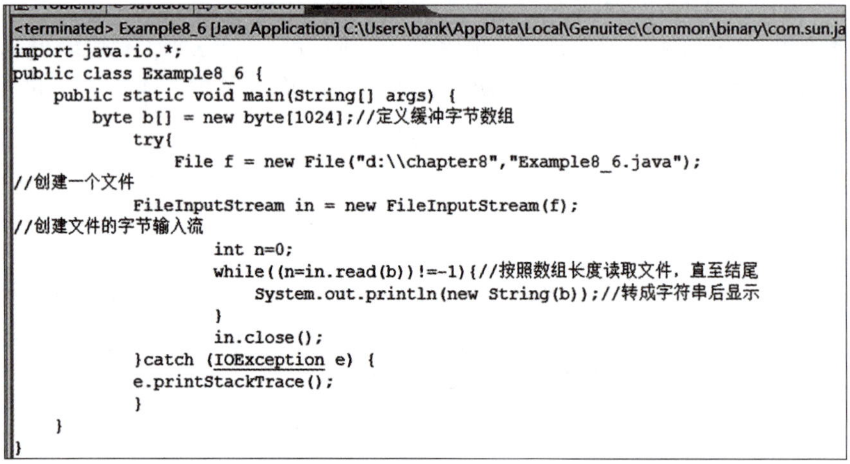

```
<terminated> Example8_6 [Java Application] C:\Users\bank\AppData\Local\Genuitec\Common\binary\com.sun.ja
import java.io.*;
public class Example8_6 {
    public static void main(String[] args) {
        byte b[] = new byte[1024];//定义缓冲字节数组
            try{
                File f = new File("d:\\chapter8","Example8_6.java");
//创建一个文件
            FileInputStream in = new FileInputStream(f);
//创建文件的字节输入流
                    int n=0;
                    while((n=in.read(b))!=-1){//按照数组长度读取文件，直至结尾
                        System.out.println(new String(b));//转成字符串后显示
                    }
                    in.close();
            }catch (IOException e) {
            e.printStackTrace();
            }
    }
}
```

图 8-9　Example8_6 的运行结果

2. FileOutputStream 文件字节输出流

FileOutputStream 是 OutputStream 类派生出来的简单输出类，该类除了包含从 OutputStream 类继承来的方法，还有以下构造方法，如表 8-6 所示。

表 8-6　FileOutputStream 类的构造方法

序号	返回值类型	方法名	方法作用
1	无	FileOutputStream(String name)	使用给定的文件名 name 创建一个 FileOutputStream 对象，无论该文件是否已存在，均将重建覆盖
2	无	FileOutputStream(File filename)	使用 File 对象创建一个 FileOutputStream 对象，无论该文件是否已存在，均将重建覆盖
3	无	FileOutputStream(String name, boolean append)	使用给定的文件名 name 创建一个 FileOutputStream 对象，如果第二个参数为 true，则将字节写入文件末尾处，而不是写入文件开始处，即采取添加操作，而不是覆盖
4	无	FileOutputStream(File filename, boolean append)	使用给定的文件名 filename 创建一个 FileOutputStream 对象，如果第二个参数为 true，则将字节写入文件末尾处，而不是写入文件开始处，即采取添加操作，而不是覆盖

以上方法均抛出 IOException 异常。

【例 8-7】将从键盘上输入的内容保存到 d:\chapter8\file. txt 中。

```
import java. io. *;
public class Example8_7 {
    public static void main(String[] args) {
        byte b[]= new byte[512];
        System. out. println("请输入一行字符,按回车键结束:");
        try{
            System. in. read(b);//将键盘上输入的字符存入缓冲字节数组 b
            File f =new File("d:\\chapter8","file. txt");
            FileOutputStream out = new FileOutputStream(f);//输出流
            out. write(b);//通过流将数组中的内容写入文件 file. txt
        }catch (IOException e) {
            e. printStackTrace();
        }
    }
}
```

Example8_7 的运行结果和 file. txt 文件中的内容如图 8-10 和图 8-11 所示。

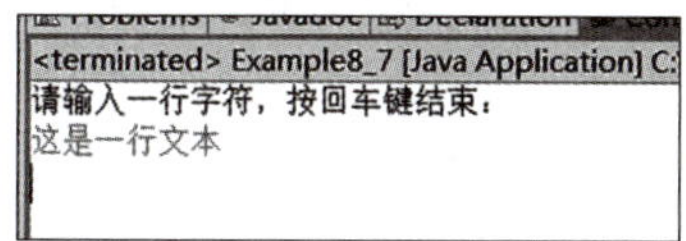

图 8-10　Example8_7 的运行结果

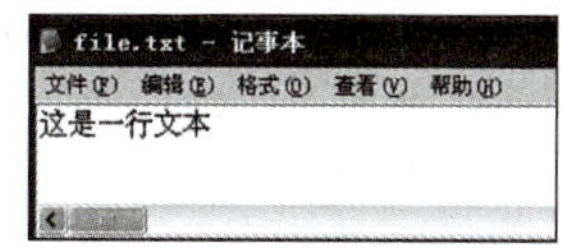

图 8-11　file. txt 文件中的内容

8. 3. 3　其他字节流

1. 数据流

DataInputStream 和 DataOutputStream 类创建的对象被称为数据输入流和数据输出流。DataInputStream 类专门负责读取 DataOutputStream 类输出的数据。它们允许应用程序以与机器无关的方式读取 Java 原始数据。也就是说，当读取一个数据时，不用再关心这个数据有多少个字节。表 8-7 和表 8-8 分别介绍了 DataInputStream 类和 DataOutputStream 类的构造方法和其他方法。

表 8-7　DataInputStream 类的构造方法和其他方法

序号	返回值类型	方法名	方法作用
1	无	DataInputStream(InputStream in)	将创建的数据输入流指向一个由参数 in 指定的输入流
2	int	read(byte[ ] b)	从输入流中读取一定字节，存储到缓冲字节数组 b 中
3	int	read(byte[ ] b,int off,int len)	从所包含的输入流中将 len 个字节读入一个字节数组中
4	boolean	readBoolean( )	从流中读取一个 boolean 型数据
5	byte	readByte( )	从流中读取一个字节

续表

序号	返回值类型	方法名	方法作用
6	char	readChar( )	从流中读取一个字符
7	double	readDouble( )	从流中读取一个双精度浮点值
8	float	readFloat( )	从流中读取一个单精度浮点值
9	int	readInt( )	从流中读取一个 int 型数据
10	long	readLong( )	从流中读取一个 long 型数据
11	short	readShort( )	从流中读取一个 short 型数据
12	int	readUnsignedByte( )	从流中读取一个无符号字节
13	int	readUnsignedShort( )	从流中读取一个无符号 short 型数据
14	String	readUTF( )	从流中读取一个 UTF 字符串
15	String	readUTF(DataInput in)	从流 in 中读取用 UTF-8 修改版格式编码的 Unicode 字符格式的字符串，然后以 String 形式返回此字符串
16	int	skipBytes(int n)	在输入流中跳过给定数量的字节

表 8-8　DataOutputStream 类的构造方法和其他方法

序号	返回值类型	方法名	方法作用
1	无	DataOutputStream(OutputStream out)	将创建的数据输出流指向一个由参数 out 指定的输出流
2	void	flush( )	清空此数据输出流
3	int	size( )	返回写入此数据输出流的字节数
4	void	write(int b)	将指定字节（参数 b 的 8 个低位）写入基础输出流
5	void	write(byte[ ] b,int off,int len)	将指定字节数组中从偏移量 off 开始的 len 个字节写入基础输出流
6	void	writeBoolean(boolean v)	向流中写入一个 boolean 型数据
7	void	writeByte(int v)	向流中写入一个字节数据
8	void	writeBytes(String s)	将字符串按字节顺序写到输出流中
9	void	writeChar(int v)	向流中写一个字符数据
10	void	writeChars(String s)	将字符串按字符顺序写到输出流中
11	void	writeDouble(double v)	向流中写入一个双精度浮点值
12	void	writeFloat(float v)	向流中写入一个单精度浮点值
13	void	writeInt(int v)	向流中写入一个 int 型数据
14	void	writeLong(long v)	向流中写入一个 long 型数据
15	void	writeShort(short v)	向流中写入一个 short 型数据
16	void	writeUTF( )	向流中写入一个 UTF 字符串

【例 8-8】 通过 DataOutputStream 向 d:\chapter8\order.txt 文件中写入几种类型的数据，然后通过 DataInputStream 读取这几种类型的数据到控制台上。

编写程序时要注意，读取数据的顺序要与向文件写入数据的顺序相同。

【例 8-8】程序实现

Example8_8 的运行结果和 order. txt 文件中的内容如图 8-12 和图 8-13 所示。

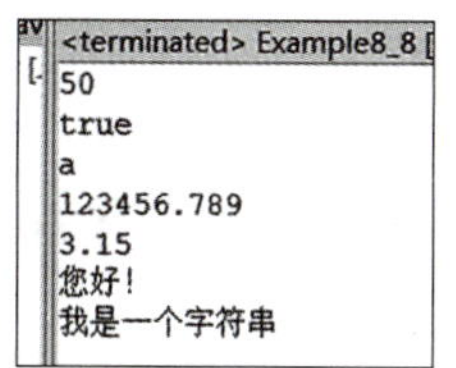

图 8-12　Example8_8 的运行结果

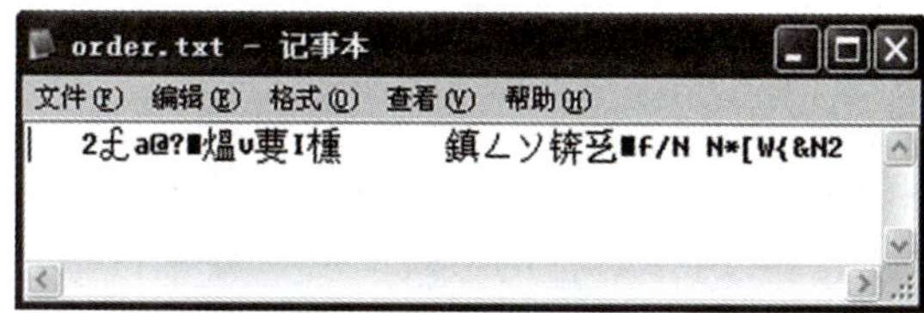

图 8-13　order. txt 文件内容

由于 DataOutputStream 类写入文件的数据都是二进制格式，而非文本格式，所以从图 8-13 中看到 order. txt 文件是一个打开后呈现乱码的二进制文件，但这并不影响使用 DataInputStream 读取数据的正确性。

2. 字节数组流

流的来源或目的地并不一定是文件，也可以是内存中的一块空间，例如一个字节数组。ByteArrayInputStream 和 ByteArrayOutputStream 就是分别使用字节数组作为数据源和目的地。表 8-9 和表 8-10 分别介绍了 ByteArrayInputStream 类和 ByteArrayOutputStream 类的构造方法和其他方法。

表 8-9　ByteArrayInputStream 类的构造方法和其他方法

序号	返回值类型	方法名	方法作用
1	无	ByteArrayInputStream(byte[ ] buf)	参数 buf 指定字节数组的数据源
2	无	ByteArrayInputStrea(byte[ ] buf, int offset, int length)	参数 buf 指定字节数组类型的数据源，参数 offset 指定从字节数组中开始读数据的起始下标位置，length 指定从字节数组中读取的字节数
3	int	read( )	顺序地从数据源中读出一个字节，该方法返回读出的字节值
4	int	read(byte[ ] b, int off, int len)	顺序地从数据源中读出 len 个字节存到缓冲字节数组 b 的 off 位置，返回实际读出的字节数，如果到达数据源的末尾，则返回值为-1

表 8-10　ByteArrayOutputStream 类的构造方法和其他方法

序号	返回值类型	方法名	方法作用
1	无	ByteArrayOutputStream( )	创建一个新的字节数组输出流。缓冲区的容量最初是 32 字节，当输出流向缓冲区写入的字节数大于缓冲区时，缓冲区的容量会自动增加

续表

序号	返回值类型	方法名	方法作用
2	无	ByteArrayOutputStream(int size)	创建一个新的字节数组输出流，它具有 size 指定大小的缓冲区容量（以字节为单位）。当输出流向缓冲区写入的字节数大于缓冲区时，缓冲区的容量会自动增加
3	void	write(int b)	顺序地向缓冲区写入一个字节
4	void	write(byte[ ] b,int off,int len)	将参数 b 指定的 len 个字节顺序地写入缓冲区，参数 off 指定从 b 中写出的字节的起始位置
5	byte [ ]	toByteArray( )	返回输出流写入缓冲区的全部字节

【例 8-9】 ByteArrayOutputStream 把内存中的数据写入字节数组，ByteArrayInputStream 又把字节数组中的字节以流的形式读出，实现了对同一个字节数组的操作。

```
import java. io. *;
public class Example8_9 {
    public static void main(String[] args) {
        int a=0;
        int b=1;
        int c=2;
        ByteArrayOutputStream bout = new ByteArrayOutputStream();
        bout. write(a);
        bout. write(b);
        bout. write(c);
        byte[] buff = bout. toByteArray();
                //将输出流中的数据写入字节数组
        for(int i=0; i<buff. length; i++)
        System. out. println(buff[i]);
        System. out. println("*********************** ");
        ByteArrayInputStream bin = new ByteArrayInputStream(buff);
        while((b=bin. read())! =-1) {
                //将输入流中的数据读取出来并显示在控制台上
            System. out. println(b);
        }
    }
}
```

Example8_9 的运行结果如图 8-14 所示。

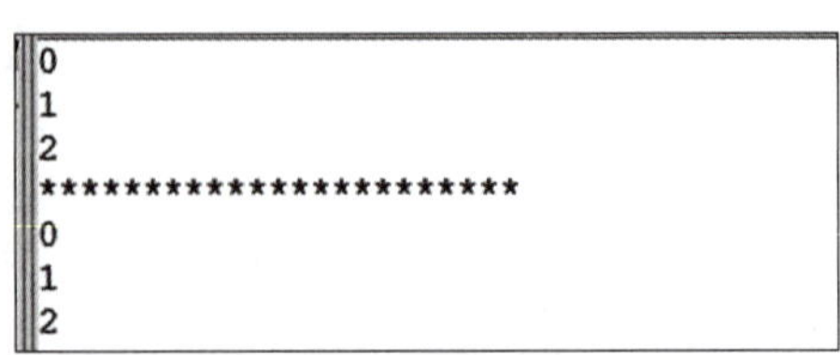

图 8-14　Example8_9 的运行结果

3. 对象流

ObjectInputStream 和 ObjectOutputStream 这两个类，分别用于从底层输入流中读取对象类型的数据和将对象类型的数据写入底层输入流。ObjectInputStream 通常与 FileInputStream 一起使用，ObjectOutputStream 通常与 FileOutputStream 一起使用，它们为应用程序提供对对象和图形的持久存储。表 8-11 介绍了对象输入/输出流类的构造方法和其他方法。

表 8-11　对象输入/输出流类的构造方法和其他方法

序号	返回值类型	方法名	方法作用
1	无	ObjectInputStream(InputStream in)	将创建的对象输入流指向一个由参数 in 指定的输入流
2	无	ObjectOutputStream(OutputStream out)	将创建的对象输出流指向一个由参数 out 指定的输出流
3	Object	readObject()	从数据源中读取一个对象到程序中
4	void	writeObject(Object obj)	将一个对象 obj 写入输出流并送往目的地

对象输入流类除了包含继承的 read() 方法，还有 readBoolean()、readByte()、readChar()、readInt()、readDouble() 等读取基本数据类型数据的方法；对象输出流类除了包含继承的 write() 方法，还有写各种基本数据类型数据的方法。

使用对象流写入或读取对象时，要保证对象是序列化的。对象的序列化是指把对象写到一个输出流中，对象的反序列化是指从一个输入流中读取一个对象。一个类只有实现了 java. io. Serializable 接口，该类的对象才能被序列化和反序列化。

【例 8-10】 创建一个可序列化的学生类，并生成相应的学生对象，用 ObjectOutputStream 类把它存储到一个文件（student. txt）中，然后用 ObjectInputStream 类把存储的数据读取到一个学生对象中，恢复保存的学生对象。

【例 8-10】程序实现

Example8_10 的运行结果运行结果及 student. txt 文件中的内容如图 8-15 和图 8-16 所示。

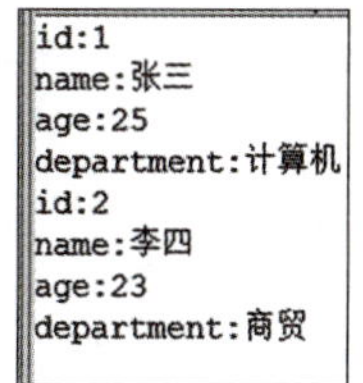

图 8-15　Example8_10 的运行结果

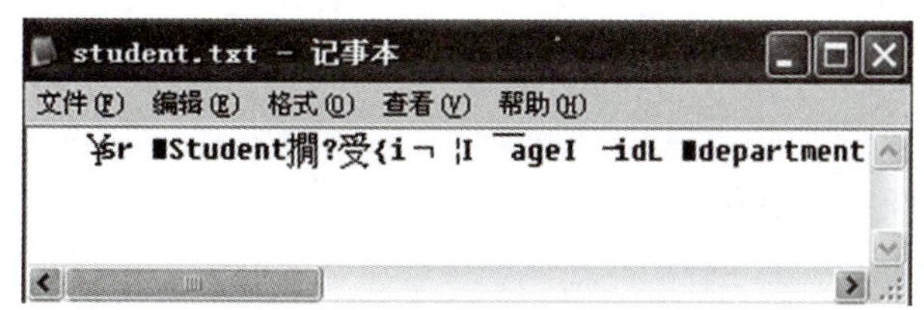

图 8-16　student. txt 文件中的内容

【例 8-11】编写程序，产生 10 个 100 以内的随机数，保存在 d:\chapter8\number. txt 文件中。将该文件备份到 d 盘下，目录为 d:\backup，文件名不变。将复制后的文件显示在控制台上。

【例 8-11】程序实现

Example8_11 的运行结果如图 8-17 和图 8-18 所示。

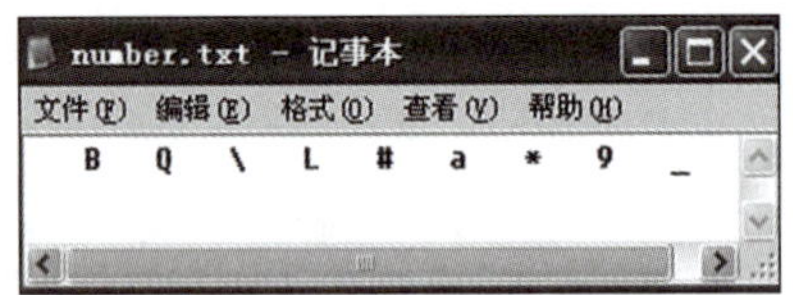

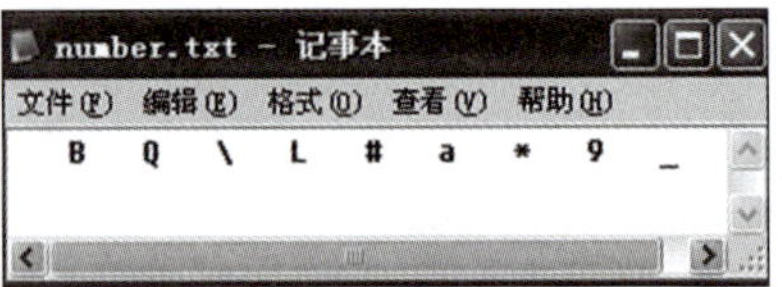

图 8-17　两个不同目录下的 number. txt 文件中的内容

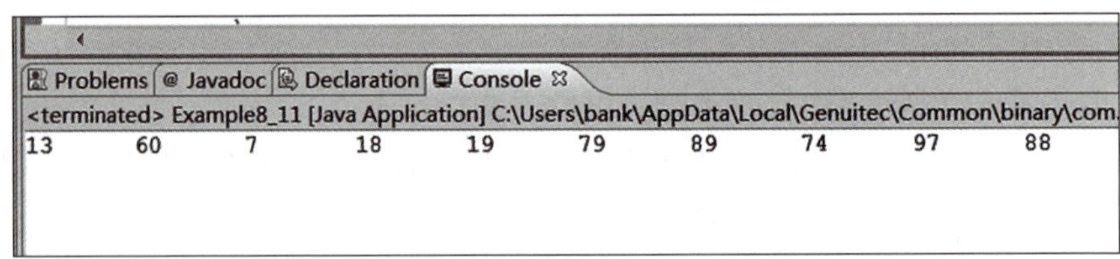

图 8-18　显示在控制台上的 10 个随机数

8. 3. 4　知识扩展

除上述所介绍的字节输入/输出流派生的各种子类外，还有以下几种输入/输出流。

1. PipedInputStream 和 PipedOutputStream

管道输入流从一个管道输出流中读取数据。通常由一个线程向管道输出流中写数据，由另一个线程从管道输入流中读取数据。

2. BufferedInputStream 和 BufferedOutputStream

缓冲字节输入流利用缓冲区来提高读取数据的效率，该类先将一批数据读入缓冲区，接下来的 read( ) 方法只需要从缓冲区内获取数据，减少物理性读取数据的次数。缓冲区字节输出流利用缓冲区来提高写数据的效率，该类先把数据写到缓冲区中，在默认情况下，只有当缓冲区满的时候，才会把缓冲区中的数据真正写到目的地，这样可以减少物理写数据的次数。

3. SequenceInputStream

SequenceInputStream 类可以将几个输入流串联在一起，合并为一个输入流。当通过这个类来读取数据时，它会一次性从所有被串联的输入流中读取数据，就好像是对同一个流操作一样。

4. StringBufferInputStream

StringBufferInputStream 类的数据源是一个字符串，它可以将字符串类型转换为输入流类型，使程序能够对字符串进行读操作。

5. PrintStream

格式化输出流和数据输出流一样，也可以输出格式化的数据，只需调用相应方法即可。

课后思考：科技发展中如何保证信息的安全？

信息时代，使用一个新的网站或一部手机下载了一个新的应用程序，或者买了一部新手机、一台新的计算机，通常要做的第一件事是什么？注册或登录？现如今，随着实名制的不断深入，人们对于注册账号过程中填写个人身份信息已经习以为常，但是，一旦这些信息遭到泄露，将会怎样？Facebook 信息泄露门给我们敲响了警钟！

2018 年 3 月中旬，《纽约时报》等媒体揭露一家服务特朗普竞选团队的数据分析公司 Cambridge Analytica 获得了 Facebook 数千万用户的数据，并进行违规滥用。4 月 6 日，欧盟声称 Facebook 确认 270 万名欧洲人的数据被不当共享。安全和便捷，在很多时候是一对伴生的矛盾体，提高互联网安全意识，对每一个用户来说都很有必要。作为 IT 行业的从业者，更应该尊重数据，尊重安全，尊重隐私。

8.4 字符流

InputStream 和 OutputStream 类处理的是字节流，即每次都是对单个字节进行读取和写入。因此，单个字节数据采用字节流处理不易产生问题。但如果要处理的数据是字符呢？由于 Java 采用 Unicode 字符编码，对于每一个字符，Java 虚拟机为其分配了两个字节的内存。如果使用字节流读取字符数据不当，容易出现乱码现象。采用字符流就可以避免这种情况的出现。

字符流是由两个字节的字符为单位组成的，即在这个通道中流动的都是字符数据。抽象类 Reader 和 Writer 是所有 Java 字符流的父类，图 8-19 和图 8-20 分别是 Reader 类和 Writer 类的层次结构。

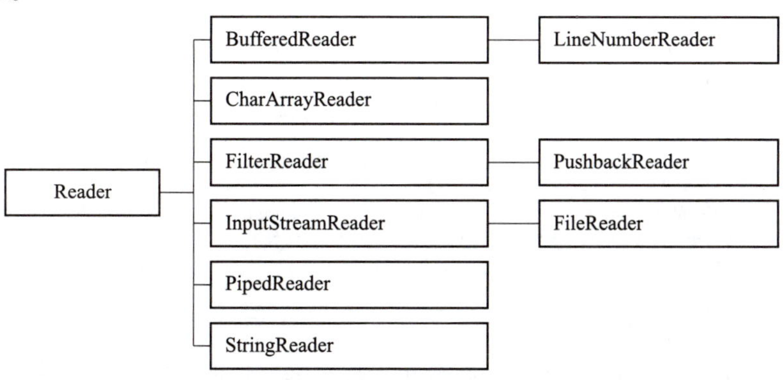

图 8-19　Reader 类的层次结构

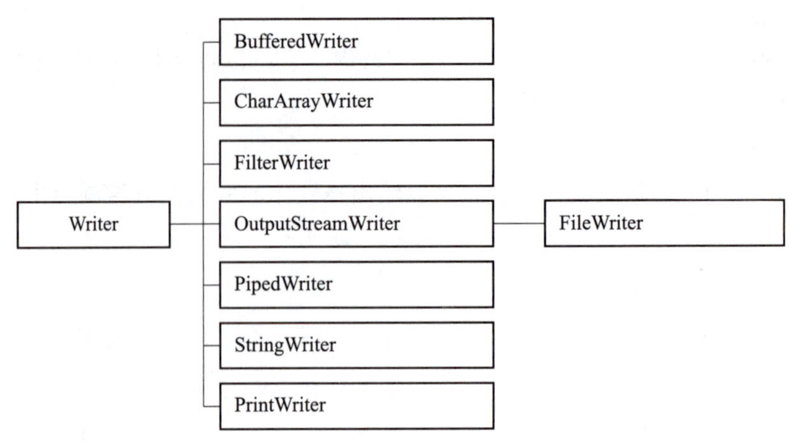

图 8-20　Writer 类的层次结构

从图 8-19 和图 8-20 中可以看出，字符输入/输出流的种类繁多，表 8-12 对这些字符输入/输出流做了简要介绍。

表 8-12　常见的字符输入/输出流

操作对象	类	含义
文件流	FileReader	从文件中读取字符
	FileWriter	向文件中写入字符
字符数组流	CharArrayReader	从字符数组中读取数据的输入流
	CharArrayWriter	向字符数组中写入数据的输出流
过滤流	FilterReader	过滤读
	FilterWriter	过滤写
字节字符转换流	InputStreamReader	把字节转换成字符的输入流
	OutputStreamWriter	把字节转换成字符的输出流
缓冲流	BufferedReader	缓冲输入字符流
	BufferedWriter	缓冲输出字符流
管道流	PipedReader	管道字符输入流
	PipedWriter	管道字符输出流
字符串流	StringReader	其数据源为一个字符串的字符流
	StringWriter	一个字符流，可以用其回收在缓冲区中的输出来构造字符串
行编号输入流	LineNumberReader	计算行数的字符输入流
回压输入流	PushbackReader	允许字符返回到缓冲区的输入流
格式化输出流	PrintWriter	包含 print( ) 和 println( ) 方法的输出流

8.4.1　字符流的父类

Reader 和 Writer 是字符输入流、字符输出流的父类，是抽象类，不能创建对象，所以没有构造方法，本小节将介绍 Reader 和 Writer 类的主要方法。

1. Reader 字符输入流

Reader 类的主要方法如表 8-13 所示。

表 8-13 Reader 类的主要方法

序号	返回值类型	方法名	方法作用
1	int	read( )	从输入流读取一个 Unicode 字符数据，-1 表示到达文件结尾
2	int	read(char[ ] cbuf)	将字符读入数组，返回读取的字符数，如果已到达流的末尾，则返回-1
3	int	read(char[ ] cbuf, int off, int len)	将输入流中最多 len 个字符读入缓冲字符数组 cbuf 中，并从 cbuf 的 off 位置开始存放

2. Writer 字符输出流

Writer 类的主要方法如表 8-14 所示。

表 8-14 Writer 类的主要方法

序号	返回值类型	方法名	方法作用
1	void	write(int c)	写入单个字符
2	void	write(char[ ] cbuf)	写入字符数组
3	void	write(char[ ] cbuf, int off, int len)	写入字符数组的某一部分
4	void	write(String str)	写入字符串
5	void	write(String str, int off, int len)	写入字符串的某一部分

以上所有方法均抛出 IOException 异常。

使用字符输入/输出流处理数据时，通常使用它们的子类。这些子类会继承 Reader、Writer 类中相应的方法来读/写数据。因此，在下面的各种子类中，不再重复介绍本小节已经介绍的父类方法，只给出子类特有的方法。

8.4.2 文件字符流

1. FileReader 文件字符输入流

FileInputStream 使用字节读取文件，字节流不能直接操作 Unicode 字符，由于汉字在文件中占两个字节，如果使用字节流读取不当，则会出现乱码现象，采用字符流就可以避免这种情况的出现。Java 提供了与之对应的文件字符输入流 FileReader。它是 Reader 类的子类，可以从文件系统的某个文件中获得字符，除继承了 Reader 类的方法以外，该类还具有以下构造方法，如表 8-15 所示。

表 8-15 FileReader 类的构造方法

序号	返回值类型	方法名	方法作用
1	无	FileReader(String filename)	使用给定的文件名 filename 创建一个 FileReader 对象
2	无	FileReader(File file)	使用 File 对象创建一个 FileReader 对象

以上两个构造方法均抛出 FileNotFoundException 异常。

2. FileWriter 文件字符输出流

FileWriter 是 Writer 类的子类，除继承了 Writer 类的方法以外，还有以下构造方法，如表 8-16 所示。

表 8-16　FileWriter 类的构造方法

序号	返回值类型	方法名	方法作用
1	无	FileWriter(String filename)	使用给定的文件名 filename 创建一个 FileWriter 对象
2	无	FileWriter(File file)	使用 File 对象创建一个 FileWriter 对象

以上两个构造方法均抛出 FileNotFoundException 异常。

【例 8-12】改写例 8-6，使用 FileReader 从磁盘上读取文件，并将其显示在控制台上。

```
import java. io. *;
public class Example8_12 {
    public static void main(String[] args) {
        char c[]= new char[1024];//定义缓冲字符数组
        try{
            File f = new File("d:\\chapter8","Example8_12. java");
              //创建一个文件
            FileReader in =new FileReader(f);
              //创建文件的字符输入流
            int n=0;
            while((n=in. read(c))! =- 1){
              //按照数组长度读取文件,直至结尾
               System. out. println(new String(c));
                 //转成字符串后显示
            }
            in. close();
        }catch (IOException e) {
        e. printStackTrace();
        }
    }
}
```

Example8_12 的运行结果如图 8-21 所示。

```
<terminated> Example8_12 [Java Application] C:\Users\bank\AppData\Local\Genuitec\Common\binary\com.sun.java
import java.io.*;
public class Example8_12 {
    public static void main(String[] args) {
        char c[] = new char[1024];//定义缓冲字符数组
            try{
                File f = new File("d:\\chapter8","Example8_12.java");
            //创建一个文件
            FileReader in = new FileReader(f);
            //创建文件的字符输入流
                int n=0;
                while((n=in.read(c))!=-1){//按照数组长度读取文件，直至结尾
                    System.out.println(new String(c));//转成字符串后显示
                }
                in.close();
            }catch (IOException e) {
            e.printStackTrace();
            }
    }
}
```

图 8-21　Example8_12 的运行结果

8.4.3 其他字符流

1. 缓冲流

Reader 类的 read( ) 方法每次都从数据源读入一个字符，每次读取都会执行一次 I/O 操作，很浪费时间，影响程序的执行效率。而用 BufferedReader 读取文本文件时，会一次性读取大量字符数据并存入缓冲区，当使用 read( ) 方法时，再从缓冲区中进行读取。这样程序的执行效率会高很多。就像一辆能装 30 人的客车，如果一次只拉 1 个人到达目的地，那么 30 人需要进行 30 次上、下车。但如果一次就拉满 30 人，虽然每人上车时需要多消耗时间，但是只拉一次就可以，从而提高了运载的速度。同样，BufferedWriter 类一次性可以写入大量的数据到缓冲区，只有等缓冲区中的数据满了，才会调用 write( ) 方法一次性写出，从而提高了程序读/写的效率。表 8-17 和表 8-18 分别介绍了缓冲字符输入流和缓冲字符输出流对应的方法。

表 8-17　BufferedReader 类的方法

序号	返回值类型	方法名	方法作用
1	无	BufferedReader(Reader in)	创建一个使用默认大小输入缓冲区的缓冲字符输入流
2	无	BufferedReader(Reader in,int sz)	创建一个使用指定大小输入缓冲区的缓冲字符输入流
3	String	readLine( )	读取一行文本。通过下列字符之一即可认为某行已经终止：换行（'\n'）、回车（'\r'）

BufferedReader 类通常和 FileReader 类一起使用，通过向 BufferedReader 传递一个 FileReader 对象，来创建一个 BufferedReader 对象，然后使用 readLine( ) 方法将文件中的数据读到缓冲字符输入流中。

例如：

```
FileReader fr = new FileReader("a.txt");
BufferedReader br = BufferedReader(fr);
```

表 8-18　BufferedWriter 类的方法

序号	返回值类型	方法名	方法作用
1	无	BufferedWriter(Writer out)	创建一个使用默认大小输出缓冲区的缓冲字符输出流
2	无	BufferedWriter(Writer out,int sz)	创建一个使用指定大小输出缓冲区的缓冲字符输出流
3	void	newLine( )	写入一个行分隔符
4	void	flush( )	刷新该流的缓冲区
5	void	write(char[ ] cbuf,int off,int len)	写入字符数组的某一部分
6	void	write(char c)	写入单个字符
7	void	write(String s,int off,int len)	写入字符串的某一部分

类似地，可以将 BufferedWriter 类和 FileWriter 类一起使用，然后使用 BufferedWriter 类相应的 write( ) 方法将文件中的数据写到目的地。

例如：

```
FileWriter fw = new FileWriter("b. txt");
BufferedWriter bw = BufferedWriter (fw);
```

【例 8-13】将本程序复制到 d:\chapter8\Example8_13. txt 中。

```
import java. io. * ;
public class Example8_13 {
    public static void main(String[] args) {
        FileReader fr=null;
        FileWriter fw = null;
        BufferedReader br=null;
        String s=null;
        BufferedWriter bw=null;
        try {
         fr =new FileReader("d:\\chapter8\\Example8_13. java");
         fw =new FileWriter("d:\\chapter8\\Example8_13. txt");
           br=new BufferedReader(fr);
           bw=new BufferedWriter(fw);
           while ((s = br. readLine()) ! = null) {
               bw. write(s);
               //这里调用 newline( )方法是让它输出和读取的完全一致
               bw. newLine();
           }
          }catch (FileNotFoundException ex) {
           System. out. println("找不到指定文件!!");
          }catch (IOException e) {
           System. out. println("文件读取有误!");
          }finally{
           try {
               bw. close();
               br. close();
           }catch (IOException ex) {
               System. out. println(ex. getMessage());
           }}
    }
}
```

Example8_13 的运行结果如图 8-22 所示。

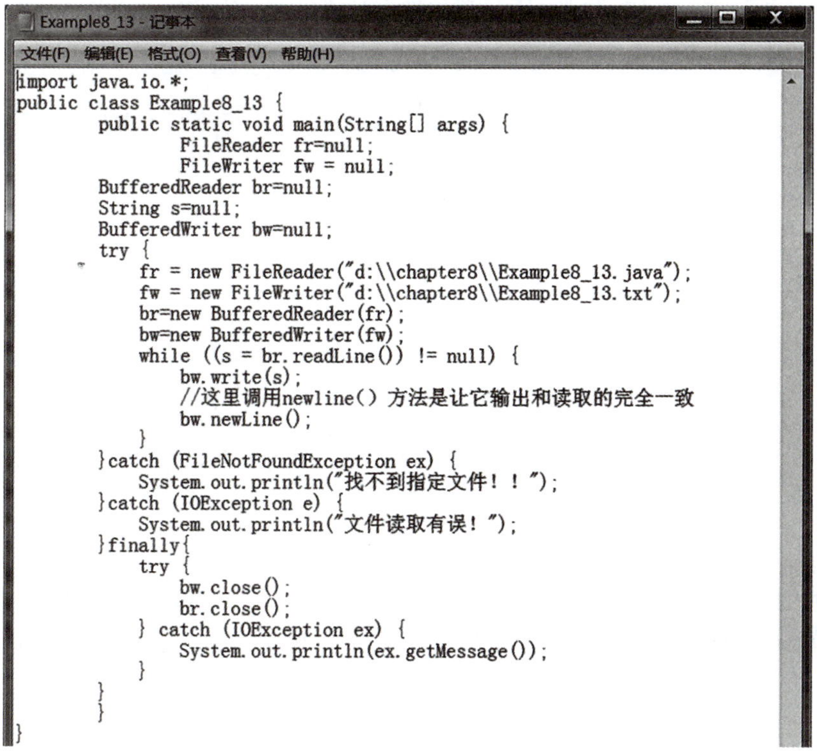

```
import java.io.*;
public class Example8_13 {
        public static void main(String[] args) {
                FileReader fr=null;
                FileWriter fw = null;
        BufferedReader br=null;
        String s=null;
        BufferedWriter bw=null;
        try {
            fr = new FileReader("d:\\chapter8\\Example8_13.java");
            fw = new FileWriter("d:\\chapter8\\Example8_13.txt");
            br=new BufferedReader(fr);
            bw=new BufferedWriter(fw);
            while ((s = br.readLine()) != null) {
                bw.write(s);
                //这里调用newline() 方法是让它输出和读取的完全一致
                bw.newLine();
            }
        }catch (FileNotFoundException ex) {
            System.out.println("找不到指定文件！！");
        }catch (IOException e) {
            System.out.println("文件读取有误！");
        }finally{
            try {
                bw.close();
                br.close();
            } catch (IOException ex) {
                System.out.println(ex.getMessage());
            }
        }
        }
}
```

图 8-22　Example8_13 的运行结果

2. 字节字符转换流

很多文本文件会有不同的编码格式，当我们利用 Java 来打开这些文本文件时，如果没有使用正确的字符集解码器打开，则会出现乱码。java.io 包提供的 InputStreamReader 类和 OutputStreamWriter 类支持指定文本字符集编码，以正确显示文本。表 8-19 和表 8-20 介绍了这两个类的主要方法。

表 8-19　InputStreamReader 类的主要方法

序号	返回值类型	方法名	方法作用
1	无	InputStreamReader(InputStream in)	创建一个使用默认字符集的 InputStreamReader 对象
2	无	InputStreamReader(InputStream in, Charset cs)	创建一个使用给定字符集的 InputStreamReader 对象
3	无	InputStreamReader(InputStream in, CharsetDecode dec)	创建一个使用给定字符集解码器的 InputStreamReader 对象
4	无	InputStreamReader(InputStream in, String charsetName)	创建一个使用指定字符集的 InputStreamReader 对象
5	String	getEncoding()	返回此流使用的字符编码的名称

表 8-20　OutputStreamWriter 类的主要方法

序号	返回值类型	方法名	方法作用
1	无	OutputStreamWriter(OutputStream out)	创建一个使用默认字符集的 OutputStreamWriter 对象
2	无	OutputStreamWriter(OutputStream out, Charset cs)	创建一个使用给定字符集的 OutputStreamWriter 对象
3	无	OutputStreamWriter(OutputStream out,CharsetDecode dec)	创建一个使用给定字符集解码器的 OutputStreamWriter 对象
4	无	OutputStreamWriter(OutputStream out,String charsetName)	创建一个使用指定字符集的 OutputStreamWriter 对象
5	String	getEncoding( )	返回此流使用的字符编码的名称

InputStreamReader 是字节流通向字符流的桥梁，它可以将一个字节输入流转换成字符输入流，即使用指定的字符集读取字节并将其解码为字符。它使用的字符集可以由名称指定或显式给定，也可以接受平台默认的字符集。每次调用 InputStreamReader 中的一个 read( ) 方法都会导致从基础输入流读取一个或多个字节。要启用从字节到字符的有效转换，可以提前从基础输入流读取更多的字节，使其超过满足当前读取操作所需的字节数。为了达到最高效率，可以将 BufferedReader 内包装成 InputStreamReader。

例如：

```
BufferedReader br=new BufferedReader(new InputStreamReader(System. in));
```

可以将指向标准输入设备的字节输入流 System. in 转换成 Reader，此缓冲流可以直接读取一行。

OutputStreamWriter 是字符流通向字节流的桥梁，它可以将一个字符输入流转换成字节输入流，即使用指定的字符集将要向其写入的字符编码为字节。它使用的字符集可以由名称指定或显式给定，也可以接受平台默认的字符集。每次调用 OutputStreamWriter 中的一个 write( ) 方法都会针对给定的字符（或字符集）调用编码转换器。在写入基础输出流之前，得到的这些字节会在缓冲区累积。可以指定此缓冲区的大小，不过，默认的缓冲区对大多数应用程序来说已足够大。为了达到最高效率，可以将 OutputStreamWriter 包装到 BufferedWriter 中以避免频繁调用编码转换器。

例如：

```
Buffered Writer out =new BufferedWriter(new OutputStreamWriter(System. out));
```

【例 8-14】 编写一个回声程序，在控制台上输入一行，按〈Enter〉键后紧接着显示该行，直到在新行按〈Enter〉键为止。

```
import java. io. *;
public class Example8_14 {
public static void main(String[] args) {
        BufferedReader bufreader=null;
        try{
```

```
                System.out.println("回声测试开始:");
                bufreader = new BufferedReader(new InputStreamReader(System.in));
                String s;
                int n;
                while(true){
                    s = bufreader.readLine();
                    if(s.equals(""))break;//当输入的是空行时,结束回声
                    System.out.println(s);
                }
                bufreader.close();
            }catch (IOException e) {
                e.printStackTrace();
            }
        }
    }
```

Example8_14 的运行结果如图 8-23 所示。

```
回声测试开始:
1 2 3 4 5 6
1 2 3 4 5 6
回声测试
回声测试
```

图 8-23　Example8_14 的运行结果

【例 8-15】 将从控制台上输入的若干行文字存入 d:/chapter8 的 source.txt 文件中，若没有 source.txt 则创建，否则覆盖。

```
import java.io.*;
public class Example8_15 {
    public static void main(String[] args){
        File f = null;
        BufferedReader br=null;
        BufferedWriter bw=null;
        FileWriter fw = null;
        String s = null;
        try{
            System.out.println("请在此处输入文字:");
            br = new BufferedReader(new InputStreamReader(System.in));
            f = new File("d:\\chapter8","source.txt");
            fw = new FileWriter(f);
            bw=new BufferedWriter(fw);
            while ((s = br.readLine()) != null) {
                bw.write(s);
            //这里调用 newline()方法是让它输出和读取的完全一致
```

```
                bw. newLine();
            }
            bw. close();
            br. close();//流必须要关闭,否则在保存的 . txt 文件中没有文字
        }catch (IOException e) {
            e. printStackTrace();
            }
        }
    }
```

Example8_15 的运行结果如图 8-24 和图 8-25 所示。

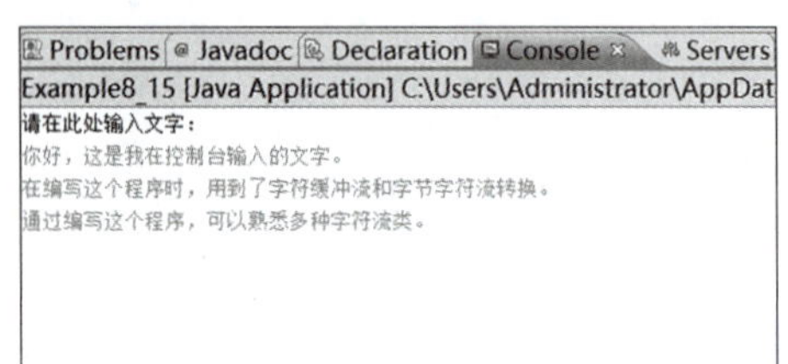

图 8-24　控制台上输入的文字

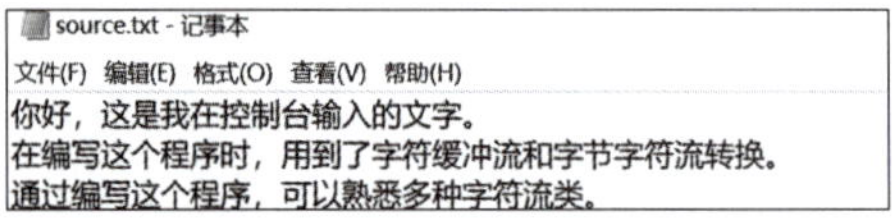

source.txt - 记事本
文件(F) 编辑(E) 格式(O) 查看(V) 帮助(H)
你好，这是我在控制台输入的文字。
在编写这个程序时，用到了字符缓冲流和字节字符流转换。
通过编写这个程序，可以熟悉多种字符流类。

图 8-25　source. txt 文件中存入的文字

8. 4. 4　知识扩展

除上述所介绍的字符输入/输出流派生的各种子类外，还有以下几种输入/输出流。

1. CharArrayReader 和 CharArrayWriter

CharArrayReader 类从内存中的字符数组中读取字符，因此它的数据源是一个字符数组。CharArrayWriter 类把字符写到内存中的字符数组中，它的目的地是一个字符数组。

2. PushbackReader

PushbackReader 类允许一个或多个字符被送回输入流，以便于对输入流进行预测。程序中一般很少用它。

3. PrintWriter

PrintWriter 是 PrintStream 的字符形式的版本，能输出格式化的数据，两者写数据的方法相似。

课后思考：如何提高网络信息安全意识？

“黑客”以盗取他人信息、窃取商业秘密作为自己技术高超的证明，完全意识不到这是一种违法行为。作为未来的计算机从业人员，学习技术是为了更好地保护信息，保护软件和互联网的使用者，自觉维护网络信息的安全秩序。

8.5 文件流处理案例

在第 7 章中编写了一个网络通信工具程序的界面。用户先进行登录，显示当前在线的用户，双击某个用户名，可以与该用户互相发送信息。

在 QQ 聊天工具中可以查看聊天记录，也就是在本机上有一个文件记录了聊天的内容。本章节仿照这一功能，继续改写第 7 章的程序，将用户发送的信息保存到本地磁盘 D:\ work 文件夹的记事本文档中。用户 a1 的聊天界面、用户 a1 的聊天文件及 work 文件夹下的文件分别如图 8-26～图 8-28 所示。

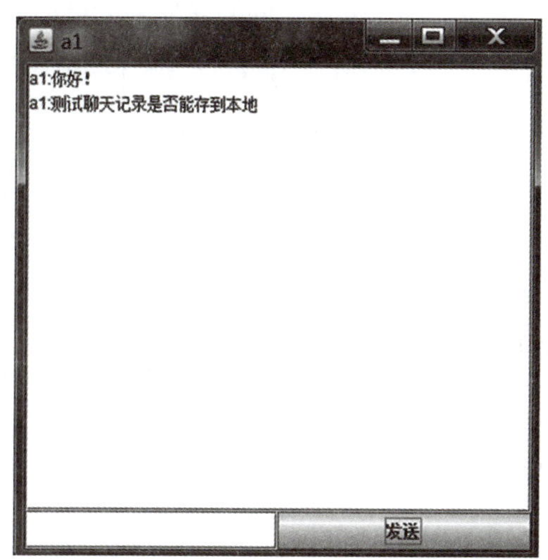

图 8-26　用户 a1 的聊天界面

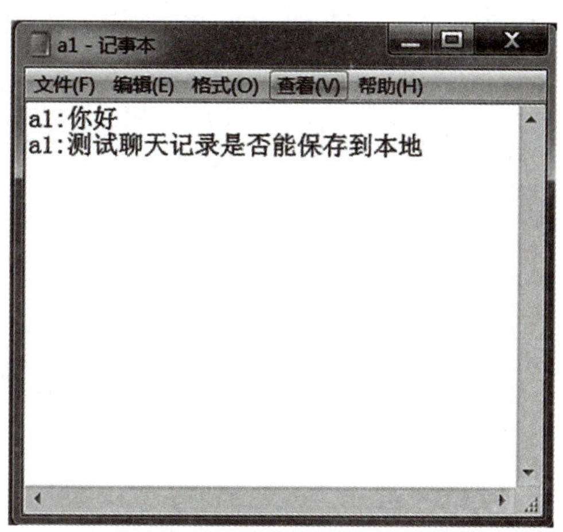

图 8-27　用户 a1 的聊天文件

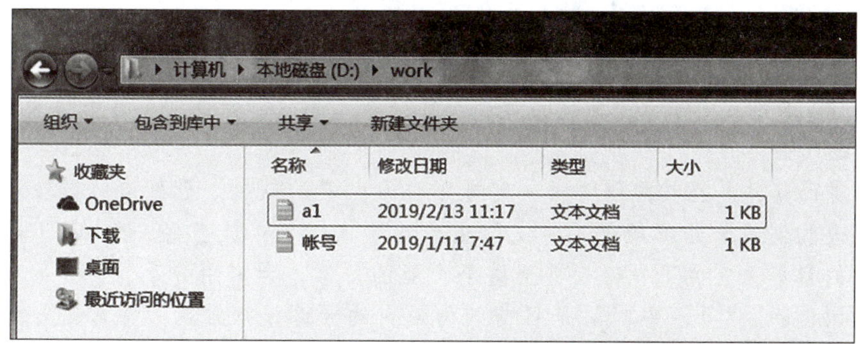

图 8-28　work 文件夹下的文件

1. 设计思路

（1）单击“发送”按钮时，不仅在聊天窗口中显示聊天记录，还要在磁盘上保存聊天记录。

（2）先在 D:\work 文件夹下建立记事本文档，这样便于查看。以用户名为文件名，若用户 a1 登录，则文件为 D:\work\a1. txt。

（3）定义文件输出流 FileWriter，设置文件写入为追加方式。

(4) 为了写文件方便，在文件输出流外面包裹打印流 PrintWriter，PrintWriter 是 FileWriter 的扩展，可以逐行写入。

(5) 写入文件后，关闭所有的流。

(6) 涉及文件读/写，一定要用异常处理。

(7) 其他界面的代码保持不变。

2. 遇到的问题

(1) 文件输出流 FileWriter，如何设置文件写入为追加方式?

(2) 如何在文件输出流外面包裹打印流 PrintWriter?

【解决问题 1】 新建文件输出流 FileWriter 时，在构造方法中添加两个参数，除了文件 f，还要设置 true。true 表示设置文件写入为追加方式，false 表示设置文件写入为重新清空文件，从头开始写入数据方式。

```
FileWriter fw =new FileWriter(f,true);
```

【解决问题 2】 新建打印输出流 PrintWriter 时，在构造方法中以文件输出流为参数。

```
PrintWriter pw =new PrintWriter(fw);
```

3. 程序实现

【文件流处理案例】程序实现

课后思考：开源——分享经济的典型形态。

当你拥有 6 个苹果的时候，是自己吃？还是分给别人吃？如果你拿出 5 个苹果分给其他人，那么当别人有了水果后也一定会与你分享，最后你会得到多种不同的水果，以及多个人的友谊。

开放源码软件是指其源码依据一定规则公开共享的软件。开发者可以在原有代码上进行修改和创新。开源颠覆了传统的生产和运作模式，让曾经一个人、一个团队、一家公司的目标，变成了一群人甚至整个产业的目标，大家用分享、协作的精神，共同展开技术创新。“开源中国”是目前国内最大的开源技术社区，你对编写开源代码有兴趣吗？

本章小结

本章介绍了 5 个部分的内容：流的概念、文件的概念、字节流、字符流。

流是程序中数据经过的一条路径，“读入”和“写出”都是相对程序而言的。标准输入 System. in 表示用键盘输入数据，标准输出 System. out 表示将数据显示在屏幕上。

File 类提供了管理文件或目录的方法。一个 File 类对象代表一个真实的文件或目录。此类可以实现获取路径、读取或设置文件的各种属性、目录遍历等各种功能。

根据流传输数据的方式，流可分为字节流和字符流。

字节流是以字节为单位处理流中的数据，抽象类 InputStream 和 OutputStream 是所有 Java 字节流的父类。文件字节流是使用最广泛的字节流，FileInputStream 类主要用于从文件中获取数据，FileOutputStream 类主要用于向文件写入数据。

字符流是以字符为单位处理流中的数据，抽象类 Reader 和 Writer 是所有字符流的父类。文件字符流是使用最广泛的字符流，FileReader 类从文件中以字符方式获得数据，FileWriter 类向文件写入数据。

文件和流在应用程序中经常使用，是编程语言中常见的技术。

本章习题

一、选择题

1. 以下不属于字符流类的是（　　）。

A. Reader　　B. FileReader

C. BufferedInputStream　　D. StringReader

2. 以下属于字节流类的是（　　）。

A. FileWriter　　B. PushbackReader

C. FilterReader　　D. FileInputStream

3. 以下哪个选项能够获得文件 file. txt 的父目录名？（　　）

A. String name = File. getParentName("file. txt");

B. String name = (new File("file. txt")). getParent();

C. String name = (new File("file. txt")). getParentName();

D. String name = (new File("file. txt")). getParentFile();

4. 以下哪种流可以用于字符输出？（　　）

A. java. io. OutputStream　　B. java. io. OutputStreamWriter

C. java. io. DataOutputStream　　D. java. io. BufferedOutputStream

5. 以下哪种流可以用于字符输入？（　　）

A. java. io. InputStream　　B. java. io. InputStreamReader

C. java. io. InputStreamWriter　　D. java. io. BufferedInputStream

6. 要读一个较大的文件，以下哪个是最合适的创建对象的方法？（　　）

A. new FileInputStream("myfile");

B. new InputStreamReader(new FileInputStream("myfile"));

C. new BufferedReader(new InputStreamReader(new FileInputStream(" myfile")));

D. new RandomAccessFile(new File(" myfile" ," rw"));

二、编程题

1. 使用标准输入流从键盘上输入数据，使用标准输出流在屏幕上显示输入内容的 ASCII 码和字符的个数。

2. 编写一个 Java 应用程序，利用 RandomAccessFile 类，将（1，2，3，4，5，6，7，8，

9，10）10 个 int 型整数写入一个文件，然后按相反顺序读出这些数据并显示在屏幕上。

3. 用字符流完成文件的备份，将 D 盘上的 name. txt 文档备份到 F 盘上。

第 8 章习题答案

高级应用篇

第 9 章

网络编程

学习目标

在网络为核心的信息时代，计算机网络已经成为人们生活中必不可少的部分。Java 因为具有与平台无关性、安全性好、网络类库丰富等特性，在网络编程上具有无法比拟的优势。

本章将介绍网络模型和不同层次上 Java 网络连接的方式，结合实例介绍各种连接方法的使用。网络是一把双刃剑，使用网络时，要自觉按照社会主义道德的原则和要求，规范自己的行为；要依法律己，遵守“网络文明公约”。

教学重点

1. 掌握 URL 连接方式。
2. 掌握 Datagram 连接方式。
3. 掌握 Socket 连接方式。

9.1 网络连接的 3 种方式

Java 提供了网络方面的类，这些类定义在 java. net 包中。Java 的网络连接方式分为 3 种：URL 连接方式、Socket（套接字）连接方式、Datagram（数据报）连接方式。3 种网络连接方式分别面向不同的网络协议。

URL 连接方式是 3 种网络连接方式中最上层的方法，它面向 HTTP、FTP 等服务，很容易确定网络位置，可以直接输出或读入网络上的数据。

Socket 连接方式是传统网络程序中最常用的网络连接方式，它面向有连接的 TCP 服务。一般情况下，客户端/服务器模式的软件采用此方法。Socket 连接方式是目前非常流行的网络连接方式。

Datagram 连接方式是更低级的网络传输方式，它面向无连接的 UDP 服务，将数据目的地地址封装到数据包中，直接向网络发送数据包。系统不能保证一定会将数据送到目的地。

9. 1. 1 URL 连接方式

1. 概念

URL 是统一资源定位器（Uniform Resource Locator）的简称，表示网络某一资源的地址。URL 包括两部分：协议名称和资源名称。例如 http://www. 163. com 是一个 URL。其中，http 代表协议，//www. 163. com 是资源的名称。

URL 连接方式包含两个常用类：URL 类和 URLConnection 类。

（1）URL 类。

Java 中，URL 类代表一个统一资源定位符，它指向互联网上的某一资源。资源可以是简单的文件或目录，也可以是复杂的对象的引用。

URL 类有 6 个构造方法。其中最简单的构造方法如下：

```
URL(String url);
```

它有一个 String 类型的参数，根据 String 的表示形式创建 URL 对象。一旦创建了 URL 对象，就可以用一些方法获得 URL 所代表的资源。表 9-1 给出了 URL 类的常用方法。

表 9-1　URL 类的常用方法

序号	返回值类型	方法名	方法作用
1	String	getAuthority( )	获取此 URL 的授权部分
2	int	getDefaultPort( )	获取与此 URL 关联协议的默认端口号
3	Object	getContent( )	获取此 URL 的内容
4	String	getHost( )	获取此 URL 的主机名
5	String	getPath( )	获取此 URL 的路径部分
6	int	getPort( )	获取此 URL 的端口号
7	String	getProtocol( )	获取此 URL 的协议名称
8	InputStream	openStream( )	打开到此 URL 的连接并返回一个用于从该连接读入的 InputStream 对象

【例 9-1】建立一个 URL 对象，调用 URL 的提取方法来检索该 URL 组件的各种属性。

```
import java. io. * ;
import java. net. URL;
public class Example9_1 {
public static void main (String[] args) throws IOException
{
URL url =new URL ("http://www. sohu. com");
System. out. println ("Authority = "+ url. getAuthority ());
System. out. println ("Default port = " +url. getDefaultPort ());
```

```
System. out. println ("Host = " +url. getHost ());
System. out. println ("Port = " +url. getPort ());
System. out. println ("Protocol = " +url. getProtocol ());
System. out. println ("Query = " +url. getQuery ());
System. out. println ("Ref = " +url. getRef ());
System. out. println ("User Info = " +url. getUserInfo ());
    }
}
```

Example9_1 的运行结果如图 9-1 所示。

```
Authority = www.sohu.com
Default port = 80
Host = www.sohu.com
Port = -1
Protocol = http
Query = null
Ref = null
User Info = null
```

图 9-1　Example9_1 的运行结果

（2）URLConnection 类。

URLConnection 类代表应用程序和 URL 之间的通信连接。此类的实例可用于读取和写入此 URL 引用的资源。URLConnection 类的构造方法如下：

```
public URLConnection(URL url)//构造一个指定的 URL 连接
```

实际上，我们常用 url. openConnection( ) 方法得到一个 URLConnection 类的对象。URLConnection 类的常用方法如表 9-2 所示。

表 9-2　URLConnection 类的常用方法

序号	返回值类型	方法名	方法作用
1	Object	getContent( )	获取此 URL 连接的内容
2	String	getContentType( )	返回 content-type 头字段的值
3	long	getDate( )	返回 date 头字段的值
4	InputStream	getInputStream( )	返回从此打开的连接读取的输入流
5	URL	getURL( )	返回此 URLConnection 的 URL 字段的值
6	OutputStream	getOutputStream( )	返回写入此连接的输出流

2. URL 对象连接模型

获得 URL 对象的最主要用途是从资源中读取信息。调用 openStream( ) 方法可以获得一个 InputStream 对象，通过该对象可以用面向字节的方式读取资源。

通过 URL 类读取网络资源的步骤如下。

（1）创建一个 URL 类的对象。

（2）利用 URL 类的 openStream( ) 方法，获得对应的 InputStream 类的对象。

（3）将 InputStream 类的对象转化为 DataInputStream 类的对象。

（4）读取内容。

（5）关闭输入流。

【例 9-2】通过 URL 类定位读取人民网文件内容，并直接打印出来。

```
import java. io. *;
import java. net. *;
public class Example9_2 {
    public static void main(String[] args){
        try{
        String readline;
        URL url=new URL("http://www. people. com. cn/");   //获取一个 URL 对象
        InputStream input=url. openStream();              //获得输入流
        DataInputStream datainput=new DataInputStream(input)
          //包裹数据流
        while((readline=datainput. readLine())! =null){   //读取文件
            System. out. println(readline);               //打印文件
        }
        datainput. close();                               //关闭输入流
        }catch(Exception me){System. out. println("Error URL");}
    }
}
```

Example9_2 的运行结果如图 9-2 所示。

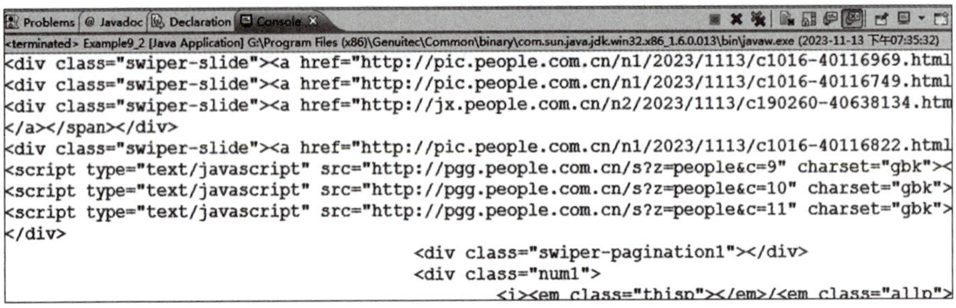

```
Problems  @ Javadoc  Declaration  Console ✕
<terminated> Example9_2 [Java Application] G:\Program Files (x86)\Genuitec\Common\binary\com.sun.java.jdk.win32.x86_1.6.0.013\bin\javaw.exe (2023-11-13 下午07:35:32)
<div class="swiper-slide"><a href="http://pic.people.com.cn/n1/2023/1113/c1016-40116969.html
<div class="swiper-slide"><a href="http://pic.people.com.cn/n1/2023/1113/c1016-40116749.html
<div class="swiper-slide"><a href="http://jx.people.com.cn/n2/2023/1113/c190260-40638134.htm
</a></span></div>
<div class="swiper-slide"><a href="http://pic.people.com.cn/n1/2023/1113/c1016-40116822.html
<script type="text/javascript" src="http://pgg.people.com.cn/s?z=people&c=9" charset="gbk"><
<script type="text/javascript" src="http://pgg.people.com.cn/s?z=people&c=10" charset="gbk">
<script type="text/javascript" src="http://pgg.people.com.cn/s?z=people&c=11" charset="gbk">
</div>
                                    <div class="swiper-pagination1"></div>
                                    <div class="num1">
                                           <i><em class="thisp"></em>/<em class="allp">
```

图 9-2　Example9_2 的运行结果

3. URLConnection 对象连接模型

通常，URLConnection 类的实例可用于读取和写入此 URL 引用的资源。如果我们想要创建一个连接，可以按以下步骤进行。

（1）通过在 URL 上调用 openConnection( ) 方法创建连接对象。

（2）处理设置参数和一般请求属性。

（3）使用 connect( ) 方法建立到远程对象的实际连接。

（4）远程对象变为可用，远程对象的头字段和内容变为可访问。

URLConnection 的主要用途是读取 URL 资源或向 URL 写入资源。因为写入涉及 JSP 语言的提交方式，这里不详细介绍，主要介绍读取的方式。

【例 9-3】使用 URLConnection 的实例定位到百度网站资源后，读取资源的头信息。

```
import java. io. IOException;
```

```
import java. net. URL;
import java. net. URLConnection;
public class Example9_3 {
   public static void main(String[] args) {
      try {
       URL url =new URL("http://www. baidu. com"); //创建连接对象
       URLConnection connection = url. openConnection();
       connection. setDoInput(true);    //处理设置参数和一般请求属性
       connection. setDoOutput(true);
     connection. connect();    //建立到远程对象的实际连接
     System. out. println(connection. getContentType());
     System. out. println(connection. getContentEncoding());
     System. out. println(connection. getContentLength());
     System. out. println(connection. getDate());
        //访问远程对象的头字段和内容
     }catch (IOException e) {
          e. printStackTrace();
     }
   }
}
```

Example9_3 的运行结果如图 9-3 所示。

```
text/html
null
2381
1699875898000
```

图 9-3　Example9_3 的运行结果

【例 9-4】通过 URLConnection 类连接到网易首页，并读取资源内容。

```
import java. io. IOException;
import java. net. URL;
import java. net. URLConnection;
import java. util. Scanner;
public class Example9_4 {
     public static void main(String[] args) {
     try {
     URL url =new URL("http://www. 163. com"); //创建连接对象
     URLConnection connection = url. openConnection();
     connection. setDoInput(true);    //处理设置参数和一般请求属性
     connection. setDoOutput(true);
     connection. connect();    //建立到远程对象的实际连接
     Scanner in =new Scanner(connection. getInputStream());
     while (in. hasNextLine())    // 读取内容
```

```
                System. out. println(in. nextLine());
            }catch (IOException e) {
                e. printStackTrace();
            }
        }
    }
```

9.1.2 Datagram 连接方式

1. 概念

Datagram 连接方式是一种较低级的网络传输方式，面向无连接的 UDP 服务。UDP 提供面向事务的简单、不可靠信息传输服务，适用于需要通信的信息量比较小，而且通信环境可靠性比较好的场合。每个在数据报套接字上发送或接收的包都是单独编址和路由的。从一台机器发送到另一台机器的多个包可能选择不同的路由，也可能按不同的顺序到达。这种方式不能保证数据安全到达目的地。

Datagram 连接方式的工作原理：发送数据时，先打包，将数据要发送的目的地的地址和端口号打包到每个数据包中，发送到网络；接收数据时，先拆包，得到对方的 IP 地址和端口号。为了完成数据报通信，Java 提供了两个常用的类：DatagramSocket 类和 DatagramPacket 类。

（1）DatagramSocket 类。

DatagramSocket 类是用来发送和接收数据报套接字，常用的构造方法有以下两个。

①DatagramSocket( )：用于构造一个数据报套接字并将其绑定到本地主机上的任何可用的端口。此构造方法通常用在客户端上。

②DatagramSocket(int port)：创建数据报套接字并将其绑定到本地主机上的指定端口。此构造方法通常用在服务器上。

表 9-3 给出了 DatagramSocket 类的常用方法。

表 9-3 DatagramSocket 类的常用方法

序号	返回值类型	方法名	方法作用
1	void	receive(DatagramPacket p)	从此套接字接收数据报
2	void	send(DatagramPacket p)	从此套接字发送数据报
3	int	getPort( )	返回此套接字的端口
4	void	connect(InetAddress address, int port)	将套接字连接到此套接字的远程地址上
5	void	close( )	关闭此数据报套接字

（2）DatagramPacket 类。

DatagramPacket 类表示数据报，数据报用来实现无连接包投递服务。每个报文仅根据该包中包含的信息从一台机器路由到另一台机器。DatagramPacket 类用于将要发送的信息打包成数据报和接收来自网络的数据报。

DatagramPacket 类的常用构造方法有以下两个。

①DatagramPacket(byte[ ] buf,int length)：构造 DatagramPacket，用来接收长度为 length 的数据报。

②DatagramPacket(byte[ ] buf,int length,InetAddress address,int port)：构造数据报，用来

将长度为 length 的包发送到指定主机上的指定端口号。

表 9-4 给出了 DatagramPacket 类的常用方法。

表 9-4 DatagramPacket 类的常用方法

序号	返回值类型	方法名	方法作用
1	byte[ ]	getData( )	返回数据缓冲区
2	int	getLength( )	返回将要发送或接收到的数据的长度
3	InetAddress	getAddress( )	返回此数据报将要发往目的地或从某台机器接收到的 IP 地址
4	int	getPort( )	返回此数据报将要发往机器或从某台机器接收到的端口号
5	void	setAddress(InetAddress iaddr)	设置要将此数据报发往的那台机器的 IP 地址
6	void	setData(byte[ ] buf)	为此包设置数据缓冲区
7	void	setPort(int iport)	设置要将此数据报发往的远程主机上的端口号

2. Datagram 连接方式通信模型

使用 Datagram 连接方式也需要考虑服务器编程和客户端编程。Datagram 连接方式通信模型如图 9-4 所示。

(1) 服务器编程的步骤。

①创建数据报文 Socket 对象。

②分配用于收发数据的缓冲区。

③创建一个 DatagramPacket 用来接收 Socket 数据。

④服务器等待客户的请求包到来。

⑤如果服务器接收到来自客户端的数据报，从它接收到的数据报文中读取客户端的地址和端口。

⑥将要发送的数据打包成报文包，从 Socket 上发送信息。

⑦如果停止服务，则关闭 Socket。

(2) 客户端编程的步骤。

①建立 Socket。

②分配用于收发数据的缓冲区。

③向服务器发出请求报文，将信息发送到指定主机的对应端口上。一个客户端必须事先知道服务器的地址和端口，请求报文本身带有客户端的信息。

④客户端等待应答。

⑤接收来自服务器的数据包。

⑥关闭 Socket。

【例 9-5】 使用 Datagram 连接方式建立一个网络通信程序，客户端向服务器发出 3 次呼叫，服务器应答收到。

【例 9-5】程序实现

图 9-4　Datagram 连接方式通信模型

Example9_5 服务器和客户端分别如图 9-5 和图 9-6 所示。

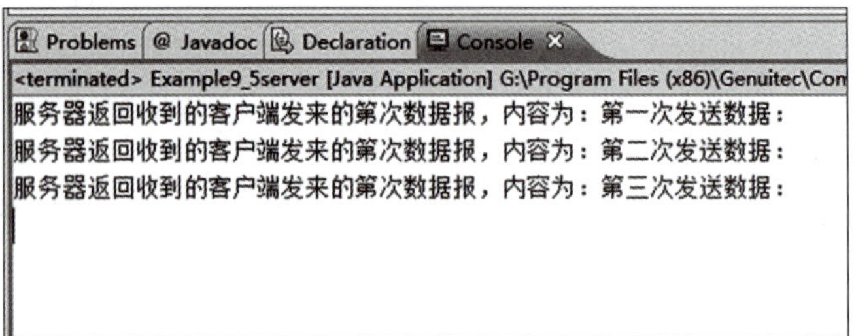

图 9-5　Example9_5 服务器

图 9-6　Example9_5 客户端

【例 9-6】 模仿 QQ 登录，建立一个远程登录过程。使用图形用户界面，双方打开应用程序后，可以自由通话。服务器指定端口号 521 提供服务。

【例 9-6】 程序实现

服务器和客户端聊天界面分别如图 9-7 和图 9-8 所示。

图 9-7　服务器聊天界面

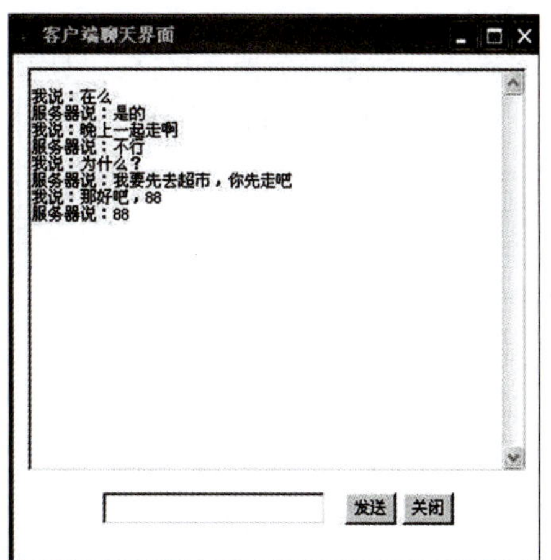

图 9-8　客户端聊天界面

课后思考：明辨是非，抵御诱惑。

网络给人们提供了一个获取信息的环境，这个环境推动了社会的发展，给人们的学习和生活带来了巨大的便利。但是，这个环境中有大量的垃圾信息、不健康信息，甚至是危害社会和谐、国家安全的反动信息。正确利用网络，有效利用网络上的规范信息，明辨是非，抵御诱惑，是计算机从业人员所应具备的重要素质。

9.1.3　Socket 连接方式

Socket 连接方式是 Java 提供的面向连接服务的一种网络连接方式。根据 TCP 的规则，在传输数据之前必须先建立连接，数据传输结束后，要释放连接。Socket 连接方式在服务器和客户端都需要创建实例，双方经过确认连接后才能进行通信。

1. 概念

Socket 套接字是指进程间通信连接的端点。当进程在网络上通信时，Java 技术使用 Socket 模型建立服务器和客户端的连接，使双方通过建立一个好的连接通道进行通信。Socket 连接方式如图 9-9 所示。

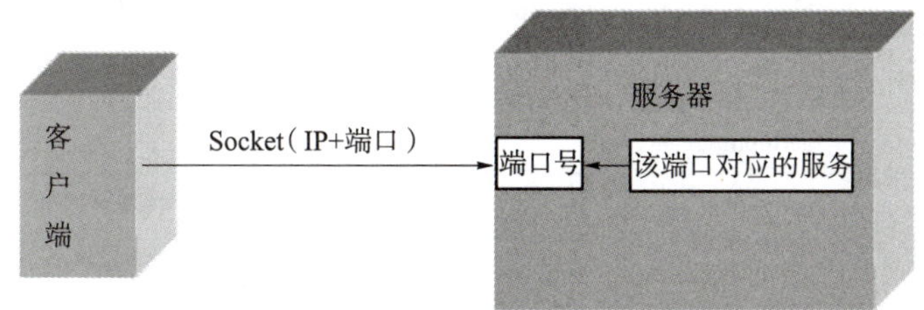

图 9-9　Socket 连接方式

从图 9-9 中可以看出，Socket 包含一个 IP 和一个端口，通过两者可以准确地找到服务器上提供的服务。

Socket 连接方式实际包含两个类：ServerSocket 类和 Socket 类。

（1）ServerSocket 类。

ServerSocket 类是服务器套接字，只应用于服务器上。服务器套接字等待通过网络传入的请求。它基于该请求执行某些操作，然后可能向请求者返回结果。

ServerSocket 类常用的构造方法如下：

```
public ServerSocket(int port);//创建绑定到特定端口的服务器套接字
```

其中，int 型的 port 参数代表指定的端口号。表 9-5 给出了 ServerSocket 类的常用方法。

表 9-5　ServerSocket 类的常用方法

序号	返回值类型	方法名	方法作用
1	Socket	accept( )	监听并接受此套接字的连接
2	int	close( )	关闭此套接字
3	InetAddress	getInetAddress( )	返回此套接字的本地地址
4	int	getLocalPort( )	返回此套接字所监听的端口
5	boolean	isClosed( )	返回套接字的关闭状态

当使用 ServerSocket 类建立了服务后，需要用 accept( ) 方法监听并接受此套接字的连接。

（3）Socket 类。

Socket 类是客户端套接字，既应用于客户端也应用于服务器上。在客户端上，Socket 由构造方法创建；在服务器上，Socket 由 ServerSocket 类调用 accept( ) 方法进行创建。Socket 类的构造方法共有 9 个，最常使用的是以下两个。

```
public Socket(InetAddress address,int port)  //创建一个流套接字并将其连接到指定 IP 地址的指定端口上
```

```
public Socket(InetAddress address, int port, InetAddress localAddr, int localPort)  //创建一个套接字并将其连接到指定远程地址的指定远程端口上
```

表 9-6 给出了 Socket 类的常用方法。

表 9-6　Socket 类的常用方法

序号	返回值类型	方法名	方法作用
1	void	bind(SocketAddress bindpoint)	将套接字绑定到本地地址
2	OutputStream	getOutputStream( )	返回此套接字的输出流
3	InputStream	getInputStream( )	返回此套接字的输入流
4	InetAddress	getInetAddress( )	返回套接字连接的地址
5	InetAddress	getLocalAddress( )	获取套接字绑定的本地地址
6	int	getLocalPort( )	返回此套接字绑定到的本地端口
7	int	getPort( )	返回此套接字连接到的远程端口
8	void	close( )	关闭此套接字
9	boolean	isClosed( )	返回套接字的关闭状态

2. Socket 编程通信模型

使用 Socket 连接方式需要考虑服务器编程和客户端编程。Socket 编程通信模型如图 9-10 所示。

（1）服务器编程的步骤。

①在服务器通过创建一个 ServerSocket 实例，指定一个用来等待连接的端口，等待连接。

②如果监听到来自客户端的连接请求，服务器通过 ServerSocket 的 accept( ) 方法创建 Socket 实例。

③创建 Socket 的输入/输出流，与客户端进行通信。

④通信结束后，关闭流，关闭 Socket。

（2）客户端编程的步骤

①在客户端创建一个 Socket 实例，规定连接服务器的地址和端口，向服务器发送连接请求。

②创建 Socket 的输入/输出流，与服务器进行通信。

③通信结束后，关闭流，关闭 Socket。

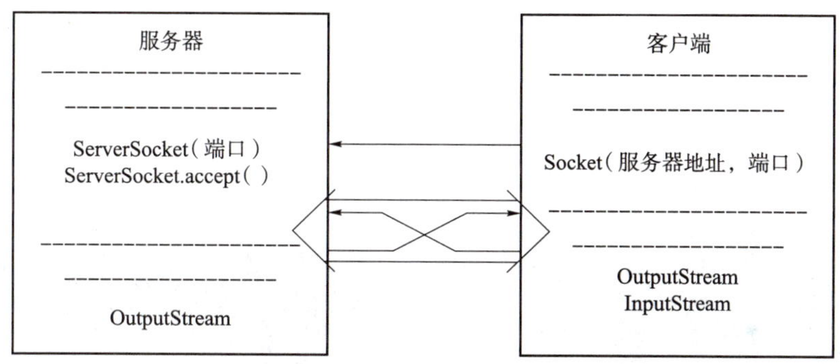

图 9-10 Socket 编程通信模型

【例 9-7】使用 Socket 连接方式建立一个网络通信程序，客户端向服务器发出呼叫，服务器应答收到。

【例 9-7】程序实现

运行程序，服务器和客户端界面分别如图 9-11 和图 9-12 所示。

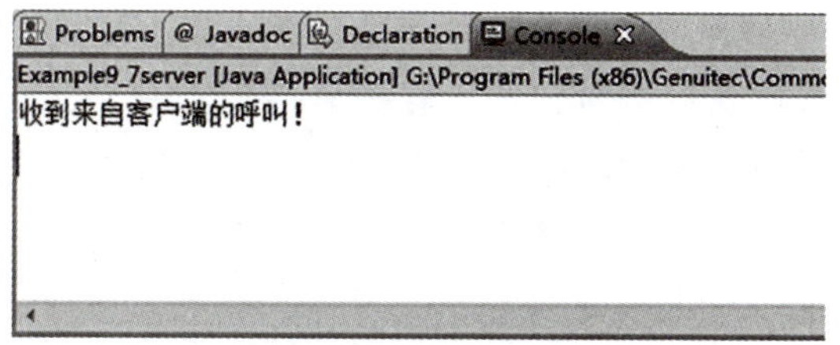

图 9-11 服务器界面

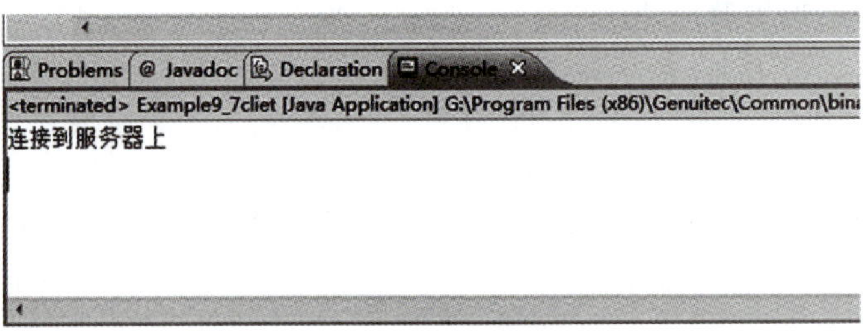

图 9-12　客户端界面

【例 9-8】模仿 Telnet 登录，建立一个远程登录过程。使用 DOS 环境，当客户端输入命令 Telnet，并向服务器发送连接请求时，服务器要求输入密码，客户端输入密码后，如果密码正确，则提示登录成功，否则提示密码错误。服务器指定端口号 1234 提供服务。

【例 9-8】程序实现

运行程序，服务器和客户端分别如图 9-13 和图 9-14 所示。

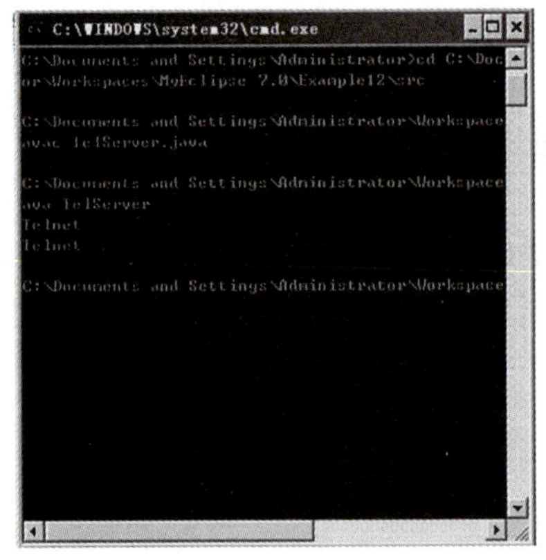

图 9-13　服务器

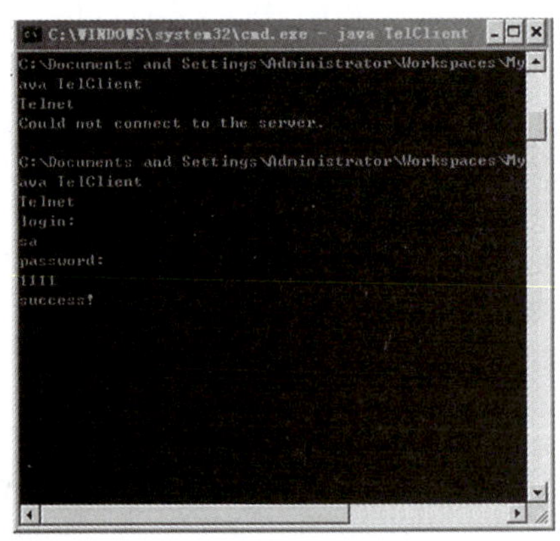

图 9-14　客户端

课后思考：中美 5G 之争，科技进步要自力更生。

以华为为代表的中国科技公司已经在世界上崭露头角，在某些领域甚至领先世界，在接下来的一段时间，中美两国围绕高科技领域的争夺还会继续。

发展 5G 不仅是通信产业的盛事，甚至在国家层面都受到了前所未有的重视，很大程度上是因为未来的万物互联构想需要 5G 产业作为基础设施。2G 跟随、3G 追赶、4G 并行，我国有望在 5G 时代领先于其他国家。科技的发展和进步只能依靠自己，埋头苦干，注重科技创新，这才是一切进步的源泉。

9.2 网络编程案例

在第 8 章中，网络通信工具已经可以将聊天信息存入本地文件，在这里通过登录界面连接服务器，建立一个远程登录过程。使用 Socket 进行网络编程，完成多个客户端通过远程服务器进行连接、交互的过程，本节先只实现多个客户端与服务器的连接。

服务器启动界面、登录界面、服务器收到用户发来消息的界面及服务器后台界面分别如图 9-15～图 9-18 所示。

图 9-15　服务器启动界面

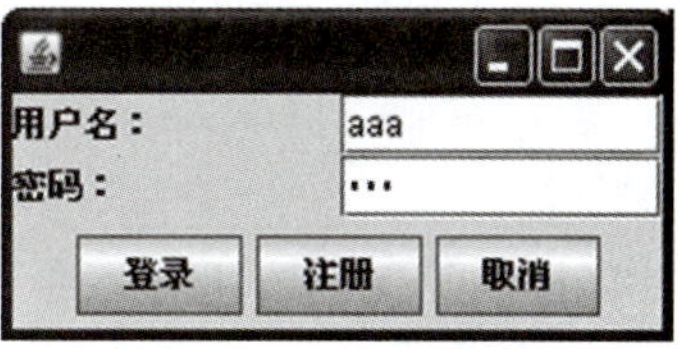

图 9-16　登录界面

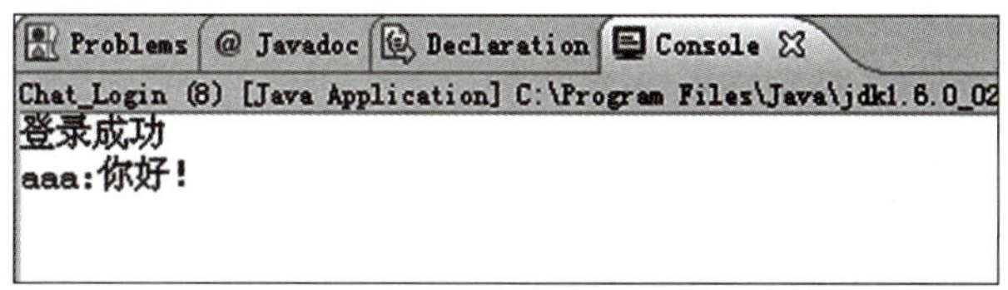

图 9-17　服务器收到用户发来消息的界面

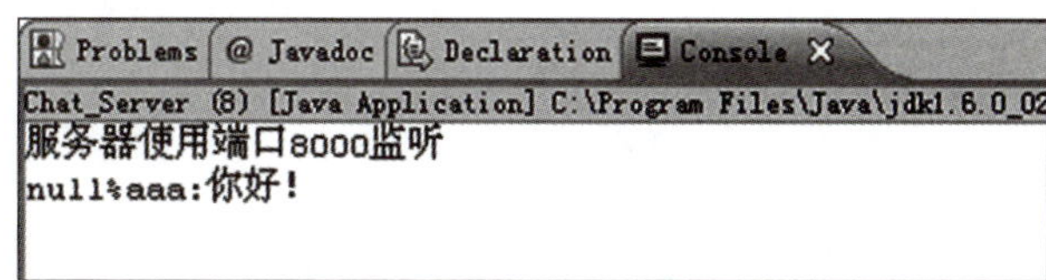

图 9-18　服务器后台界面

1. 设计思路

(1) 在服务器上指定服务端口，创建 ServerSocket 服务，等待客户端连接。

(2) 客户端接收命令，判断是 Telnet 命令后，与服务器连接。

(3) 客户端与服务器进行数据流交互，用户发送用户名和密码，服务器响应是否正确。

(4) 如果正确，程序进入聊天界面。

(5) 会话结束，关闭 Socket 服务。

2. 遇到的问题

(1) 在一台机器上怎样模仿交互过程？

(2) 怎样实现服务器不停地监听，做到有连接请求就立刻响应？

(3) 如何实现将登录的命令发送到服务器上？

【解决问题 1】

正常客户端和服务器两台机器的 IP 地址不同，在客户端登录时，由 Socket 指定 IP 地址即可。如果是在同一台机器上，则可以在客户端指定登录的 IP 地址是 127. 0. 0. 1。该地址作为本地软件换回测试主机时使用，这样一台机器就既可以作为客户端，又可以作为服务器使用。使用时需要先开启服务器程序，再开启客户端程序。

【解决问题 2】

服务器从开始工作，就要一直监听，即使客户端连接断开后，服务也不能停止。这样在服务器程序上需要无条件地重复工作，直到服务器程序关闭为止。因此，采用一个条件永远为真的死循环，不断地重复监听。

```
while (true) {
        Socket s=ss. accept();  //定义及初始化服务器监听客户端的端口
        …
}
```

【解决问题 3】

在客户端单击“登录”按钮时，通过 Socket 连接服务器。通过 Socket 的输出流，将用户名和密码发送到服务器上，再通过 Socket 的输入流得到服务器返回的结果。

```
s=new Socket("127. 0. 0. 1",8000);
os = s. getOutputStream();
OutputStreamWriter ow=new OutputStreamWriter(os);
PrintWriter pw=new PrintWriter(ow,true);
pw. println(user);           //向服务器发送用户名
pw. println(password);       //向服务器发送密码
InputStream is=s. getInputStream();
InputStreamReader isr=new InputStreamReader(is);
BufferedReader br=new BufferedReader(isr);
result=br. readLine();       //服务器向客户端回送验证结果
```

3. 程序实现

根据上面的解决方法，我们在第 8 章的代码中增加网络编程代码，新增代码用加粗字体表示。

【网络编程案例】程序实现

4. 知识扩展

（1）本章中的端口不是硬件，是软件模拟的端口。TCP/IP 协议为每种服务定义了一个端口，当一台计算机上运行不同的服务程序时，可根据端口号的不同提供相应的服务。

（2）在进行端口选择时，1024 以内为系统保留端口，因此在程序中要分配其他端口。作为服务器的应用程序只能同时绑定一个端口号，但服务器可以在一个端口上同时响应多个客户端请求。

课后思考：遵守网络道德，不能因为藏在显示器后面就迷失自我。

网络主体身份的隐匿性降低了人们在网络上的责任感和义务感，使人性中潜在的"恶"显露出来。作为计算机从业人员，一定要自觉树立自己在网络社会中的责任感和道德观，严于律己，在网络世界中要做到表里如一，怀揣着一颗善良的心去看世界。

本章小结

本章介绍了 3 个部分的内容：URL 网络连接方式，Socket 网络连接方式，Datagram 网络连接方式。

URL 表示网络某一资源的地址。URL 连接方式是 3 种网络连接方式中最上层的方法，面向 HTTP、FTP 等服务，很容易确定网络位置，可以直接输出或读入网络上的数据。

Socket 连接方式是传统网络程序中最常用的方式，面向有连接的 TCP 服务。Socket 连接方式在服务器和客户端都需要创建实例，双方经过确认连接后才能进行通信。一般情况下，客户端/服务器模式的软件采用此方法。

Datagram 连接方式是更低级的网络传输方式，面向无连接的 UDP 服务，将数据目的地地址封装到数据包中，直接向网络发送数据包。系统不能保证一定会将数据送到目的地。这种网络连接方式适用于信息量比较小，而且通信环境可靠性比较好的场合。

网络编程是 Java 的优势之一，掌握不同网络层次的连接方式，可以轻松完成在不同场合下的网络程序通信。

本章习题

一、选择题

1. 下列哪组类用于实现 TCP/IP 客户端和服务器？(　　)

A. ServerSocket 和 DatagramSocket　　B. Server 和 Socket

C. Socket 和 ServerSocket　　D. DatagramPacket 和 DatagramSocket

2. 如果语句"URL url = new URL("http://freE-mail.263.net");"中的 URL 并不存在，那么 url.getFile() 得到的结果是（　　）。

A. 263　　B. net　　C. null　　D. " "

3. 下列创建 Socket 的语句正确的有（　　）。

A. Socket a = new Socket(80);　　B. Socket b = new Socket("130.3.4.5",80);

C. ServerSocket c = new Socket(80);　　D. ServerSocket b = new Socket("130.3.4.5",80);

4. 下列哪一个类的传输方式不是数据流模式的？(　　)

A. ServerSocket　　B. Socket　　C. DatagramSocket　　D. OutputStream

5. 下列表示本机的是（　　）

A. localhost　　B. 255.255.255.255

C. 127.0.0.2　　D. 123.456.0.0

二、编程题

1. 编写程序，获取本机的 IP 地址。

2. 编写程序，获取某个网站的网络地址。
3. 编写程序，使用 Socket 连接客户端和服务器，实现聊天室功能。

三、简答题

1. 区分面向连接的网络服务和无连接的网络服务。
2. 用户如何确定用户计算机的主机名？
3. 在什么情况下会抛出 SocketException 异常？
4. 使用数据报方式，服务器如何把数据发送给客户端？

第 9 章习题答案

第 10 章 数据库编程

学习目标

数据库（Database）是按照数据结构来组织、存储和管理数据的仓库。在当今信息技术迅速发展的时代，数据库在应用程序中起着非常重要的作用。大型应用程序开发中，数据库开发是必不可少的技术。

本章将介绍 Java 应用程序和关系数据库连接的 JDBC 技术，并结合实例来说明 Java 应用程序中的数据库连接方法，将重点探讨数据库操作相关的 Java 类的应用方法。数据库保存着用户个人隐私数据，使用数据库时应遵守从业者的职业道德规范，避免主观泄露数据库中的信息，积极构建健康、安全的数据库系统。

教学重点

1. 了解 JDBC 技术。
2. 熟悉数据库驱动程序的分类。
3. 掌握 JDBC 访问数据库的两种常用方法。

10.1 数据库连接方式

在 Java 中，连接数据库的方式是使用 JDBC 技术。熟练掌握 JDBC 技术，对于连接数据库的应用会起到事半功倍的效果，所以下面首先介绍 JDBC。

10.1.1 JDBC 的介绍

为了创建强健的、独立于平台的应用程序，开发人员必须建立前端程序和数据库连接的解决方案。为此，Java 技术人员与数据库工具供应商合作建立了一个数据库管理系统——

JDBC API（Java 数据库连接应用程序编程接口），简称 JDBC。

JDBC 是由 Sun 公司免费提供的，是 Java 应用程序与数据库的沟通桥梁，它提供了访问关系数据库的标准接口。如图 10-1 所示，通过 JDBC 所提供的 API，Java 程序设计时可以轻松地连接数据库，完成应用程序的开发。

JDBC 的接口分为两个层次：一种是面向应用程序开发人员的接口即 JDBC API，它是 JDK 中的 java. sql. * 包中的一系列类、接口及这些类中的属性和方法；另一种是面向数据库驱动程序开发的接口即 JDBC Driver API，并不为普通的开发者熟悉。JDBC 驱动管理器使用 JDBC Driver API 来加载合适的 JDBC 驱动程序。

在图 10-1 中，每部分实现的功能说明如下。

Java 应用程序：包括 JSP 程序、Java 程序、Applet 小程序等。它通过调用 JDBC API 来访问数据库。

JDBC API：一种 JDBC 接口，提供了一系列的类，完成加载驱动程序、连接数据库、对数据库进行处理和从数据库中取回结果的功能。

JDBC Manager：负责将 JDBC API 的调用转换成 JDBC Driver API 的调用，它是由 Sun 公司提供的。

JDBC Driver API：针对不同的数据库驱动程序开发商的接口，也是由 Sun 公司提供的。不同的开发商根据自己的数据库来实现这些接口。

不同的 Driver：不同的驱动程序由各个数据库管理系统开发商编写。JDBC 要与不同的数据库建立连接，JDBC 必须获取连接数据库的驱动程序。

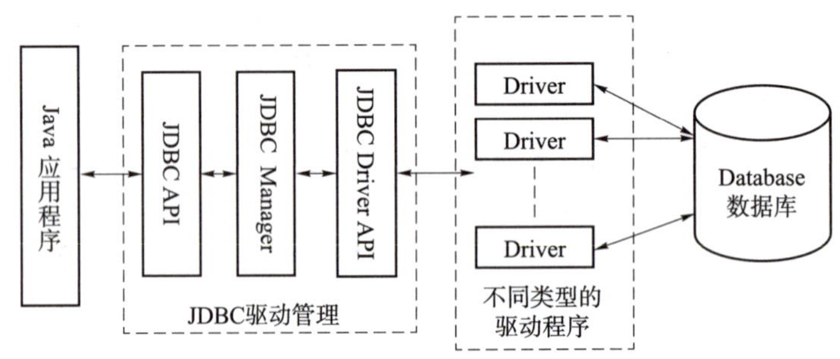

图 10-1　JDBC 连接数据库示意

使用 JDBC 连接数据库，一般来说包括以下几个步骤。

（1）装载数据库的 JDBC 驱动程序。

（2）与数据库建立连接。

（3）将 SQL 语句传递到数据库中，执行操作，返回得到的结果。

（4）关闭数据库连接。

在装载驱动程序的时候，根据驱动程序种类的不同，操作和语句有所不同。下面将详细介绍数据库驱动程序的分类。

10.1.2　数据库驱动程序的分类

数据库驱动程序分为 4 类：JDBC-ODBC Bridge（JDBC-ODBC）、本地 API 驱动程序、本地协议驱动程序、网络协议的完全 Java 驱动程序。

1. JDBC-ODBC Bridge

JDBC-ODBC Bridge 又称 JDBC-ODBC 桥驱动。JDBC-ODBC 桥驱动是 Sun 公司开发的一

种技术，将 JDBC 的调用转换成对开放数据库连接 ODBC 的调用，起到了桥梁连接的作用。使用这种驱动在进行数据库连接时，需要在操作系统中创建某一数据库管理系统的 ODBC 数据源，这样就可以在 Java/JSP 程序中访问数据库了。这种技术在 JDK 中就已经提供了，因此不需要额外安装程序，独立于具体数据库。

2. 本地 API 驱动程序

本地 API 驱动程序是将 JDBC 的调用转换成执行数据库开发商所提供的 API 来访问数据库。这种方法和具体的数据库有很大的关系，采用不同的数据库，驱动程序的名称也就不同。因此，该方法不独立于数据库，后面会给出各种数据库的驱动程序的名称。

3. 本地协议驱动程序

本地协议驱动程序将 JDBC 的调用转换为特定数据库所使用的网络协议，这样允许客户端直接调用数据库服务器。但由于许多这样的协议都是专用的，所以需要在客户端与数据库之间安装中介软件，让客户端的请求通过此中介软件转换成数据库能够接受处理的信息。

4. 网络协议的完全 Java 驱动程序

网络协议的完全 Java 驱动程序将 JDBC 的调用转换为独立于特定数据库的网络协议。客户端不需要安装任何中介软件，而是通过一个网络 API，使用套接字来调用服务器上的中间件程序，服务器再将请求转换为具体的 API 调用；执行结果也能直接从服务器取回。

目前，社会上广泛使用的是前两种技术，本章将详细介绍这两种技术的具体应用。

10.1.3　JDBC-ODBC 桥连接

JDBC-ODBC 桥连接方法是将 JDBC 的调用转换成 ODBC 的调用。这种方法的优点是提供了数据库访问的通用平台，缺点是应用程序依赖 ODBC，所以移植性差。

JDBC-ODBC 桥访问数据库需要 3 个步骤：创建 ODBC 数据源、加载 JDBC-ODBC 桥驱动、应用程序和数据库建立连接。下面详细介绍这 3 个步骤的具体操作过程。

以 SQL Server 数据库为例，使用 sa 用户的身份和 1111 的密码。先在本机上建立数据库 Student，其中有学生信息表 StudentInfo、学生登录表 StudentLog、学生成绩表 StudentScore、教师登录表 TeacherLog，分别如表 10-1～表 10-4 所示。

表 10-1　学生信息表 StudentInfo

列名	数据类型	备注
stuid	char(8)	学号
name	char(8)	姓名
class	char(6)	班级
sex	int	性别：0 表示女；1 表示男
major	char(12)	专业

表 10-2　学生登录表 StudentLog

列名	数据类型	备注
stuid	char(8)	学号
password	char(20)	密码

表 10-3　学生成绩表 StudentScore

列名	数据类型	备注
stuid	char(8)	学号
courseid	char(6)	课程编号
score	int	成绩

表 10-4　教师登录表 TeacherLog

列名	数据类型	备注
userid	char(8)	用户名
password	char(20)	密码

1. 创建 ODBC 数据源

首先要在本机上建立一个数据库的 ODBC 数据源，这样 JDBC-ODBC 桥才能通过该数据源和数据库进行连接。

单击“开始”菜单，在出现的菜单中单击“控制面板”菜单，如图 10-2 所示。在打开的“控制面板”窗口界面中双击“管理工具”图标，在出现的“管理工具”窗口中，双击 ODBC 数据源，如图 10-3 所示。打开“ODBC 数据源管理器”对话框，配置过程如下。

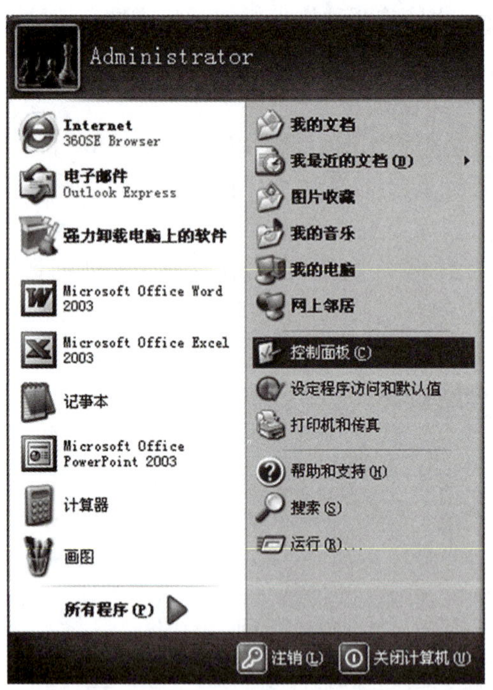

图 10-2　“开始”菜单

在“用户 DNS”选项卡中单击右侧的“添加”按钮，如图 10-4 所示，创建一个新的数据源。在出现的“创建新数据源”对话框中选择数据库类型，因数据库是 SQL Server 数据库，因此选择 SQL Server 类型，如图 10-5 所示，单击“完成”按钮。

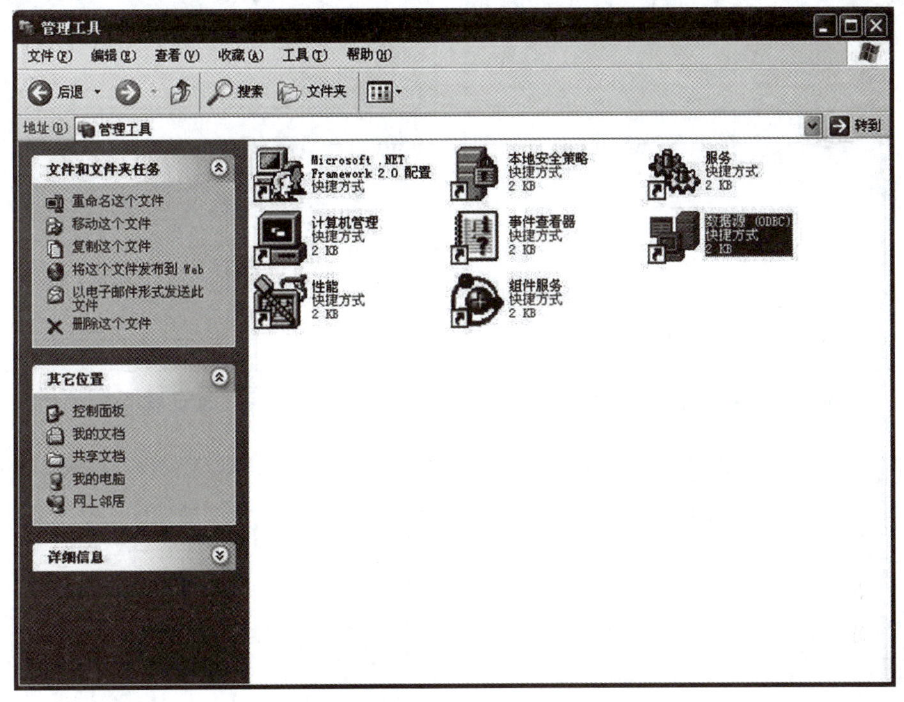

图 10-3　“管理工具”窗口

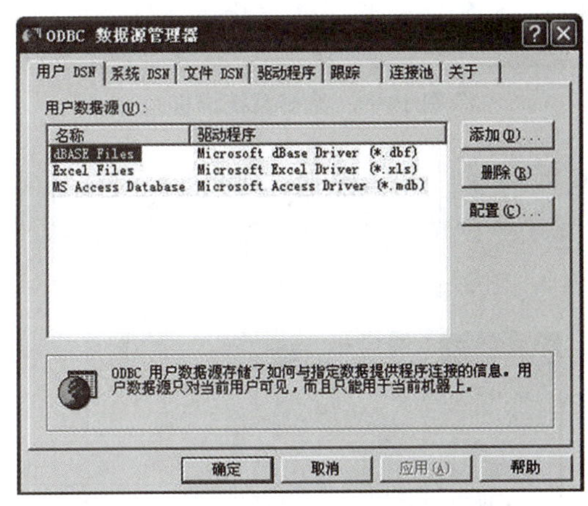

图 10-4　“ODBC 数据源管理器”对话框

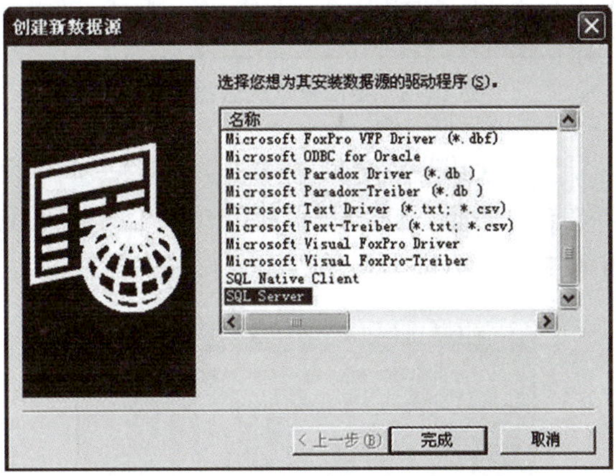

图 10-5　“创建新数据源”对话框

在“创建到 SQL Server 的新数据源”界面输入新数据源的名称，如 mydata，用户可以自己确定名称。在“服务器”下拉列表框中选择要连接的服务器的名称，若是本机则选择（local）选项，如图 10-6 所示。单击“下一步”按钮，进入如图 10-7 所示的界面，选择登录 ID 的验证方式，此处使用默认选项即可，单击“下一步”按钮。

在出现的界面中，勾选“更改默认的数据库为”复选框，然后其下面的下拉列表框中会列出所连接的服务器中的所有数据库，选择需要连接的数据库名称。本书以 Student 为例，如图 10-8 所示，单击“下一步”按钮。如图 10-9 所示，在出现的界面中直接使用默认选项即可，单击“完成”按钮。

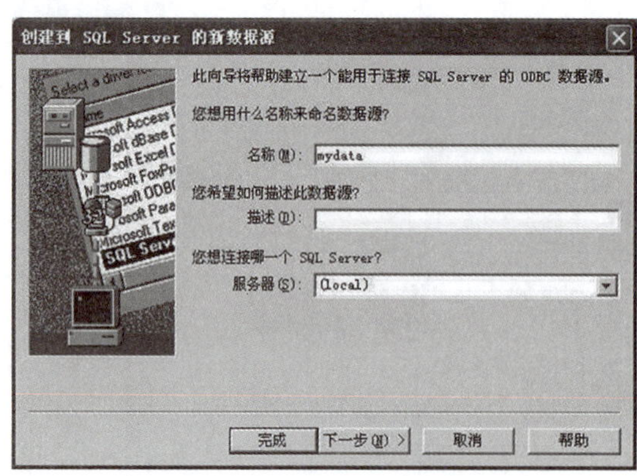

图 10-6　创建数据源的名称

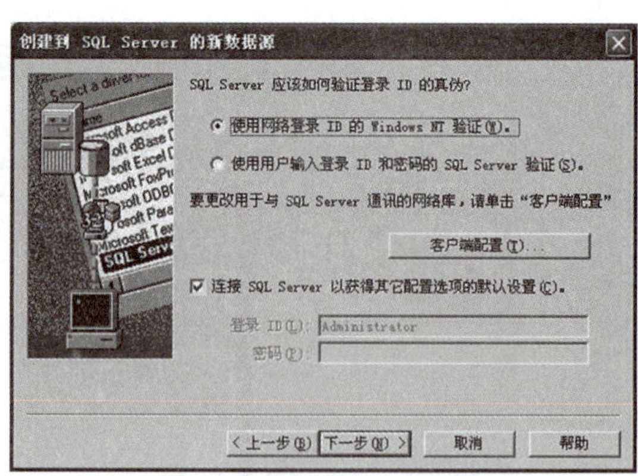

图 10-7　验证登录 ID 真伪

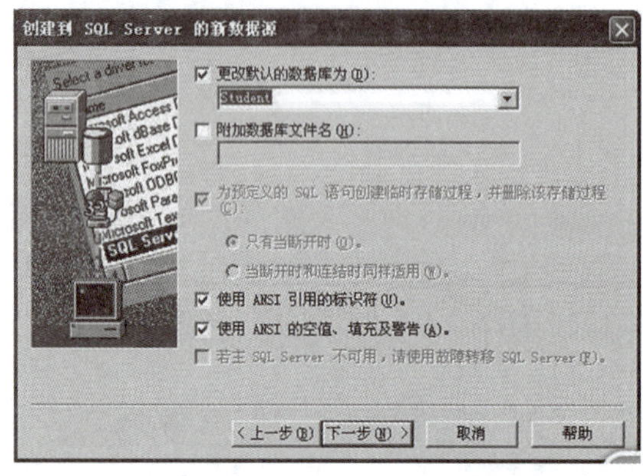

图 10-8　更改默认的数据库

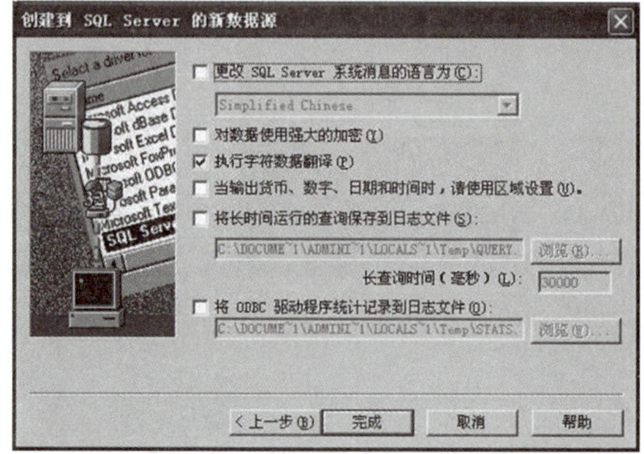

图 10-9　选择系统语言

界面会出现整个创建 ODBC 数据源过程中使用的配置，如图 10-10 所示，如果有错误，则单击“取消”按钮，重新进行配置。如果配置正确，则单击“测试数据源”按钮，如果出现如图 10-11 所示的界面，则说明配置正确，单击“确定”按钮即可。

图 10-10　配置情况提示

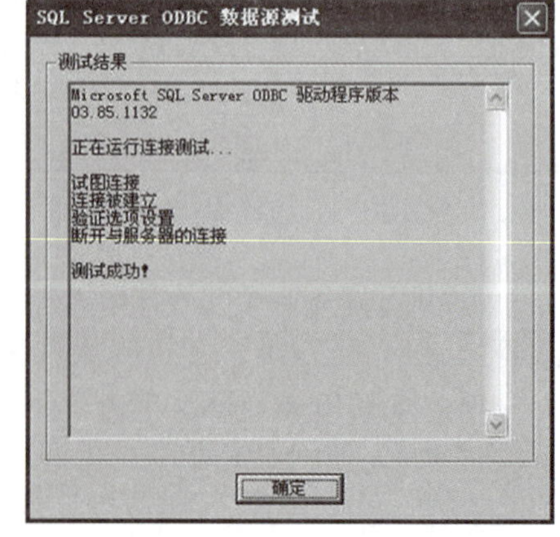

图 10-11　测试成功

2. 加载 JDBC-ODBC 桥驱动

在 ODBC 数据源配置成功后，就可以在连接数据库的文件中加载 JDBC-ODBC 桥驱动。Class 是 java. lang. * 包中的一个类，该类调用它的静态方法 forName( ) 就可以建立 JDBC-

ODBC 桥连接，标准格式如下：

```
try{
    Class. forName("sun. jdbc. odbc. JdbcOdbcDriver");
}
catch(ClassNotFoundException e){}
```

因为在加载驱动时可能会出现异常情况，所以此处需要用异常处理机制捕获异常。

3. 应用程序和数据库建立连接

（1）连接到数据库。

连接到数据库要使用 Connection 类，该类的作用是与特定数据库进行连接（会话）。先定义 3 个字符串变量，用来作为连接的参数，然后使用 Connection 类来创建连接。

```
String url=" jdbc:odbc:mydata";       //ODBC 数据源的名称
String username="sa";                 //登录数据库的用户名
String pwd="1111";                    //登录数据库的密码
Connection con;
con=DriverManager. getConnection(dbconn,username,pwd);
```

（2）声明并创建 Statement 对象。

连接到数据库后，需要使用 Statement 类。该类的作用是执行静态 SQL 语句并返回它所生成结果的对象。该类的对象由 Connection 类的调用方法创建。

```
Statement stat;                    //声明一个 Statement 对象
stat=con. createStatement();  //创建对象
```

（3）发送 SQL 语句并处理查询结果。

向数据库发送需要处理的 SQL 语句，然后使用 ResultSet 类将结果集返回。ResultSet 对象由统一形式的数据行组成。ResultSet 类的作用是表示数据库结果集的数据表，通常通过执行查询数据库的语句生成。

```
ResultSet rs;
rs= stat. executeQuery("select*  from StudentInfo");
```

（4）关闭数据库连接。

数据库处理工作完成以后，需要关闭数据库连接，可以释放 JDBC 和数据库端使用的所有资源。

```
con. close();//使用此方法关闭还没有关闭的连接
```

【例 10-1】 下面就以连接 SQL Server 数据库 Student 为例，取出学生信息表 StudentInfo 中 120421 班的所有学生信息，并打印出来。

【例 10-1】程序实现

Example10_1 的运行结果如图 10-12 所示。

Problems | Tasks | Web Browser
<terminated> Example10_1 [Java Application]
学号：12042101　　姓名：高英
学号：12042102　　姓名：黄清

图 10-12　Example10_1 的运行结果

10.1.4　使用本地 API 驱动程序

使用纯 Java 数据库驱动程序方法是通过加载特定的驱动程序和数据库建立连接。这种方法的优点是可移植性好，不依赖本机配置；缺点是需要在程序中加载与数据库类型相关的特定驱动程序。

使用纯 Java 数据库驱动程序访问数据库需要 3 个步骤：下载特定的纯 Java 驱动程序、加载 Java 驱动、应用程序和数据库建立连接。

1. 下载特定的纯 Java 驱动程序

要根据不同的数据库下载不同的驱动程序，下面通过表 10-5 来给出不同的数据库所需要的驱动程序。

表 10-5　不同的数据库所需要的驱动程序

数据库类型	需要的包名	连接示例
SQL Server 2000	需要 3 个 JAR 包： mssqlservice. jar msutil. jar msbase. jar	Class. forName(" com. microsoft. jdbc. sqlserver. SQLServerDriver "); url = " jdbc:microsoft:sqlserver://localhost:1433;DatabaseName = DB_name" ;
SQL Server 2005	需要一个 JAR 包： sqljdbc. jar	Class. forName(" com. microsoft. jdbc. sqlserver. SQLServerDriver"); url = " jdbc : sqlserver://localhost:1433;DatabaseName = DB_name";
MySQL	需要一个 JAR 包： mysql - connector - java - 5. 1. 22. jar	Class. forName(" com. mysql. jdbc. Driver"); url = " jdbc: mysql://localhost/useUnicode = true&characterEncoding = GB2312";
Oracle	需要一个 JAR 包： ojdbc14. jar	Class. forName(" oracle. jdbc. driver. OracleDriver"); url = " jdbc:oracle:thin:@ servername:1521:sidname" ;　(thin 驱动)

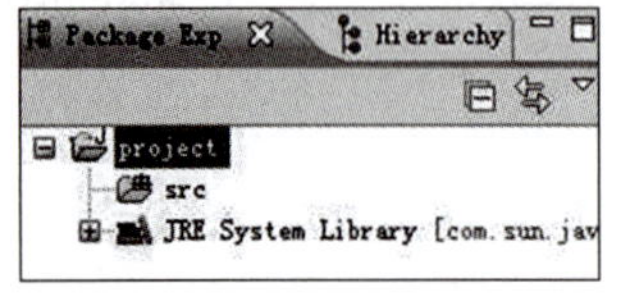

图 10-13　project 程序结构

以 SQL Server 2000 为例，介绍完成连接一个数据库的过程。在集成开发环境 MyEclipse 8. 5 中，建立应用程序。在界面左侧的项目结构中，project 项目下含有 src 文件夹和 JRE System Library 两个文件结构，如图 10-13 所示。

如图 10-14 所示，右击 project 项目，在出现的快捷菜单中选择 New→Folder 选项，会出现 New Folder 对话框。如图 10-15 所示，在对话框中将文件夹命名为 lib，单击 Finish 按钮。在 project 项目下会出现名为 lib 的新文件夹。

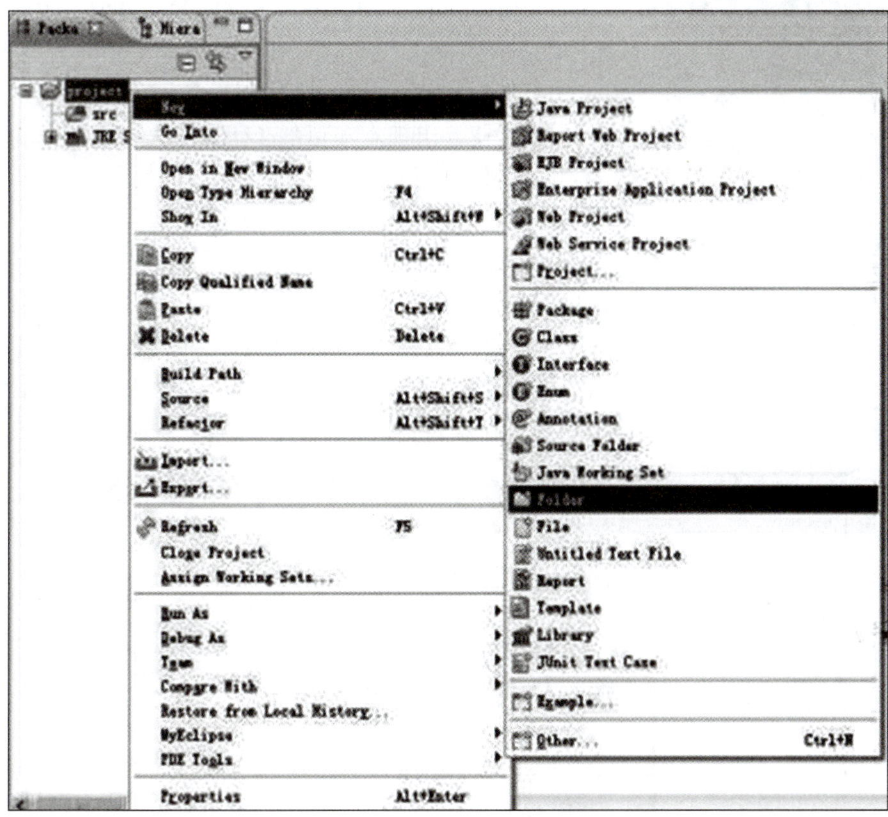

图 10-14　创建 lib 文件夹

将需要的 JAR 包进行复制，右击 lib 文件夹，在出现的快捷菜单中选择 Paste 选项，将需要的 JAR 包复制到 lib 文件夹中，如图 10-16 所示。

图 10-15　New Folder 对话框

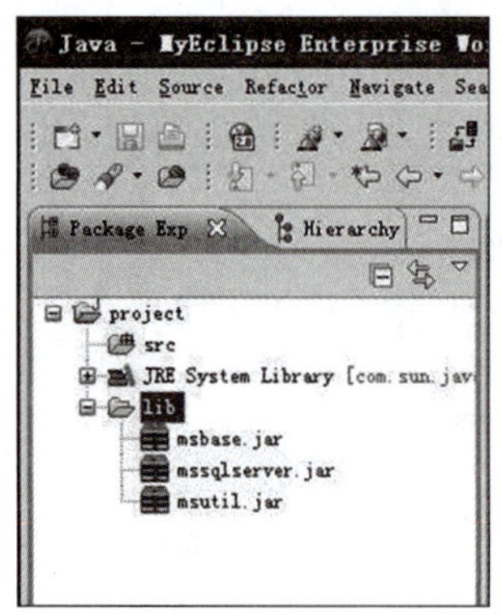

图 10-16 将 JAR 包复制到 lib 文件夹中

右击 JRE System Library，在出现的快捷菜单中选择 Build Path→Configure Build Path 选项，出现配置项目属性界面。界面的 Libraries 选项卡中列出了系统的类库。单击界面右侧的 Add JARs 按钮，出现本项目的 JAR 包选择界面，按住〈Shift〉键的同时单击 lib 文件夹下的 3 个 JAR 包，如图 10-17 所示，单击 OK 按钮。

将 lib 文件夹下的 JAR 包导入本项目，再单击 OK 按钮，返回项目界面，此时，project 项目下会多出一个引用类库，该类库下包含 3 个数据库连接的驱动文件，如图 10-18 所示。这样做的好处是以后将该项目复制到其他地方时，这 3 个 JAR 包会自动包含在项目中。

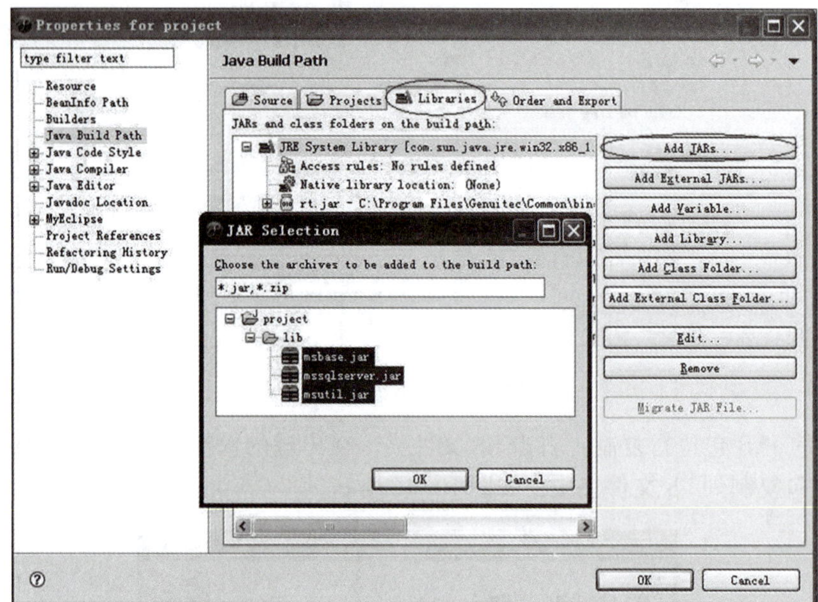

图 10-17 在项目中导入 JAR 包

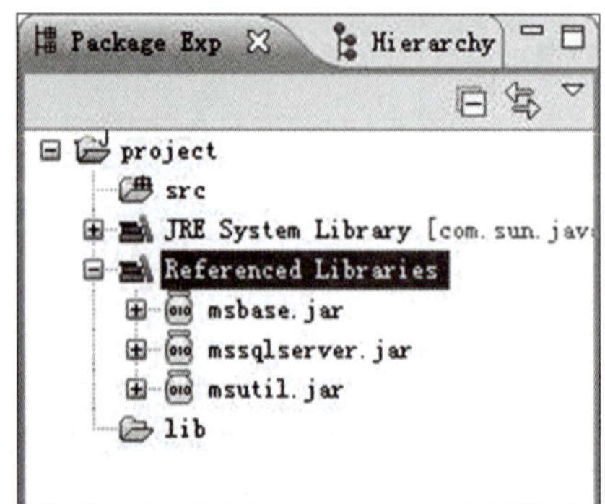

图 10-18 引用 JAR 包后的项目树

2. 加载 Java 驱动

在 Java 驱动程序安装成功后，就可以在连接数据库的文件中加载驱动程序。仍然使用

Class 类的静态方法 forName( ) 就可以建立 Java 驱动连接，标准格式如下：

```
try{
    Class. forName("com. microsoft. jdbc. sqlserver. SQLServerDriver ");
}
catch(ClassNotFoundException e){}
```

因为在加载驱动时可能会出现异常情况，所以此处需要用异常处理机制捕获异常。

3. 应用程序和数据库建立连接

（1）连接数据库。

此处仍然使用 Connection 类，但使用的参数的写法不同。

```
String url;
 url="jdbc:sqlserver://localhost:1433;DatabaseName=Student";
//连接本地数据库
String username="sa";              //登录数据库的用户名
String pwd="1111";                 //登录数据库的密码
Connection con;
con=DriverManager. getConnection(dbconn,username,pwd);
```

（2）声明并创建 Statement 对象。

（3）发送 SQL 语句并处理查询结果。

（4）关闭数据库连接。

上述的创建 Statement 对象、发送 SQL 语句和关闭数据库的步骤与 JDBC-ODBC 桥连接数据库的方法一致。

【例 10-2】下面仍然以连接 SQL Server 数据库 Student 为例，取出学生信息表 StudentInfo 中 120421 班的所有学生信息，并打印出来。

【例 10-2】程序实现

Example10_2 的运行结果如图 10-19 所示。

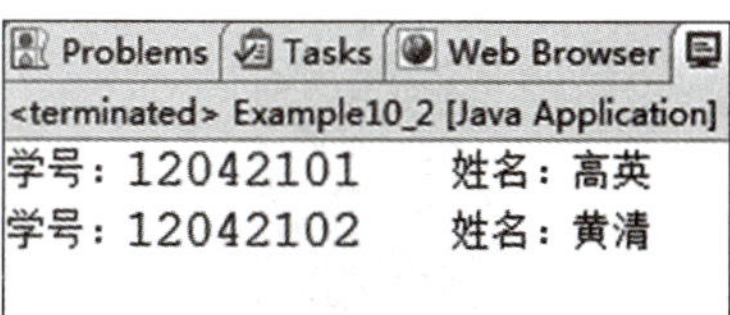

图 10-19　Example10_2 的运行结果

在这个例子中要注意以下几个问题。

（1）SQL Server 2000 数据库需要安装 sp4 补丁，如果不安装，则会连接不上数据库。

（2）需要判断 SQL Server 2000 登录模式中，SQL Server 身份验证模式是否可用，同时需要获得登录的用户名和密码。

打开 SQL Server 软件的查询分析器，在如图 10-20 所示的界面中输入密码。单击“确定”按钮，若能够进入查询界面，则 SQL Server 身份验证模式可用，如图 10-21 所示。

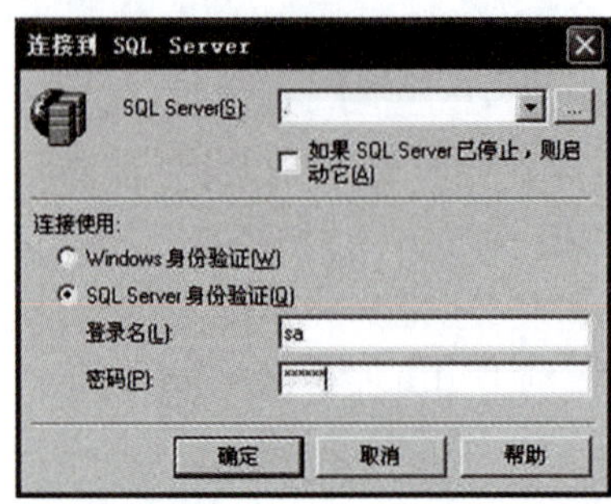

图 10-20　登录界面

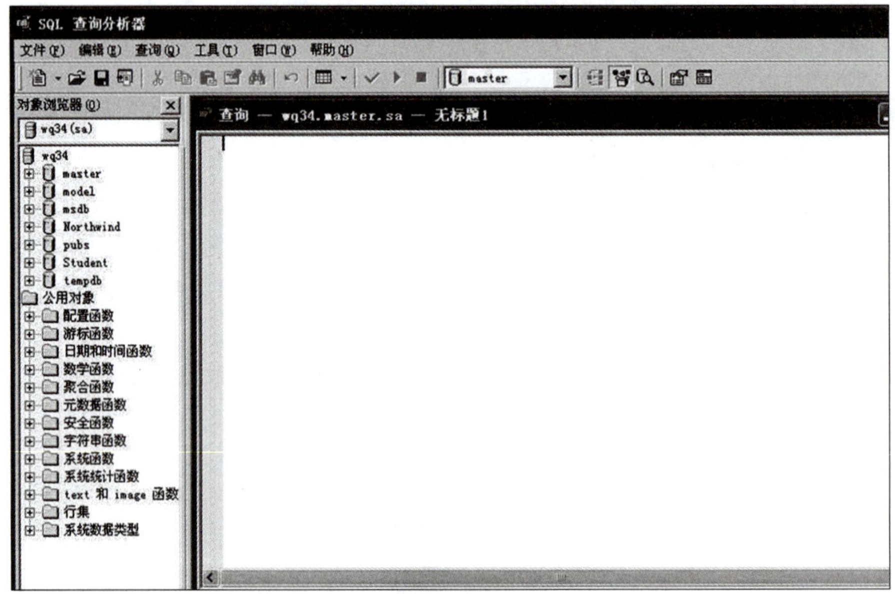

图 10-21　查询界面

【例 10-3】当用户打开学生管理的应用程序，并输入用户名和密码时，如果用户名和密码输入正确，那么登录成功，进入主界面；否则，提示密码错误。

【例 10-3】程序实现

运行程序，登录界面、主界面、提示用户名错误、提示密码错误分别如图 10-22～图 10-25 所示。

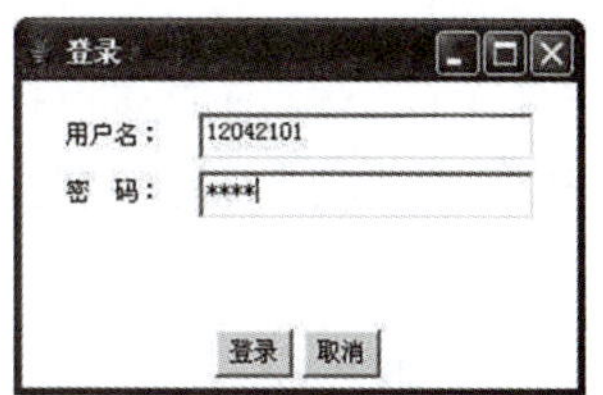

图 10-22　登录界面

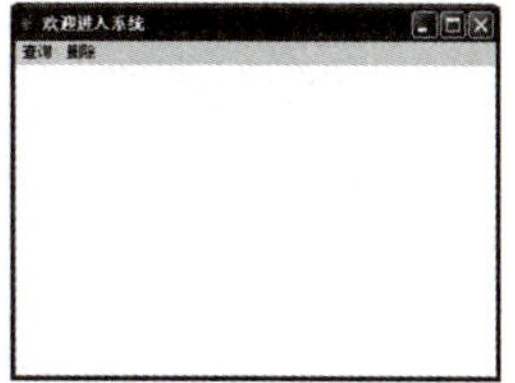

图 10-23　主界面

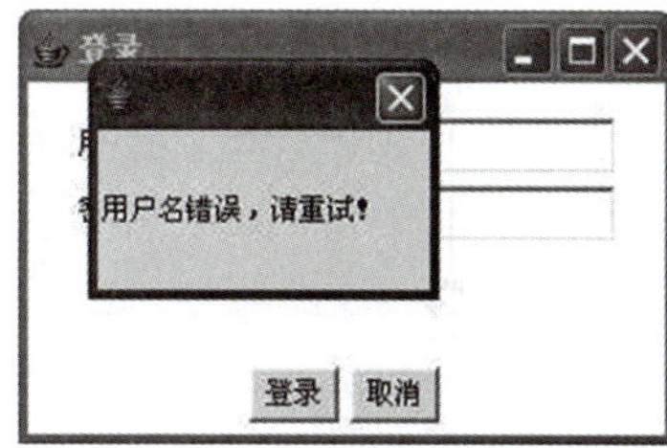

图 10-24　提示用户名错误

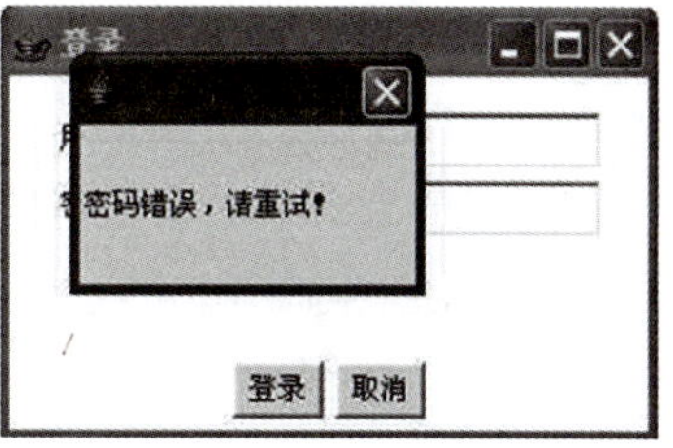

图 10-25　提示密码错误

4. 知识扩展

在这个例子中，没有使用一条查询语句查找输入的用户名和密码是否存在，因为从安全的角度来讲，“sql = " select* from Teacherlog where userid = ' guest' and password = ' 1234' ";” 这样的语句存在漏洞，非法用户容易在这个步骤进入系统，所以不建议采用这样的方式。

课后思考：程序员删库跑路，什么原因?

2018 年 9 月 19 日，顺丰一位工程师在升级系统数据库的时候，不慎将 RUSS 数据库删除，导致很长一段时间顺丰线上发车功能无法使用，产生了很严重的负面影响。

此前也曾有新闻报道，北京一软件工程师离职后因公司未能如期结清工资，便在其所设计的网站中安插后门文件，将网站源代码全部删除，结果因破坏计算机信息系统罪而获刑 5 年。

我们在工作中要讲究诚信，无论发生什么事情，也不能将情绪发泄到工作中，更不能做出这种删库跑路的违法犯罪行为。

10.2 常用接口类的使用方法

在数据库的连接中，涉及了一些接口类。这里介绍 Connection、Statement、ResultSet 和 PreparedStatement 等 4 种接口类的作用和常用方法。在上一节中已经涉及了 Connection、Statement 和 ResultSet 接口类的用法。

10. 2. 1　Connection 接口类

Connection 接口类存在于 java. sql. * 包中，该接口类的作用是与特定数据库连接（会话），在连接上、下文中执行 SQL 语句并返回结果。

在配置 Connection 时，JDBC 应用程序应该使用适当的 Connection 方法。

例如，con 是 Connection 的对象，如果该连接已经关闭，就不能够执行关闭动作，否则会抛出异常。因此，可以使用 con. isClosed( ) 方法来判断连接是否已经关闭。表 10-6 中列出了 Connection 接口类的常用方法。

表 10-6　Connection 接口类的常用方法

序号	返回值类型	方法名	方法作用
1	boolean	isClosed( )	查询此 Connection 对象是否已经被关闭
2	void	close( )	立即释放此 Connection 对象的数据库和 JDBC 资源，而不是等待它们被自动释放
3	Statement	createStatement( )	创建一个 Statement 对象来将 SQL 语句发送到数据库
4	PreparedStatement	prepareStatement(String sql)	创建一个 PreparedStatement 对象来将参数化的 SQL 语句发送到数据库
5	boolean	getAutoCommit( )	获取此 Connection 对象的当前自动提交模式。返回值为 true 表示自动提交模式；返回值为 false 表示禁用自动提交模式
6	void	setAutoCommit(boolean autoCommit)	将此连接的自动提交模式设置为给定状态。autoCommit 有 true 和 false 两种值
7	void	commit( )	使所有上一次提交/回滚后进行的更改成为持久更改，并释放此 Connection 对象当前持有的所有数据库锁
8	void	rollback( )	取消在当前事务中进行的所有更改，并释放此 Connection 对象当前持有的所有数据库锁

【例 10-4】 下面仍然以连接 SQL Server 数据库 Student 为例，查看系统的自动提交模式，关闭数据库。

```
import java. sql. * ;                //导入数据库包
public class Example10_4 {
    public static void main(String[] args){
        Connection con=null;
        String user="sa";                //数据库的用户名
        String pwd="111111";             //数据库的连接密码
        String url; url="jdbc:sqlserver://127. 0. 0. 1:1433;DatabaseName=Student";
        boolean commitvalue=false;
    try{    //加载驱动
        Class. forName("com. microsoft. jdbc. sqlserver. SQLServerDriver");
        con = DriverManager. getConnection(url,user,pwd);
```

```
            commitvalue=con.getAutoCommit(); //查看系统的自动提交模式
            System.out.println("系统当前的自动提交模式值为:"+commitvalue);
            if(!con.isClosed()){
                    con.close();        //如果连接没关闭,关闭数据库
            }
            }
            catch(Exception e){             //需要捕获异常
                System.out.println(e.toString());
            }
        }
    }
```

Example10_4 的运行结果如图 10-26 所示。

```
Problems | Tasks | Web Browser
<terminated> Example10_4 [Java Application]
系统当前的自动提交模式值为：true
```

图 10-26　Example10_4 的运行结果

10.2.2　Statement 接口类

Statement 接口类存在于 java.sql.* 包中，用于在已经建立的连接的基础上向数据库发送 SQL 语句的对象。它只是一个接口类的定义，其中包括了执行 SQL 语句和获取返回结果的方法。

在默认情况下，同一时间每个 Statement 对象只能打开一个 ResultSet 对象。因此，若读取一个 ResultSet 对象与读取另一个 ResultSet 对象交叉，则这两个对象必须是由不同的 Statement 对象生成的。若存在某条语句试图打开当前已经打开的 ResultSet 对象，则 Statement 接口类中的所有执行方法都会隐式关闭它。

实际上有 3 种 Statement 对象：Statement、PreparedStatement（继承自 Statement）和 CallableStatement（继承自 PreparedStatement）。它们都作为在给定连接上执行 SQL 语句的容器，专用于发送特定类型的 SQL 语句：Statement 对象用于执行不带参数的简单 SQL 语句，提供了执行语句和获取结果的基本方法；PreparedStatement 对象用于执行带或不带入口参数的预编译 SQL 语句，添加了处理入口参数的方法；CallableStatement 对象用于执行对数据库存储过程的调用，添加了处理出口参数的方法。

Statement 对象最常用的方法是 executeQuery(String sql) 和 executeUpdate(String sql)。

executeQuery(String sql) 方法用来执行一条查询语句，返回的是一个结果集，该方法的执行对数据库数据不会发生更改。executeUpdate(String sql) 方法用来执行一条插入、删除、更新语句，返回的结果是整型，代表该语句影响数据库记录的条数。表 10-7 中列出了 Statement 接口类的常用方法。

表 10-7　Statement 接口类的常用方法

序号	返回值类型	方法名	方法作用
1	boolean	isClosed()	查询是否已关闭了此 Statement 对象
2	void	close()	立即释放此 Statement 对象的数据库和 JDBC 资源，而不是等待该对象自动关闭
3	ResultSet	executeQuery(String sql)	执行给定的 SQL 语句，该语句返回单个 ResultSet 对象
4	int	executeUpdate(String sql)	执行给定的 SQL 语句，该语句可能为 INSERT、UPDATE 或 DELETE 语句，或者不返回任何内容的 SQL 语句（如 DDL 语句）
5	int	getMaxRows()	获取由此 Statement 对象生成的 ResultSet 对象可以包含的最大行数
6	void	setMaxRows(int max)	将此 Statement 对象生成的所有 ResultSet 对象可以包含的最大行数限制设置为给定数

【例 10-5】 下面仍然以连接 SQL Server 数据库 Student 为例，在学生信息表中追加 3 个学生的信息，然后查看结果。

【例 10-5】程序实现

Example10_5 的运行结果如图 10-27 所示。

```
Problems  Tasks  Web Browser
<terminated> Example10_5 [Java Application]
学号：12043101    姓名：陈曦
学号：12043102    姓名：陈夏炎
学号：12043103    姓名：宋文雪
学号：12043104    姓名：李丽
学号：12043105    姓名：张文婷
学号：12043106    姓名：严格强
```

图 10-27　Example10_5 的运行结果

10.2.3　ResultSet 接口类

ResultSet 表示数据库结果集的数据表，通常通过执行查询数据库的语句生成。ResultSet 用来暂时存放数据库查询操作获得的结果。它包含了符合 SQL 语句中条件的所有行，并且提供了一套 get() 方法对这些行中的数据进行访问。

ResultSet 对象具有指向其当前数据行的光标。最初，光标被置于第一行之前。next() 方法将光标移动到下一行，因为该方法在 ResultSet 对象没有下一行时返回 false，所以可以在 while 循环中使用它来迭代结果集。

ResultSet 对象默认不可更新，仅有一个向前移动的光标。因此，只能对它迭代一次，并且只能按从第一行到最后一行的顺序进行。为了方便操作，可以生成可滚动和/或可更新的 ResultSet 对象。

可以用以下两种方式使用更新方法。

（1）更新当前行中的列值。

在可滚动的 ResultSet 对象中，可以向前和向后移动光标，将其置于绝对位置或相对于当前行的位置。以下代码片段更新 ResultSet 对象 rs 第五行中的 NAME 列，然后使用 update Row( ) 方法更新导出 rs 的数据源表。

```
rs. absolute(5);
rs. updateString("NAME","AINSWORTH");
rs. updateRow();
```

（2）将列值插入新插入行。

可更新的 ResultSet 对象具有一个与其关联的特殊行，该行用作构建要插入的行的暂存区域（staging area）。以下代码片段将光标移动到插入行，构建一个 3 列的行，并使用 insert Row( ) 方法将其插入 rs 和数据源表中。

```
rs. moveToInsertRow();
rs. updateString(1,"AINSWORTH");
rs. updateInt(2,35);             //更新第二个字段的值为 35
rs. updateBoolean(3,true);       //更新第三个字段的值为 true
rs. insertRow();                 //插入行
rs. moveToCurrentRow();          //移动光标至当前行
```

当生成 ResultSet 对象的 Statement 对象关闭、重新执行或用来从多个结果的序列中获取下一个结果时，ResultSet 对象将自动关闭。ResultSet 接口类的常用方法如表 10-8 所示。

表 10-8 ResultSet 接口类的常用方法

序号	返回值类型	方法名	方法作用
1	boolean	isClosed( )	查询此 ResultSet 对象是否已被关闭
2	void	close( )	立即释放此 ResultSet 对象的数据库和 JDBC 资源，而不是等待该对象自动关闭
3	void	deleteRow( )	从此 ResultSet 对象和底层数据库中删除当前行
4	boolean	absolute(int row)	将光标移动到此 ResultSet 对象的给定行，该方法经常用于分页处理
5	void	afterLast( )	将光标移动到此 ResultSet 对象的末尾，正好位于最后一行之后
6	void	beforeFirst( )	将光标移动到此 ResultSet 对象的开头，正好位于第一行之前
7	boolean	first( )	将光标移动到此 ResultSet 对象的第一行
8	String	getString(int columnIndex)	以 Java 编程语言中 String 的形式获取此 ResultSet 对象的当前行中指定列的值。括号中的参数应为整数，是从左向右的编号数，1 表示第一列，2 表示第二列，以此类推

续表

序号	返回值类型	方法名	方法作用
9	String	getString(String columnLabel)	以 Java 编程语言中 String 的形式获取此 ResultSet 对象的当前行中指定列的值。括号中的参数应为字符串，是数据表中字段的名称，例如，字段名称为 name，此处就应写为 name
10	int	getInt(int columnIndex)	以 Java 编程语言中 int 的形式获取此 ResultSet 对象的当前行中指定列的值。括号中的参数应为整数，是从左向右的编号数，1 表示第一列，2 表示第二列，以此类推
11	int	getInt(String columnLabel)	以 Java 编程语言中 int 的形式获取此 ResultSet 对象的当前行中指定列的值。括号中的参数应为字符串，是数据表中字段的名称，例如，字段名称为 name，此处就应写为 name
12	boolean	isFirst()	查询光标是否位于此 ResultSet 对象的第一行
13	boolean	isLast()	查询光标是否位于此 ResultSet 对象的最后一行
14	boolean	last()	将光标移动到此 ResultSet 对象的最后一行
15	void	moveToCurrentRow()	将光标移动到当前行
16	void	moveToInsertRow()	将光标移动到插入行
17	boolean	next()	将光标从当前位置向前移一行
18	boolean	previous()	将光标移动到此 ResultSet 对象的上一行
19	void	refreshRow()	用数据库中的最近值刷新当前行
20	boolean	relative(int rows)	按相对行数（或正或负）移动光标

【例 10-6】下面仍然以连接 SQL Server 数据库 Student 为例，在学生信息表中查询学生信息，然后查看从第三行开始的结果。

【例 10-6】程序实现

Example10_6 的运行结果如图 10-28 所示。

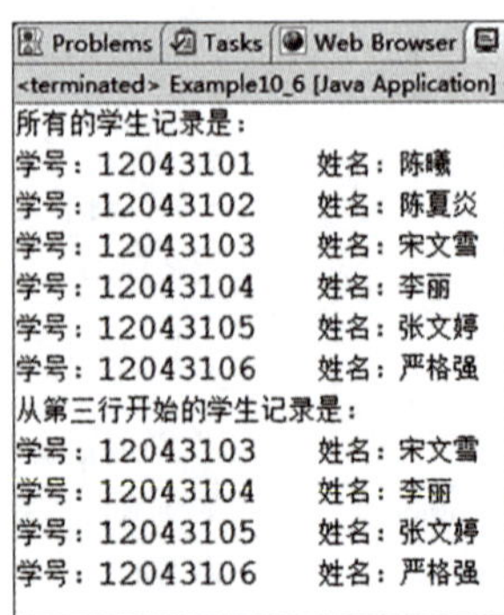

图 10-28 Example10_6 的运行结果

10.2.4　PreparedStatement 接口类

PreparedStatement 接口类继承了 Statement 接口类，该接口类可以传递经过预编译的 SQL 语句，因此可以获得更高的执行效率。

在 PreparedStatement 语句中可以包含多个用“?”代表的字段，在程序中可以利用 setXXX( ) 方法设置该字段的内容，从而增强程序设计的动态性。

PreparedStatement 与 Statement 的区别在于，它构造的 SQL 语句不是完整的语句，需要在程序中进行动态设置。一方面，这增强了程序设计的灵活性；另一方面，由于 PreparedStatement 语句是经过预编译的，所以它构造的 SQL 语句的执行效率比较高。

因此，对于某些使用频繁的 SQL 语句，用 PreparedStatement 比用 Statement 具有明显的优势。表 10-9 中列出了 PreparedStatement 接口类的主要成员方法。

表 10-9　PreparedStatement 接口类的主要成员方法

序号	返回值类型	方法名	方法作用
1	void	setInt(int Index, int x)	将指定参数设置为给定 Java int 值
2	void	setDouble(int Index, double x)	将指定参数设置为给定 Java double 值
3	ResultSet	executeQuery( )	PreparedStatement 对象中执行 SQL 查询，并返回该查询生成的 ResultSet 对象
4	int	executeUpdate( )	PreparedStatement 对象中执行 SQL 语句，该语句必须是一个 SQL 数据操作语言，如 INSERT、UPDATE 或 DELETE 语句；或者是无返回内容的 SQL 语句，如 DDL 语句

【例 10-7】 下面仍然以连接 SQL Server 数据库 Student 为例，在学生信息表中查询 120431 班的男同学信息，然后查看结果。

【例 10-7】程序实现

Example10_7 的运行结果如图 10-29 所示。

```
Problems  Tasks  Web Browser
<terminated> Example10_7 [Java Application]
学号：12043101    姓名：陈曦
学号：12043102    姓名：陈夏炎
学号：12043106    姓名：严格强
```

图 10-29　Example10_7 的运行结果

【例 10-8】 当用户进入应用程序后，完成查询学生信息的功能。输入学号或姓名，在界面中显示该学生的信息。

【例 10-8】程序实现

查询系统首页界面、查询学生信息界面、以学号查询的结果，以及以姓名查询的结果分别如图 10-30～图 10-33 所示。

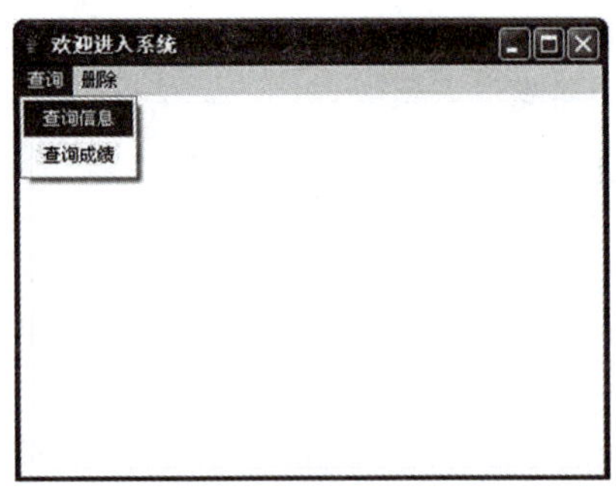

图 10-30　查询系统首页界面

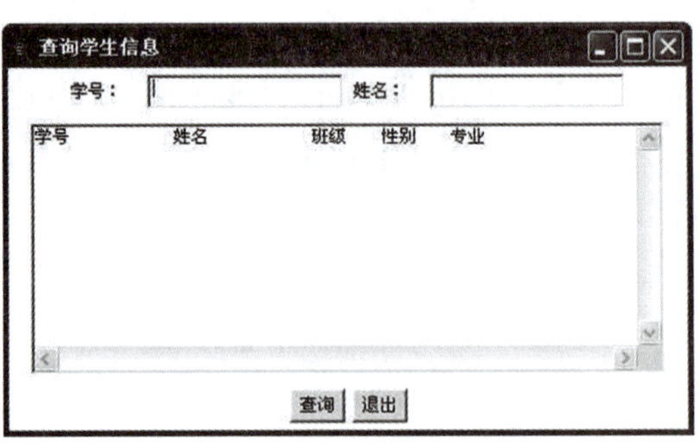

图 10-31　查询学生信息界面

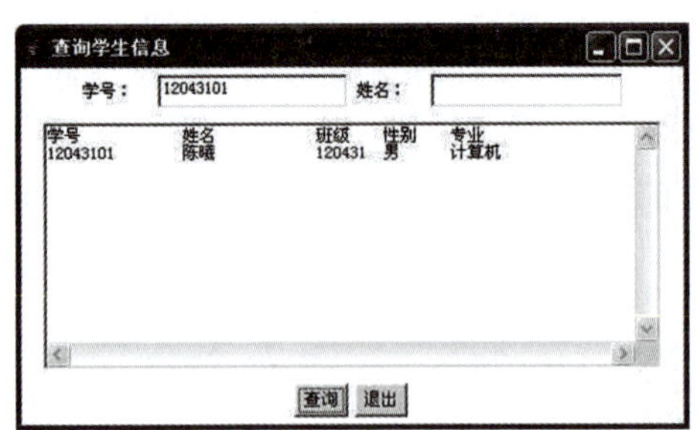

图 10-32　以学号查询的结果

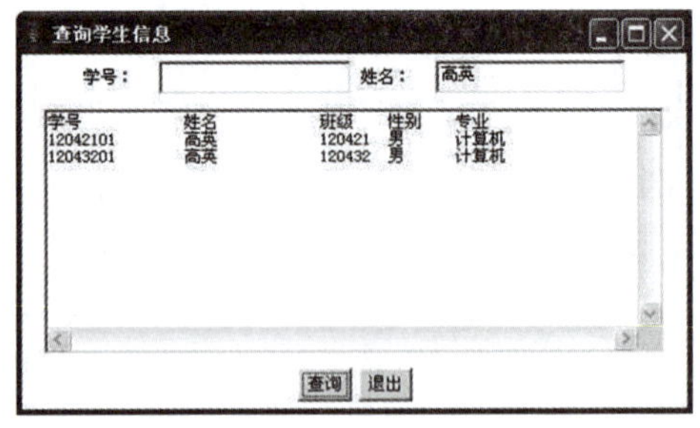

图 10-33　以姓名查询的结果

课后思考：不参与网络暴力，不做“键盘侠”。

键盘侠是一个网络词语，指部分在现实生活中胆小怕事，而在网络上占据道德高点发表“个人正义感”和“个人评论”的人群。真正的“键盘侠”，应该讲究一个“侠”字，键盘可以成为两种不同性格的分割线，但侠气却是不容分割的。网络中玩转文字，或犀利，或幽默，或温情，这是侠气；生活中默默无闻、低调文静，但内心善良充盈，这也是一种侠气。我们需要做的，就是保留这种表现不同但实质相同的侠客风范。

10.3 反射的使用

如果程序在运行过程中允许改变程序结构或变量的数据类型，就称这个程序所使用的语言为动态语言。在 IT 界，一般认为 Java 不是动态语言，但是 Java 有一个动态机制，那就是反射。Java 的反射机制主要提供了以下功能（在程序运行时有效）。

（1）构造任意一个类的对象。

（2）获取任意一个类所具有的成员变量和方法。

（3）调用任意一个对象的方法或属性。

（4）生成动态代理。

下面通过一个例题来了解反射的原理。

【例 10-9】 定义一个接口 Person，包含方法 display( )；定义一个 Student 类，包含普通类 Information；定义 Example10_9 类，实现反射机制。

【例 10-9】程序实现

Example10_9 的运行结果如图 10-34 所示。

```
public Information.display ( )
p1.Information
public Information.name ( )
protected Information.age ( )
private Information.wage ( )
```

图 10-34　Example10_9 的运行结果

课后思考：大数据时代真的来临了吗？

大数据概念正在席卷全球，改变人们的生活方式。微信、支付宝、百度地图等软件影响着人们的生活方式，科技发展改变了我们的生活！

阿里巴巴在大数据方面的领先，使其在互联网企业中一直居于领导者地位。

作为未来的计算机从业者，你打算在大学阶段付出些什么？又期望收获些什么呢？

10.4 数据库编程案例

在第 9 章中，服务器判断用户发送过来的用户名和密码是否正确，仍然是判断固定的用户，但是现实中的例子不可能这样。因此，我们需要借助数据库来存储用户名和密码，每次用户登录，服务器要到数据库中查找是否存在该用户，如果用户名和密码都正确，则向客户端返回成功信息，否则返回失败信息。

1. 设计思路

（1）创建 MySQL 数据库 qq。

（2）在数据库中添加所有用户的用户名和密码。

(3) 在项目中添加 MySQL 数据库的驱动 JAR 包。

(4) 在服务器 Chat_Server.java，得到客户端的用户名和密码，再到数据库中查询是否存在该用户。

(5) 如果用户名和密码都正确，则返回给客户端成功信息，否则返回失败信息。

(6) 其他几个界面的程序不需要修改。

MySQL 数据库查询界面如图 10-35 所示。

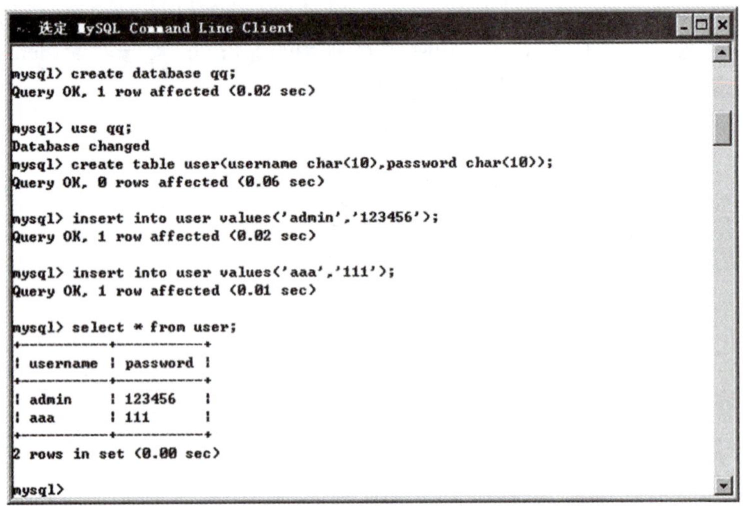

图 10-35　MySQL 数据库查询界面

2. 遇到的问题

(1) 数据库应保存什么？

(2) 应该如何判断是否存在该用户？

【解决问题 1】 数据库需要保存的数据根据项目需求进行设计，在这个网络通信工具中，只需要保存用户登录时的用户名和密码即可。因此，创建数据库 qq，在数据库中建立用户登录表 user，该表中保存用户名和密码。

```
create database qq;
use qq;
create table user(username char(10),password char(10));
```

【解决问题 2】 通过 SQL 语句中的 select 语句查询是否存在该用户。

```
String sql="select* from user where username=? and password=?"
```

3. 程序实现

【数据库编程案例】程序实现

课后思考：免费的午餐会一直有吗？

Oracle 曾在 2018 年 4 月宣布，自 2019 年 1 月起，JavaSE 8 公开更新将不向没有商用许可证的业务、商用或生产用途提供，即未来开发者若还想使用 JDK 8，Oracle 将不会提供免费的技术支持，需要另外收费。如果 Oracle 公司真的这样实施，那么我们免费使用了这么多年的 JDK 将面临收费。这再次说明，科技进步只能靠自己。因此，我们应努力学习知识，用我们自己的软件进行开发。

本章小结

本章介绍了 4 部分的内容：JDBC 连接数据库的过程和数据库驱动程序的分类、目前社会上广泛使用的两种数据库连接方法、连接数据库时的常用接口类及其使用方法、反射机制。

JDBC 是 Java 应用程序与数据库的沟通桥梁，它提供了访问关系数据库的标准接口。数据库驱动程序从类型上分为 4 类：JDBC-ODBC 桥、本地 API 驱动程序、本地协议驱动程序、网络协议的完全 Java 驱动程序。

前两种数据库驱动程序是现在使用较广泛的技术。JDBC-ODBC 桥连接方法是将 JDBC 的调用转换成 ODBC 的调用。这种方法的优点是提供了数据库访问的通用平台，缺点是应用程序依赖 ODBC，所以移植性差。本地 API 驱动程序方法是通过加载特定的驱动程序和数据库建立连接。这种方法的优点是可移植性好，不依赖本机配置；缺点是需要在程序中加载与数据库类型相关的特定驱动程序。

Connection、Statement、ResultSet 和 PreparedStatement 是连接数据库时经常使用的接口类。Connection 接口类的作用是与特定数据库连接（会话），Statement 接口类用于向已经建立连接的数据库发送 SQL 语句，ResultSet 接口类用于返回执行 SQL 语句生成的结果集，PreparedStatement 接口类传递经过预编译的 SQL 语句，可以获得更高的执行效率。

Java 反射机制的功能就是通过构造类的对象、获取类的成员变量或方法、调用对象的方法或属性，以及生成动态代理来实现动态的效果。

本章习题

一、选择题

1. Java 中哪一个类中的方法可以执行数据库的增加、修改、删除和查询操作？（　　）

A. Connection　　B. Statement　　C. ResultSet　　D. Class

2. 加载 JDBC-ODBC 桥驱动，需要使用以下哪一种方法？（　　）

A. Class. forName(" sun. jdbc. odbc. JdbcOdbcDriver")

B. class. forName(" jdbc. driver_class_name")

C. Statement. excuteUpdate()

D. Statement. excuteQuery()

3. 以下哪一种方法可以执行程序传递过来的 SQL 语句中的查询？（　　）

A. excuteUpdate( )　　B. excuteQuery( )

C. createStatement( )　　D. Class. forname( )

4. 在 Java 中，ResultSet 对象 rs 就包含了满足 SQL 语句条件的所有行，使用以下哪个方法可以下移 rs 中的行？（　　）

A. rs. getString( )　　B. rs. next( )

C. rs. setString( )　　D. rs. excute( )

5. 以下说法正确的是（　　）。

A. 创建 Statement 类的对象之前，不需要创建连接

B. PreparedStatement 也不允许预执行 SQL 语句

C. 加载数据库的驱动和建立数据库连接都会抛出异常，所以必须要用 try-catch 语句来接收

D. 加载数据库的驱动和建立数据库连接都会抛出异常，但是可以不接收

6. 以下哪个说法是错误的？（　　）

A. Java 应用通过 Class 类装载一个驱动程序类

B. 加载驱动之后，利用 DriverManager 类的 getConnection( ) 方法创建一个指定的连接

C. 加载驱动之后，利用 DriverManager 类的 Connection( ) 方法创建一个指定的连接

D. Statement 是通过活动连接发送 SQL 语句到数据库并返回结果的对象

二、编程题

1. 设计并实现住院信息管理系统。系统具有用户登录，住院病人信息的增加、修改、删除和查询等功能。添加新的病人时，需要检查病人的病历号是否重复，如果不重复，就添加一条新信息并提示添加成功；否则提示不允许添加。

2. 完成一个简单的通讯录系统，在通讯录中实现联系人的增加、删除、修改、查询等功能。

3. 连接数据库实现用户注册的功能，向用户信息表中添加一个新用户。要求用户名是主键，不能重复。注册后，提示成功信息。

第 10 章习题答案

第 11 章 集　合

在程序设计中，常常需要同时存储多个数据，如果存储的是同一种数据类型的数据，使用数组这种数据结构就可以实现；如果存储的是不同数据类型的多个数据，数组就无能为力，这时可以选择 Java 的集合类。

本章将介绍 Java 中常见的集合，结合实例介绍各种集合的使用，并通过综合案例展示集合的灵活应用。

教学重点

1. 了解 Java 中不同的集合名称及定义方法。
2. 掌握 Set 和 Map 两种常用集合的语法规则。
3. 掌握 Set 和 Map 两种常用集合的使用方法。

11.1 Set 和 Map

Java 提供了多种集合的定义方式，主要有 Set 和 Map 两个接口，每个接口又包括自己的子接口，实现具体的逻辑功能。

11.1.1 Set 集合

Set 集合里面存放的对象是无序且不允许重复的，集合中的对象不按照特定的排序方式存放，只是将用户要添加的对象加入集合。Set 常用的子接口有两个，下面分别进行介绍。

1. HashSet

HashSet 基于 HashMap 来完成功能，是对 HashMap 进行了重定义，并且在 HashSet 中仅仅使用了 HashMap 中的 key 来实现各种应用，并不像 HashMap 那样，value 必须跟 key 成对出现。

HashSet 的 key 不允许重复（HashMap 的 key 也不允许重复，如果重复就会覆盖），允许有 null 值。

HashSet 集合的常用方法如表 11-1 所示。

表 11-1　HashSet 集合的常用方法

序号	返回值类型	方法名	方法作用
1	无	HashSet( )	构造方法,构造一个新的空 Set 集合
2	set	HashSet(Collection<? extends E> c)	构造一个包含指定 Collection 中元素的新的 Set 集合
3	void	clear( )	移除 Set 集合中的所有元素
4	boolean	isEmpty( )	判断 Set 集合是否包含任何元素,若包含,则返回 true
5	Iterator	iterator( )	定义对 Set 集合中的元素进行迭代的迭代器
6	boolean	remove(Object o)	若指定的元素 o 存在于此 Set 集合中,则将其移除
7	int	size( )	返回 Set 集合中元素的个数

2. TreeSet

TreeSet 基于 TreeMap 来完成功能。TreeSet 集合是根据存入的元素进行排序或根据创建集合时提供的比较器进行排序，具体排序规则取决于定义 TreeSet 时使用的构造方法。

【例 11-1】创建一个长度为 3 的字符串数组，依次存入 3 个字符串，并将这 3 个字符串输出，再用 Set 集合来改写此功能。

```
package p1;
public class Example11_1 {
    public static void main(String[] args) {
        String[] array=new String[3];
        array[0]="aa";
        array[1]="bb";
        array[2]="cc";
        for(int i=0;i<3;i++)
            System. out. println(array[i]);
        }
}
```

改用 Set 集合实现的程序如下：

```
Set<String> arr = new HashSet<String>();
arr. add("aa");
arr. add("bb");
arr. add("cc");
Iterator<String> it = arr. iterator();
while (it. hasNext()) {
    String str = it. next();
    System. out. println(str);
}
```

也可以用 Set 和 for 循环遍历来实现上述功能：

```
for (String str : arr) {
    System. out. println(str);
    }
```

上述 3 个程序的运行结果如图 11-1 所示。

```
aa
bb
cc
```

图 11-1 上述 3 个程序的运行结果

11. 1. 2 Map 集合

Map 集合里面存放的是键值对（key-value），键不能重复，而值可以重复。对 Map 的访问是通过对键的遍历来找到对应的值，而上一小节所介绍的 Set 集合，就是直接遍历，Map 集合多了对键的遍历。其实，对 Map 集合的遍历，就是对 Set 集合的遍历，然后得到键所对应的值。Map 集合的子集有 4 个，下面分别进行介绍。

1. HashMap

HashMap 是以数组方式进行数据存储的，允许 key 或 value 中的一个或两个为 null。key 不可以重复而 value 可以重复。这里要强调的是，虽然 null 可以作为 key 来使用，但是由于其唯一性的要求，所以不能在一个集合里有两个 null 作为 key。

HashMap 集合的常用方法如表 11-2 所示。

表 11-2 HashMap 集合的常用方法

序号	返回值类型	方法名	方法作用
1	value	put(K key, V value)	若 key 重复，则新添加的 value 会覆盖之前重名 key 的 value
2	无	putAll(Map<? extends K,? extends V> m)	从指定映射中将所有映射关系复制到此映射中
3	void	remove()	移除相关联的对象
4	void	clear()	清空集合对象
5	value	get(key)	可以用于判断键是否存在。当指定的键不存在时，返回 null
6	boolean	isEmpty()	判断集合元素的长度是否为 0，若是则返回 true，否则返回 false
7	boolean	containsKey(Object key)	判断集合中是否包含指定的 key
8	boolean	containsValue(Object value)	判断集合中是否包含指定的 value
9	int	size()	返回 Map 集合中元素的个数

2. HashTable

HashTable 与 HashMap 类似，它支持线程的同步，即任一时刻只能有一个线程能写入 HashTable，这也导致了 HashTable 在写入时会比较慢。HashTable 继承自 Dictionary 类，与 HashMap 不同的是，它不允许记录的 key 或 value 为 null，同时效率较低。

3. LinkedHashMap

LinkedHashMap 保存了记录的插入顺序，在用 Iterator 遍历 LinkedHashMap 时，先得到的

记录先插入，在遍历时也会比 HashMap 慢，拥有 HashMap 的全部功能及特性。

4. TreeMap

TreeMap 基于红黑二叉树实现，不允许有 null 值，key 不可以重复，value 允许重复。存入 TreeMap 的元素应当实现 Comparable 接口或 Comparator 接口。TreeMap 存入元素时对元素进行自动排序，迭代输出的时候就按排序顺序输出。

【例 11-2】 用 3 种方法，实现 Map 集合的遍历输出。

将 Map 中所有的键存入 Set 集合。因为 Set 具备迭代器，所以具有迭代器功能。所有可以通过迭代方式取出的键值，都可利用 get() 方法获取每一个键值对应的 value。keySet()：被操作对象在经过迭代处理后，就只能通过 get() 方法来获取 key。

取到的结果会乱序，是因为取得数据行主键的时候，使用了 keySet() 方法，而这个方法返回的 Set 结果，其里面的数据是乱序排放的。

```
package p1;
import java. util. *;
public class Example11_2_1{
    @SuppressWarnings("unchecked")
    public static void main(String[] args) {
        Map arr = new HashMap();
        arr. put("1","aa");
        arr. put("2","bb");
        arr. put("3","cc");
        //先获取 Map 集合中所有键的 Set 集合
        Iterator it = arr. keySet(). iterator();

        //获取迭代器
        while(it. hasNext()){
            Object key = it. next();
            System. out. println(arr. get(key));
        }
    }
}
```

运行程序，如图 11-2 所示。

```
cc
bb
aa
```

图 11-2　用 keySet() 方法遍历

【例 11-3】 在这个例题中我们可以用第二种方法即 Collection 的 values() 获取所有的值，程序如下。

```
package p1;
import java. util. *;
public class Example11_2_2 {
    @SuppressWarnings("unchecked")
    public static void main(String[] args) {
```

```
        Map arr = new HashMap();
        arr.put("1","aa");
        arr.put("2","bb");
        arr.put("3","cc");
        Collection<String> vs = arr.values();
        Iterator<String> it = vs.iterator();
        while (it.hasNext()) {
            String value = it.next();
            System.out.println(value);
        }
    }
}
```

运行程序，如图 11-3 所示。

```
cc
bb
aa
```

图 11-3　用 Collection 的 values( ) 方法遍历

Set<Map. Entry<K,V>> entrySet( ) 方法返回此映射中包含的映射关系 Set 视图。一个关系就是一个键值对，把键值对作为一个整体一对一对地存放到 Set 集合当中。Map. Entry 表示映射关系，entrySet( ) 表示迭代后可以用 getKey( ) 以及 getValue( ) 两种方法来取 key 和 value，返回的是 Entry 接口。

```
package p1;
import java.util.*;
public class Example11_2_3{
    @SuppressWarnings("unchecked")
    public static void main(String[] args) {
        Map arr = new HashMap();
        arr.put(1,"aa");
        arr.put(2,"bb");
        arr.put(3,"cc");
        // 返回的 Map.Entry 对象的 Set 集合 Map.Entry 包含了 key 和 value 对象
        Set<Map.Entry<Integer,String>> set = arr.entrySet();
        Iterator<Map.Entry<Integer,String>> it = set.iterator();
        while (it.hasNext()) {
            //返回的是封装了 key 和 value 对象的 Map.Entry 对象
            Map.Entry<Integer,String> en = it.next();
            //获取 Map.Entry 对象中封装的 key 和 value 对象
            Integer key = en.getKey();
            String value = en.getValue();
            System.out.println("key=" + key + ",value=" + value);
        }
    }
}
```

运行程序，如图 11-4 所示。

```
key=1, value=aa
key=2, value=bb
key=3, value=cc
```

图 11-4　用 entrySet( ) 方法遍历

建议使用第三种遍历方法，因为这种方法的效率最高。

11.1.3　其他集合

List 也是一种早期被经常使用的集合，List 里存放的对象是有序且可以重复的。List 关注的是索引，拥有一系列和索引相关的方法，查询速度快。但是向 List 集合里插入或删除数据时，会伴随着后面数据的移动，所以插入、删除数据的速度比较慢。List 集合常用的子集合有以下两个。

1. ArrayList

ArrayList 是基于数组的，在初始化 ArrayList 时，会构建空数组（Object[ ] elementData = { }）。ArrayList 是无序的，它按照添加的先后顺序排列。

2. LinkedList

LinkedList 是基于链表的，它是一个双向链表，每个节点维护了一个 prev 和 next 指针。同时对于这个链表，维护了 first 和 last 指针，first 指向第一个元素，last 指向最后一个元素。LinkedList 是一个无序的链表，按照插入的先后顺序排列，不提供 sort( ) 方法对内部元素排序。

11.1.4　集合总结

常见的三大类集合，各有优缺点，在实际使用时，建议采用这样的原则：某个集合的优点可以满足需求而缺点又不影响需求的实现，就选择这个集合；而当需求跟任何一个集合都不冲突时，建议优先选择效率高、占用资源少的集合。表 11-3 给出了各集合的对比。

表 11-3　各集合的对比

接口	子接口	是否有序	元素是否允许重复
Set	HashSet	否	否
	TreeSet	是（二叉排序树）	否
Map	HashMap	是（Link HashMap 是无序的）	是（key 不可以重复而 value 可以重复）
	HashTable	与 HashMap 类似，具有线程同步的功能	与 HashMap 类似
	LinkedHashMap	与 HashMap 类似，具有先查找到的记录先插入的功能	与 HashMap 类似
	TreeMap	是（二叉排序树）	使用 key-value 来映射和存储数据，key 必须唯一，value 可以重复
List	ArrayList	否	是
	LinkedList	否	是

课后思考：大数据是怎样指导企业生产的？

生产企业根据对大数据的处理分析，指导企业的生产和销售。以一个羽绒服企业

"双 11"的羽绒服销售为例：在每年 6 月份根据去年羽绒服的销量先生产 10%，在 9 月份会根据网上浏览量再生产 30%，在 11 月初根据用户加购量和收藏量再生产 30%，在 11 月 11 日后根据用户的购买量生产剩余的 30%。

大数据对企业的生产引导模式，使企业更好地为客户服务。高科技为人们带来了优质生活，作为未来的计算机从业人员，我们不能只享受前人带来的便捷，更要努力学好知识，用我们的本领让国家变得更强大。

11.2 集合案例

11.2.1 网络聊天工具

在第 10 章中，虽然实现了在数据库中判断用户名和密码，但是无法实现同步功能，即当有用户登录时，其他已登录的用户应该知道这个用户已登录。本节利用集合的知识，实现同步功能。

1. 设计思路

（1）在数据库中保存用户名和密码。

（2）利用集合的知识，实现登录后聊天界面下拉列表框的用户名同步，且这两个人的聊天内容不会发给其他用户。

（3）其他几个界面的程序不需要改变。

2. 遇到的问题

如何用集合实现两个用户的消息同步？

【解决问题】 利用集合的特点，即可以保存不同的数据类型，来分别保存服务器通信的用户名、留言及使用的端口，当服务器检测到有用户登录时，就会向其他用户的下拉列表框同步刚刚登录的这个用户的用户名。而当一个用户向另一个用户发送消息时，服务器会向聊天的双方而不是其他人，发送刚刚收到的消息。以上两种情况，都可以通过集合来完成，我们新增以下代码：

```
//------------服务器程序中加入代码------------
//服务器监听和接收客户端信息及获取客户端的端口信息
HashMap<String,Socket> hm =new HashMap<String,Socket>();
//判断当前有多少个客户端已经登录到服务器
ArrayList<Socket> userList=new ArrayList<Socket>();
```

3. 程序实现

【网络聊天工具】程序实现

11.2.2 中国梦聊天室

到这里，我们用了 5 个章节的内容，完成了一个聊天室的程序的编写，实现了群聊天的功能。有了前面的知识，现在我们就来升级我们的聊天室程序。群成员登录界面、注册界面、“我是群主”的群聊天界面、“游来游去的小鱼”的群聊天界面、“游来游去的小鱼”发送信息后的群聊天界面、注册成功后的界面及 Dream 用户注册后的群聊天界面分别如图 11-5~图 11-11 所示。

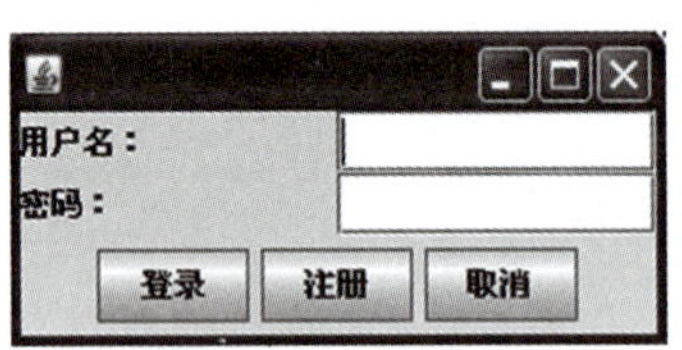

图 11-5 群成员登录界面

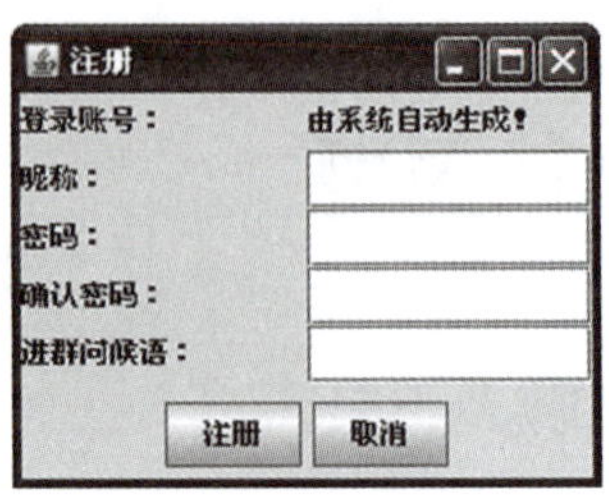

图 11-6 注册界面

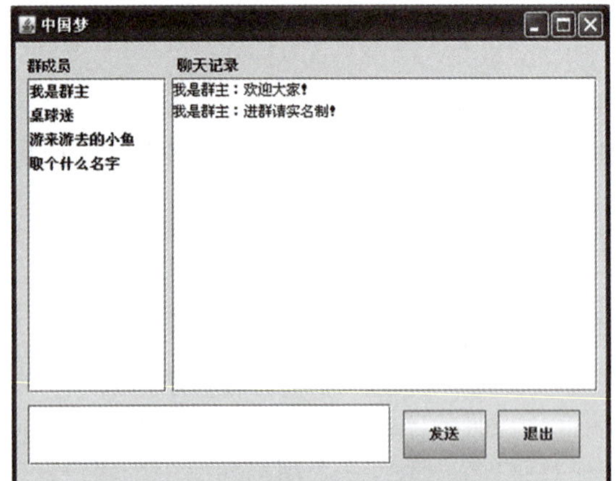

图 11-7 “我是群主”的群聊天界面

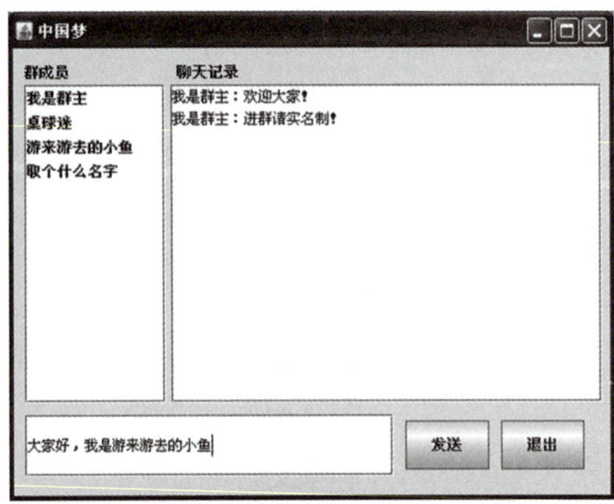

图 11-8 “游来游去的小鱼”的群聊天界面

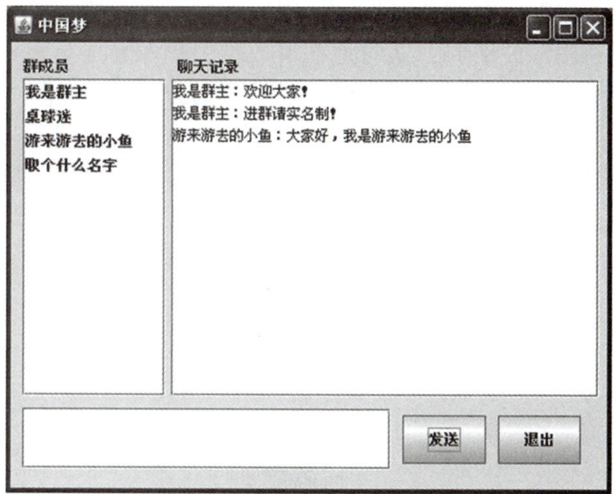

图 11-9　“游来游去的小鱼”发送消息后的群聊天界面

图 11-10　注册成功后的界面

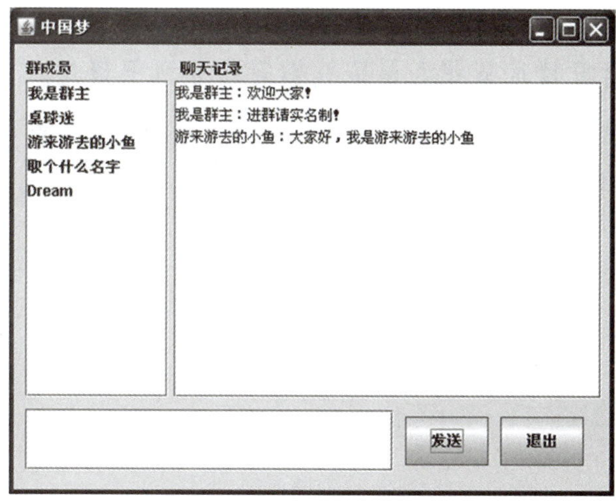

图 11-11　Dream 用户注册后的群聊天界面

1. 设计思路

（1）在 10.4 小节的程序上进行修改。

（2）运用集合保存服务器及群成员的通信信息。

（3）服务器根据集合存储的进程分发群成员的聊天信息。

（4）新用户注册时应实时地在群成员中显示新成员昵称。

2. 遇到的问题

（1）服务器如何知道都有哪些客户端连接进来？

（2）何时分发群成员的聊天信息？

（3）如何实现向进群的所有用户分发统一消息？

（4）如何实现当新用户注册时，实时地在群成员中显示新成员昵称。

【解决问题 1】通过在客户端程序中设置“开始聊天”这个标志，来记录连接到服务器的客户端。

【解决问题 2】当有群用户向群里发送消息时，在把消息存入数据库的同时，实时向群里的其他成员分发聊天信息。

【解决问题 3】群成员登录时，就会在服务器记录其用户名及登录信息（Socket 信息），当有群成员向群里发送消息时，就向保存的所有用户（消息发布者除外）发送同一个消息。

【解决问题 4】可以利用解决问题 3 的方法来解决此问题。

3. 程序实现

【中国梦聊天室】程序实现

4. 知识扩展

（1）如何在成员昵称的后面加上登录账号？

（2）如何实现单击群成员的昵称，即可打开与此成员聊天的界面？

课后思考：信息技术从业人员应该遵守职业道德规范。

信息是数据、情报、知识的统称，就单独的数据而言，并没有什么额外的价值，但如果在各个数据之间定义了相互关系，这些数据就具有了价值。个人隐私如果泄露，将对人们的生活造成极大的困扰。

信息技术从业人员应该遵守职业道德规范。信息技术从业人员有更多的机会接触到各个行业的数据库，里面的信息涉及客户的个人隐私，绝对不可以泄露。作为职业人，应该遵守行业规范，增强自己的职业道德素养。做好信息安全维护的工作，这既是对自己负责，也是对他人、对国家、对社会负责。

本章小结

本章介绍了 Java 的常用集合 Set 和 Map 的定义方式及其使用方法。

Set 集合里面存放的对象是无序且不允许重复的，集合中的对象不按照特定的排序方式存放，只是将用户要添加的对象加入集合。Set 集合常用的子集有 HashSet 和 TreeSet。

Map 集合里面存放的是键值对，键不能重复，而值可以重复。对 Map 的访问是通过对键的遍历来找到对应的值，而 Set 是直接遍历，Map 集合多了对键的遍历。Map 集合常用的子集有 HashMap、HashTable、LinkedHashMap 及 TreeMap。

本章利用集合技术，实现了支持多用户同时在线的网络聊天工具，当某个用户登录系统后，其他用户就可以看到该用户，并可以与其互发消息。本章还利用第 10 章的数据库知识再结合本章的集合知识，完成了一个中国梦聊天室，用户注册后可以登录到群里，在群里可以跟其他用户聊天，或者查看其他用户的留言。

本章习题

一、选择题

1. 在 Java 的常见集合中，数据是有序存储的集合为（ ）。

A. HashSet B. TreeSet C. LinkedList D. Vector

2. 下列关于 ArrayList 的描述，正确的是（ ）。

A. 基于数组的 B. 基于链表的

C. 基于二叉树的 D. 基于 HashMap 的

3. 下列哪一个集合中保存的元素不允许重复？（ ）

A. ArrayList B. Vector C. HashSet D. HashMap

4. 下列对于 HashMap 集合的 key 和 value 的描述，正确的是（ ）。

A. 都不能为 null B. 都可以为 null

C. 不能同时为 null D. 以上说法都不正确

5. HashSet 集合常用的方法不包括（ ）。

A. HashSet() B. isEmpty() C. length() D. iterator()

二、编程题

1. 首先在 Set 集合中存入以下元素："666""天气不错""就要放假了"，然后用 entrySet() 方法输出所有元素的 key 及 value。

2. 使用 HashSet 集合实现对 8、5、7、3、6 这 5 个数字的升序排列。

3. 使用 ArrayList 集合实现在给定的元素序列的指定位置插入一个字母。给定的元素序列为"A""B""C""E""F"，要求在"C"和"E"之间，插入字母"D"。

第 11 章习题答案

参考文献

[1] 高禹. C 语言程序设计 [M]. 北京：北京理工大学出版社，2020.

[2] ECKEL B. Java 编程思想 [M]. 4 版. 陈昊鹏，译. 北京：机械工业出版社，2007.

[3] 刘英华. Java 2 程序设计 [M]. 北京：机械工业出版社，2010.

[4] 杨佩里，周洪斌. Java 程序设计基础教程 [M]. 北京：机械工业出版社，2010.

[5] 施霞萍，张欢欢，王瑾德，等. Java 程序设计教程 [M]. 2 版. 北京：机械工业出版社，2008

[6] 耿祥义，张跃平. JSP 实用教程 [M]. 2 版. 北京：清华大学出版社，2007.

[7] 王诚，张祖昶，梅霆，等. Java 实用编程技术 [M]. 北京：人民邮电出版社，2012.

[8] 耿祥义，张跃平. Java 程序设计实用教程 [M]. 北京：人民邮电出版社，2012.

[9] 张永常. Java 程序设计实用教程 [M]. 北京：电子工业出版社，2006.

[10] 单兴华，邱加永，徐明华. Java 基础与案例开发详解 [M]. 北京：清华大学出版社，2009.

[11] 杜江，沈应逵. Java 2 实例教程 [M]. 北京：清华大学出版社，2003.

[12] JONNI KANERVA Java 经典问答 [M]. 陈霞，译. 北京：中国电力出版社，2002.

[13] 张亦辉，冯华，胡洁. Java 面向对象程序设计 [M]. 4 版. 北京：人民邮电出版社，2010.

[14] 杨小平. Java 项目案例导航 [M]. 北京：科学出版社，2003.

[15] 朱福喜. Java 语言习题与解析 [M]. 北京：清华大学出版社，2006.

[16] 李尊朝，苏军. Java 语言程序设计 [M]. 2 版. 北京：中国铁道出版社，2010.

[17] 杨厚群. Java 程序设计 [M]. 北京：中国铁道出版社，2009.

[18] 陈帆，和红杰，周荣辉. Java 2 程序设计实用教程 [M]. 北京：机械工业出版社，2005.

[19] 王洋. Java 就该这样学 [M]. 北京：电子工业出版社，2013.

[20] 李明，吴琼. Java 程序设计案例教程 [M]. 北京：清华大学出版社，2013.

［21］耿祥义，张跃平. Java 2 实用教程［M］. 6 版. 北京：清华大学出版社，2021.
［22］明日科技. 零基础学 Java［M］. 长春：吉林大学出版社，2022.
［23］李刚. 疯狂 Java 讲义［M］. 北京：电子工业出版社，2023.
［24］丁振凡. Java 8 入门与实践［M］. 北京：水利水电出版社，2019.
［25］何昊，薛鹏. Java 程序员面试笔试宝典［M］. 北京：机械工业出版社，2021.
［26］孙卫琴. Java 面向对象编程［M］. 2 版. 北京：电子工业出版社，2017.